湖北省社会科学基金项目(2018118)成果

# 中华全国体育协进会研究(1924—1949)

陈明辉 著

武汉大学出版社
WUHAN UNIVERSITY PRESS

**图书在版编目(CIP)数据**

中华全国体育协进会研究:1924—1949/陈明辉著.—武汉:武汉大学出版社,2019.6
ISBN 978-7-307-20958-9

Ⅰ.中… Ⅱ.陈… Ⅲ.体育组织—研究—中国—1924-1949 Ⅳ.G812.1

中国版本图书馆 CIP 数据核字(2019)第 100126 号

责任编辑:李　程　　责任校对:汪欣怡　　版式设计:马　佳

出版发行:**武汉大学出版社**　(430072　武昌　珞珈山)
(电子邮箱:cbs22@whu.edu.cn　网址:www.wdp.com.cn)
印刷:湖北恒泰印务有限公司
开本:720×1000　1/16　印张:18.25　字数:252 千字　插页:1
版次:2019 年 6 月第 1 版　2019 年 6 月第 1 次印刷
ISBN 978-7-307-20958-9　定价:65.00 元

# 目　录

# 导　　论

## 一、选题缘起与意义

### （一）选题缘起

1910 年 10 月 18 日，上海基督教青年会体育干事美国人埃克斯纳联合中国政学界名流唐绍仪、伍廷芳、王正廷、张伯苓等发起组织“全国学校区分队第一次体育同盟会”。它虽是一个临时的体育组织，但也已粗具全国性体育组织的雏形，是近代中国第一个全国性体育组织，后被中华全国体育协进会（简称“中华体协”）追认为该会之“雏形”。

1913 年，在广州基督教青年会干事图斯里及伍廷芳等人的主持下，中国加入了远东体育协会，并参加了远东运动会（简称“远运会”）。随着远运会的日益发展，热心体育事业的社会名流及体育界人士越发觉得，必须成立一个固定的全国性体育组织来主持中国参与远运会事宜。经过多次开会讨论，“全国运动联盟”于 1919 年正式成立。1921 年 6 月 4 日，“全国运动联盟”在上海召开第一次全国性体育代表会议，议决筹建一个主持全国体育事业及参与国际体育赛事的全国性体育组织。经过长时间的筹备，中华业余运动联合会（简称“业联会”）于 1922 年 4 月 3 日正式成立。业联会会务主要由名誉干事美国人葛雷主持。在葛雷等人的推动下，业联会不仅加入国际奥委会，主持中国参加第六届远运会，而且还参与筹办第三届全国运动会（简称“全运会”），推动了中国体育的对外交流和国内体育事业的发展。

1923年，由业联会主持的中国体育代表团在第六届远运会上“除足球外，其余的败得旗靡帜乱，全军覆没”①，尤其是美国人葛雷在闭幕式上代表中国发表讲话之事，引发国人的强烈不满。一些体育界人士和热心体育事业的社会名流纷纷要求重建一个由中国人自办自理的全国性体育组织。在卢炜昌、聂应台等人的积极推动下，中华体育协会筹备处于1923年7月正式成立，并多次召开筹备会议。1924年第三届全运会期间，在张伯苓等人的建议下，中华体育协会筹备处决定联合业联会，共同组建一个全新的全国性体育组织。

1924年7月4—5日，中华体育协会筹备处与业联会在南京东南大学召开会议，选举张伯苓等9人为董事，决定组织名为“中华全国体育联合会”。同年8月24日，中华全国体育联合会召开第一次全国代表大会。会议通过会章，改名为“中华全国体育协进会”，并向北京政府内政部备案。

自1924年正式成立至1949年终结，综合时局变化、组织形态及体育空间变化等影响因素，中华体协的发展大致可以分为五个阶段：萌芽期（1910—1924）、发展期（1924—1937）、停滞期（1937—1941）、复会期（1941—1945）及复员重建期（1946—1949）。

中华体协是民国时期规模最大、存在时间最久、影响力最大的全国性体育组织，是民国时期体育事业的重要组成部分。全面、客观地了解中华体协，对近代体育社团史、中国近代体育史及中国近代史的研究均具有十分重要的意义。但是，中华体协的运行机制如何，具体开展过哪些业务，在民国时期体育发展中的角色和地位是怎样的，又是如何作用

① 谢似颜：《远东运动会之由来及我国今后之准备》，《东方杂志》1925年第22卷第10号，第41页。

于民国时期体育发展的，并且与当时的国家社会发生了怎样的互动，这些问题仍然有待我们研究。基于这样的认识，笔者选取中华体协为研究对象，拟详细剖析中华体协的内部治理结构、开展的各项业务及其在民国时期体育发展过程中的角色和地位，探讨中华体协与社会、文化、政治等的互动，并以此透视体育在国家社会系统中的角色和价值，展现民国时期国家与社会关系的多元面相。

### （二）选题意义

第一，中国近代体育史研究内容的丰富和创新。深入研究在体育史研究中较为薄弱的中华体协，有助于丰富对中华体协等近代民间体育社团的整体认知，增强对近代体育社团发展演变特点的具体认知，进而推动中国近代体育史研究向纵深发展。

第二，中国近代史研究的拓展与深入。以长期被职业团体光芒所遮蔽的中华体协等社会团体为研究对象，不仅有益于拓宽近代民间组织的研究领域，而且有助于引发史学界对体育史研究的关注，进而拓展和深化中国近代史研究。

第三，对当前体育社团改革与发展具有借鉴意义。目前，体育社团在协助政府进行体育体制改革、推广全民健身及提供公共服务等方面扮演着越发重要的角色。对此，中华体协与国家、社会互动关系的研究可以提供有益的启示。

## 二、研究现状与存在的问题

中华体协是民国时期全国社会体育的总枢纽，实际承担起领导全国社会体育的重任，推动了民国时期体育事业的发展。

较早关注中华体协的是国内学者。民国时期，沈嗣良和董守义简要介绍了中华体协的兴起与发展历程，这是较早研究中华体协的两篇专题论文。① 遗憾的是，此种势头并未延续。直到20世纪90年代，中华体协才逐渐引发学界关注，各种体育论著多有论及。但是，专题研究的著作仍付之阙如，专题论文亦只有6篇。② 概而言之，与本研究相关的研究主要包括以下几个方面：

第一，中华体协的兴起与发展历程。学界对此着墨颇多，成果颇丰。罗时铭、谭华、柯火炎等从时代背景切入考察，认为反帝爱国斗争及运动竞赛的增多是中华体协兴起的重要背景。③ 张弓和台湾地区的李镇华则以体育组织为视角，认为业余运动联合会、基督教青年会是中华体协成立的组织基础。④ 任海、谭华及柯火炎等依时间顺序，介绍了中华体协的发展历程。⑤

第二，中华体协的组织研究。学界对此研究甚少。目前，仅见柯火

① 沈嗣良：《中华全国体育协进会略史》，《体育季刊》（中华体协版）1935年第1卷第2期，第177~179页；董守义：《中华全国体育协进会与我国社会体育》，重庆市体育运动委员会、重庆市总编室编：《抗战时期陪都体育史料》，重庆出版社1989年版，第32~37页。

② 邝亚英：《解放前的中华全国体育协进会》，中国人民政治协商会议全国委员会文史资料委员会编：《文史资料存稿选编》（第23辑 文化），中国文史出版社2002年版，第753~756页；马友于：《中华全国体育协进会简史》，体育文史资料委员会编：《体育史料》（第1辑），人民体育出版社1980年版，第9~10页；张天白：《中华全国体育协进会筹备成立始末》，《体育文史》1990年第6期，第30~34页；吕玉军、伯亮：《民国时期的中华全国体育协进会》，《历史档案》2002年第4期；杨涛：《民国时期中华全国体育协进会略考》，《漯河职业技术学院学报》2014年第6期；柯火炎：《中华全国体育协进会研究（1924—1949）》，华中师范大学硕士学位论文，2009年。

③ 罗时铭主编：《中国体育通史》（第3卷），人民体育出版社2008年版；谭华主编：《体育史》，高等教育出版社2005年版；柯火炎：《中华全国体育协进会研究（1924—1949）》，华中师范大学硕士学位论文，2009年。

④ 张弓：《“中华业余运动联合会”解体于何时?》，《体育文化导刊》1991年第4期；李镇华：《基督教青年会在华传播竞技运动的本土化历程（1885—1928年）》，台湾师范大学硕士学位论文，2004年。

⑤ 任海主编：《奥林匹克运动》，人民体育出版社2005年版；谭华主编：《体育史》，高等教育出版社2005年版；柯火炎：《中华全国体育协进会研究（1924—1949）》，华中师范大学硕士学位论文，2009年。

炎对中华体协的组织目标、性质、结构及管理展开了较为详细的分析，并肯定了中华体协的分权制结构和科层制管理。①

第三，中华体协与国内体育事业。学界大多肯定中华体协在国人自办体育及举办体育赛事等方面的积极作用。董守义和关延煦简述了中华体协举办的中华足球联赛和全国分区足球赛。② 柯火炎较为详细地介绍了中华体协协助政府举办全国运动会及举办全国分区足球赛的经过。③

第四，中华体协的对外体育交往。目前，相关研究大多是在研究奥运会或远运会之时兼论中华体协在其间的作为，并非以中华体协作为主要论述对象。任海、黄亚玲等认为中华体协通过主持中国参加奥运会、加入国际体育组织和引入国际运动规则等推动了奥林匹克运动在中国的传播和发展。④ 史慧佳肯定了中华体协在主持中国参加第十一届奥运会时在筹募经费、选拔运动员及运动员形象塑造中的组织功能。⑤

与港澳台地区一样，国外尚无专题研究，而是散见于各种论著中，且相关论述也不多见。日本的何文捷论及中华体协在不同情境下对东京举办第十二届奥运会的不同反应。⑥ 日本的冨田幸祐亦论及中华体协杯葛“伪满洲国”参加第十届远东运动会之作为。⑦

---

① 柯火炎：《中华全国体育协进会研究（1924—1949）》，华中师范大学硕士学位论文，2009 年。

② 董守义、关延煦：《中国近代足球运动的发展概况》，体育文史资料委员会编：《体育史料》（第 4 辑），人民体育出版社 1980 年版，第 4~10 页。

③ 柯火炎：《中华全国体育协进会研究（1924—1949）》，华中师范大学硕士学位论文，2009 年。

④ 任海主编：《奥林匹克运动》，人民体育出版社 2005 年版；黄亚玲编著：《阅读奥林匹克（中国卷）》，江西美术出版社 2007 年版。

⑤ 史慧佳：《交流与展示：中国参加 1936 年柏林奥运会研究》，华中师范大学硕士学位论文，2013 年。

⑥ ［日］何文捷：《第 12 回オリンピック東京大会の開催に対する中国の反応——中華全国体育界救亡協会の設立を中心に》，《体育史研究》1998 年第 15 期。

⑦ ［日］冨田幸祐《第 10 回極東選手権競技大会満州国参加に対する中国の反応——「申報」記事の分析を通して》，《体育史研究》1999 年第 16 期。

上述研究成果为本研究开拓了思路，提供了宝贵的史料和有益的借鉴，但也存在一些不足与缺陷，主要体现在：第一，在研究内容上，现有研究对中华体协传播体育知识、拓展体育空间、组建体育团体、建立体育赛事制度和开展体育慈善等方面鲜有涉及，对中华体协在国家治理、社会整合、公益慈善等方面的作用缺乏深入的探讨。第二，在研究视角上，现有研究主要就中华体协谈中华体协，就体育谈体育，鲜有将中华体协置于整个国家社会系统中进行考察，对中华体协与政府、社会各界的推演互动及其所扮演的角色、发挥的功能缺乏应有的关注。第三，在研究时段方面，除了笔者在研究过程中发表的 4 篇文章外，现有研究主要集中于对 1937 年以前中华体协的研究，几乎没有涉及 1937—1949 年中华体协的研究，尤其是对 1941—1945 年中华体协复会期及 1945—1949 年中华体协复员重建期的各项工作及其功能、角色都缺乏应有的研究。第四，在研究成果方面，“旁涉”叙述较多，大多散见于各种体育史、体育人物的论著之中，且多限于“略有提及”或“简单介绍”；专文论述较少，尚未展开系统的、全面的研究，专著更是付之阙如。

## 三、研究的基本思路和方法

### （一）研究的基本思路

本书将在参考借鉴国内外相关成果的基础上，以历史学和体育学等相关学科理论为指导，尽量挖掘新史料，尤其是未刊的档案文献，并以此为依托开展研究。

首先，将中华体协置于近代历史时空中，勾勒出中华体协成立的时代背景及发展演变的整体历程；其次，动态考察中华体协的组织结构与运行机制；再次，系统研究中华体协在传播体育知识、扩展体育空间、建立体育赛事制度及开展体育慈善等活动中的具体途径、策略与影响；

最后，在前述基础上，进一步分析作为民间组织的中华体协如何切入并与国家、社会发生了怎样的推演互动，在中国近代体育发展乃至近代社会转型与变迁过程中扮演了怎样的角色和发挥了怎样的作用。

### （二）研究方法

根据研究目标和内容，本书将主要采用如下研究方法：

（1）实证研究法。在充分了解最前沿研究文献的基础上，尽量挖掘各种相关史料，包括原始档案、报刊、日记、书信等，并详加考证，反复印证，去伪存真，以客观的态度进行评析，努力还原历史的原生态。

（2）历史分析法。历史分析法是马克思辩证唯物主义的一种重要的认识方法和研究方法，主要通过对历史资料的分析，说明历史事件是如何发生、发展的。本书运用历史分析法，将中华体协置于近代的历史时空中，考察中华体协产生发展的历史及其影响。

（3）跨学科研究。充分借鉴国内外的相关研究成果，综合运用历史学、体育学、政治学、统计学及社会学等学科的有关理论和方法，拓宽研究视野，进行跨学科综合研究。

（4）动态考察。在实证研究的基础上，长时段、动态地考察中华体协的组织制度、治理结构，以及在中国近代体育发展过程中的作用及其与政府、社会等各方的关系，既对中华体协进行全面综合研究，又注意不同时期中华体协发展的差异，避免以偏概全，尽可能地还原历史，探寻符合历史真相的结论。

## 四、概念说明

### （一）中国近代体育

中国近代体育是指 1840 年到 1949 年这段时期在中国流行和实践的

体育。它包括从西方传入的近代体育和中国传统体育两个部分。①

### （二）国民体育

民国时期，国民体育包括学校体育和社会体育两种。②

### （三）社会体育

民国时期，凡是学校体育以外的内容都属于社会体育，包括社会各界的体育活动及各种运动竞赛活动。③

### （四）奥林匹克运动会

民国时期，国人对“奥林匹克运动会”的称谓并不统一，主要有以下几种：“世界运动会”“世运会”“世运”“亚林匹克运动会”“奥运会”等。其中，又以“世界运动会”“世运会”之称居多。为尽可能忠实原始资料，反映时人对于奥林匹克运动的认知，本书并未统一称谓，而是尽可能采用当时的习惯用语。

### （五）研究对象说明

中华体协虽然在会章中规定以促进国民体育发展为宗旨之一，但其在实际的工作中，较少涉及学校体育，而着力于发展社会体育。因此，本书以中华体协的社会体育事业为主要研究对象。

中华体协是中国的国家奥委会，主持中国开展了诸多内容丰富、形式多样的对外体育活动，在中国近代体育的对外交流中亦发挥了举足轻

---

① 罗时铭主编：《中国体育通史》（第3卷），人民体育出版社2008年版，第5页。

② 邵汝干：《推行国民体育的我见》，《勤奋体育月报》1936年第3卷第7期，第653页。

③ 国家体委体育文史工作委员会、中国体育史学会：《中国近代体育史》，北京体育学院出版社1989年版，第239页。

重的作用。遗憾的是，由于篇幅所限，本书难以完全囊括，笔者拟专文论述这段历史。因此本书主要考察中华体协在中国近代国内体育发展过程中的角色、功能与地位。

# 第一章　中华体协的成立及其演变

西方近代体育通过各种途径传入中国后，逐渐与救国思潮相结合，形成了影响广泛的体育救国思潮，极大地促进了中国国内外体育赛事的发展和体育组织的建立，尤其是远运会的日渐发展，客观上要求中国必须成立一个代表全国民众的全国性体育组织来主持参与国际体育赛事。受反帝爱国运动及民族自决运动的影响，国内体育界的体育主权意识日益增强，而且逐渐走向联合，一致要求收回体育主权，成立由国人自办自管的全国性体育组织。同时，诸多热心体育事业的社会名流及受过专业体育教育并具备丰富体育实践经验的体育专业人才的出现使得这一诉求成为可能。在这些因素的共同作用下，中华体协于1924年正式成立。中华体协的发展并非一帆风顺，而是具有相当的起伏性——经历了萌芽、发展、停滞、复会、复员重建直至改组的曲折经历。

## 一、中华体协成立的社会历史背景

### （一）西方近代体育的传入及其在中国的发展

19世纪中叶，伴随着资本主义的全球扩张，西方近代体育开始通过各种途径传入中国。归纳而言，其传入途径主要有以下四个方面：其一，包括传教士、商人、士兵等在内的外国人在中国自觉或不自觉的传播；其二，基督教青年会及教会学校有组织的传播；其三，中国留学生的学习与传播；其四，报刊、杂志等大众传播。由于西方近代体育自身具有的竞技性、观赏性、科学性等特性，再加上中国先进人士对包括体育在内的西方文化的学习和传播，西方近代体育开始在中国广泛传播开来，并逐渐占据中国近代体育的主导地位。

随着西方近代体育在中国的传播和发展，国内外体育赛事不断增多，在客观上要求成立全国性的体育组织来统一领导国内体育事业和代表中国参加国际体育赛事，尤其是“因为参加国际间的运动竞赛，深切感觉必须有一代表全国人民的体育组织来主持一切，俾能代表整个国家的民众团体，自动的参与国际的体育活动”①。曾任中华体协董事的袁敦礼更是直言：“本会成立和组织的基本原动力，不是因为全国各地已有许多体育团体需要此种全国联合的中心体育机关，而是由于国际的关系不得不有此组织。所谓国际的关系最初不过就是远东运动会。”②此语虽过于武断，但亦可见远运会等国际体育赛事的发展对中华体协产生的促进作用之大。换言之，中华体协的产生主要是中国参与国际体育赛事，尤其是远运会的客观要求。一方面，远运会的召开和发展在客观上要求中国必须成立一个全国性的正式的体育组织代表中国主办或参与国际体育赛事，对内审定运动员资格，选拔、训练运动员，翻译、审定国际运动规则，审定全国运动项目最高纪录；对外组织中国代表团参加远运会。另一方面，1924 年中华体协成立以前，中国参加了六届远运会，结果并不尽如人意：除了第二届夺取总分第一外，其余几届均落于人后，尤其是由业联会主持的中国代表团在第六届远运会上铩羽而归。一些国内体育界人士开会反思，认为中国失败之部分原因在于“中国选手平时无联络的机会及充分的准备”与“中国无提倡及主持体育的

① 董守义：《中华全国体育协进会与我国社会体育》，重庆市体育运动委员会、重庆市总编室编：《抗战时期陪都体育史料》，重庆出版社 1989 年版，第 33 页。

② 袁敦礼：《谋全国体育协进会发展所应采取的途程》，《体育季刊》（中华体协版）1935 年第 1 卷第 1 期，第 40 页。

机关”。因此，体育界人士认为必须改变过去那种放任自流的态度和做法，迅速组织由国人自行管理的全国性的合法的体育机关，以为“积极提倡体育及加入第七届远东运动会之准备”①。中华体协正是在此种背景下应运而生的。

可以说，中华体协的成立是顺应国内外体育发展的需要，尤其是“代表国家对外的需要”②，即参加远运会、争取国际荣誉的迫切需要而产生的。

近代西方体育传入中国，不仅促进了中国国内外体育赛事的发展，而且推动了各地体育组织的建立和发展。近代中国较早成立的地区性体育组织主要有：1904 年在广州成立的“广东体育协会”和在苏州成立的“华东大学体育联合会”；1908 年在香港成立的“南华体育会”；1910 年在上海成立的“精武体育会”；1912 年在北京成立的“北京体育竞进会”；1914 年在天津成立的“华北联合运动会”（1929 年改名为“华北体育联合会”）；1923 年，湘、鄂、皖、赣四省体育组织联合成立的“华中体育联合会”等。这些体育组织的建立不仅促进了当地体育事业的发展，而且为不同地区体育事业的联系提供了桥梁，推动了各地体育组织之间的交流和地区性体育赛事的兴起，“成为全国运动会的小组织”。此时，“全国体育界虽还没有固定的行政及组织系统，但无形中已有了相当的联络”③。可见，这些地区性体育组织的建立为全国性体育组织的建立奠定了组织基础。近代中国最早建立的全国性体育组织是成立于 1910 年的“全国学校区分队第一次同盟会”。虽然它既没有固定的办公地点、完善的组织机构，也没有固定的工作人员，并且随

① 《中华体育协会将开成立会》，《申报》1924 年 2 月 25 日，第 14 版。

② 董守义：《中华全国体育协进会与我国社会体育》，重庆市体育运动委员会、重庆市总编室编：《抗战时期陪都体育史料》，重庆出版社 1989 年版，第 33 页。

③ 沈嗣良：《十年来的中国体育》，中国文化建设协会编：《抗战十年前之中国（1927—1936）》，台湾文海出版社 1974 年版，第 608 页。

着远运会的结束而解散了，但依旧是全国性体育组织之滥觞。

为在全国范围内选拔优秀选手参加远运会，部分体育界人士于1919年第四届远运会结束后，联合成立了“全国运动联盟”。1921年，“全国运动联盟”利用第五届远运会在上海召开之机，于6月4日召开第一次全国性体育代表会议。会上，代表们一致同意成立一个筹建全国性体育组织的筹备会，并拟定了组织章程，选出由张伯苓等9人组成的筹备组。在筹备组全体成员的共同努力下，1922年4月3日，全国性体育组织“中华业余运动联合会”在北京青年会会所正式成立。其所推选的组织领导、设定的组织宗旨和组织机构乃至其英文名“China National Athletic Federation”等大多为中华体协所沿袭。

如前所述，由业联会主持的中国代表团在第六届远运会上大败而归。我国一些体育界人士和热心于体育事业的社会名流，如卢炜昌、聂应台等，开始积极筹划建立由中国人自行管理的全国性体育组织——中华体育协会。中华体育协会筹备处虽亦多次召开筹备会议，但终因“手续尚欠妥善，未获结果”①，未能正式成立。因此，中华体育协会筹备处转而与业联会共同筹划成立一个全新的全国性体育组织，即后来的中华体协。由上可见，“全国学校区分队第一次同盟会”粗具中华体协雏形，而业联会则在组织宗旨、组织设置、组织职能及组织活动等方面为中华体协的成立提供了有益的参考和借鉴，中华体育协会筹备处积极筹建中华体协，更是直接推动了中华体协的成立。可以说，中华体协正是在众多体育组织发展的基础上，尤其是中华业余运动联合会和中华体育协会筹备处两者合作的基础上产生的。②

### （二）民族危机笼罩下体育救国思潮的兴起与发展

西方近代体育传入中国并逐渐被国人广泛接受，是与当时中国的社

① 谭华：《体育史》，高等教育出版社2009年版，第273页。

② 蒋湘青：《国人对于中华全国体育协进会应具有的态度》，《教育与人生》1924年第39期，第496页。

会历史背景紧密相联的。自鸦片战争后，近代中国长期处于亡国灭种的民族危机之中。为挽救民族危机，摆脱落后挨打的困境，部分思想先进的中国人开始主动向西方寻求救亡图存之道，学习西方的科学技术、政治制度及思想文化。西方近代体育作为国人寻求救国图强的世界先进科学文化的重要组成部分亦为国人所积极提倡。

自鸦片战争始，一连串的军事失败使得国人逐渐认识到，必须改变重文轻武的思想，积极整军经武，强兵尚武，方能抵御外来侵略。为解决内忧外患和实现"自强"，洋务派开始引入西方"体操"，训练新军。甲午战争失败后，列强掀起瓜分中国的狂潮，中国面临被瓜分的危机。部分先进知识分子认为，教育是国家强弱兴衰的根本。欲挽救民族危亡，必须改变中国的教育状况。作为教育重要组成部分的体育，以其具有强身健体、自卫卫国的特性亦被时人认为是振衰起颓、救亡图存的重要手段。体育救国思潮亦由此产生了。①

体育救国思潮最初表现为以尚武精神为内核的军国民教育。蔡锷、康有为、梁启超、严复、孙中山等都是这一思潮的主要鼓吹者。康有为认为，"欲强国必须强民，欲强民必须强体"，主张以体育来锻炼国民体魄。② 梁启超将体育与德育、智育并重，并在《论尚武》和《中国之武士道》等文章中，极力鼓吹尚武精神，主张通过体育来实施军国民教育，以达强种强国的目的。③ 严复一面鼓吹"物竞天择、适者生存"的进化论思想，一面积极主张通过体育训练来"鼓民力"，以实现自救救国。④ 中国民主革命先行者孙中山认为，"体育之修养，此与强

① 罗时铭、赵讙华主编：《中国体育通史》（第4卷），人民体育出版社2008年版，第193~194页。

② 崔乐泉、罗时铭：《中国体育思想史（近代卷）》，首都师范大学出版社2008年版，第74页。

③ 崔乐泉、罗时铭：《中国体育思想史（近代卷）》，首都师范大学出版社2008年版，第88页。

④ 崔乐泉、罗时铭：《中国体育思想史（近代卷）》，首都师范大学出版社2008年版，第77~81页。

种保国有莫大关系”，将体育提升到强种保国、救亡图存的高度，形成了“强种保国，强民自卫”的体育思想，对资产阶级革命派及南京国民政府的体育政策影响颇大。①然而，清末民初的军国民体育实践不仅没有实现“体育救国”，而且推崇军国民体育的德国发动了第一次世界大战，并且战败，使得国人开始反思军国民体育，尤其是那些深受美国实用主义体育思想影响的留美学生强烈反对呆板、强制、枯燥的军国民主义体育，而主张采用自然、个性、活跃的实用主义体育，并以德国战败为由，要求修改教育宗旨。

因此，从新文化运动开始，军国民体育思潮日渐式微，实用主义体育思想则开始走上历史的前台。体育救国思潮在新的基础上又得以进一步发展起来，其内核由以前的“尚武救国”转变为“强种强国”。张伯苓、王正廷、杨贤江、蒋梦麟等都是这一主张的代表。著名教育家、体育活动家张伯苓认为，欲使“我中华民族能在世界上得到适当的地位，不致受淘汰”，其药方之一即为“注重体育，锻炼健强之国民”。② 所以，张伯苓大声疾呼：“强国必先强种，强种必先强身”，“强我种族，体育为先！”③著名体育活动家王正廷在1915年参观完第二届远运会后，感慨道：“吾国文弱已达极点，故国家有岌岌不可终日之势。今欲救国必先强种，既欲强种，非男女体育同时提倡，不可奏效。”如果我国“女子体育与男子体育同时发达，尚虑种族有不强者乎”。④ 事实上，无论是“尚武救国”还是后来的“强种强国”，都是体育救国思潮的重要组成部分，都是民族国家话语体系的内容。其根本目的是一致的，那就是通过体育来锻炼国民体魄，振奋民族精神，挽救民族危亡，实现民

① 崔乐泉、罗时铭：《中国体育思想史（近代卷）》，首都师范大学出版社2008年版，第88页。

② 梁吉生：《张伯苓的大学理念》，北京大学出版社2006年版，第32页。

③ 崔乐泉、罗时铭：《中国体育思想史（近代卷）》，首都师范大学出版社2008年版，第149页。

④ 王正廷：《观第二次远东运动会之感言》，《进步》1915年第8卷第3期，第11~14页。

族独立和国家富强。

在内忧外患的背景下，张伯苓、王正廷等人不仅积极呼吁体育救国，而且积极组织体育团体，如“全国学校区分队第一次体育同盟会”、“华北联合运动会”（1929 年改名为“华北体育联合会”）及“全国运动联盟”等，积极开展体育活动，践行体育救国。在这样的背景下，中华体协呼之欲出。

### （三）反帝爱国运动的兴起与体育主权意识的觉醒

放宽历史的视野可知，中华体协的成立亦深受 20 世纪 20 年代反帝爱国运动的影响，是中国民族主义高涨和国人体育主权意识觉醒的结果。

由于中国的半殖民地地位，再加上受西方近代体育传入中国途径的影响，“民国初年，各种运动会的会务和体育组织的管理权主要掌握在外国人手中”①，尤其是全国性的体育组织、全运会及远运会。

中华体协成立以前，中国的全国性体育组织主要由以基督教青年会为代表的外国人发起和领导，其组织者和管理者实际上主要由外国人担任。“全国学校区分队第一次同盟会”是一个由时任上海青年会体育干事的美国人爱克斯纳等发起的，以青年会人士为主的临时性组织。该组织有董事 25 人，其中外国人 12 名，其余的 13 名中国人亦与青年会关系密切且多不问事，故该组织实际掌握在以青年会干事为代表的外国人手中。再如业联会，亦是由基督教青年会干事美国人麦克乐等发起组织的。该会 9 名执行委员中，有 3 名外国人，其余 6 人如张伯苓、郭秉文、袁敦礼等皆与基督教青年会有着千丝万缕的联系。虽说该会会长张伯苓、副会长郭秉文皆是中国人，但他们“对于会务，从不过问，且终年不开会，一切进行，均由书记葛雷博士就近向某委员略加咨询，断

① 谭华：《体育史》，高等教育出版社 2009 年版，第 272 页。

然执行”①。张伯苓也坦言：“余与郝伯阳、郭秉文、麦克乐、司马德等君，皆为业余运动会之临时职员，余以事忙未负责。”②

中华体协成立以前，不仅全国性体育组织主要由外国人发起和领导，中国的全运会以及国际体育赛事亦主要由外国人发起和组织。正如张伯苓所言：“以前因无机关组织，故每遇运动会等，即须请人扶助。如王正廷、唐少川等，皆曾办过此种事务。惟若辈多不能躬身督职，故干事一职，不得不请西人代之。”以全运会为例，1910 年举办的“全国学校区分队第一次体育同盟会”即第一届全运会，是由上海青年会发起组织的，其筹备工作主要由上海青年会体育干事爱克斯纳操办；1914 年举办的第二届全运会由北京体育竞进会主办，实际负责人是该会的名誉秘书、北京基督教青年会干事侯格兰德。正如时人所言，“以上两次运动会，名义上虽为全国大会，实际则为基督教青年会所包办”③，且“会中职员，亦多属西人”④。

远运会亦是如此。“自远东各国创办远东运动会之后，历届我国参加事宜，由伍廷芳、唐绍仪、王正廷、张伯苓诸君等主办，其组织系竞赛委员会性质，而对于实际办事技术方面，则由外人管理之。”⑤ 第一届至第五届远运会均由基督教青年会外籍体育干事规划领导，如加拿大人柯乐克、美国人麦克乐和葛雷等均曾主持其事。

我国体育界人士“对于外人之在华提倡此种事业，虽足钦佩其热忱”，但“为求收普及之效及顾及国际尊严起见”，亦认为“亟须收回

---

① 《申报》1924 年 4 月 20 日，第 14 版。

② 《申报》1924 年 5 月 17 日，第 14 版。

③ 张子奇：《全国运动会之回顾与感想》，《新中华》1935 年第 3 卷第 19 期，第 64 页。

④ 《全会小史》，《申报》1930 年 4 月 1 日，第 11 版。

⑤ 沈嗣良：《中华全国体育协进会略史》，《体育季刊》（中华体协版）1935 年第 1 卷第 2 期，第 177 页。

自营”，“盖因循依赖，不免有失却民族独立精神之识也”。① 体育界民族意识的觉醒并非偶然，更非个案，而是当时国际、国内形势共同影响的结果，尤其与当时广泛开展的反帝爱国运动有着密切的内在联系。20 世纪初期的中国，由于受十月革命、第一次世界大战后民族解放运动以及列宁民族自决理论的影响，“民族自决”的呼声成为中国民族主义的主要内容和主要诉求。再加上巴黎和会中国外交的失败以及随之爆发的“五四”爱国运动的影响，国人的民族意识日渐发酵，爱国主义热情不断高涨，收回国家权益的呼声越发高昂，各种民族自决运动如非基督教运动、收回教育权运动等风起云涌。受此影响，国人的体育主权意识亦日渐觉醒，从外国人手里“收回体育主权”的呼声日益高涨。

第六届远运会闭幕式上，美国人葛雷代表中国发表讲话的行为引发中国运动员、旅日侨胞和国内舆论的强烈不满，“国人均引为体育界之大耻”②，纷纷要求收回体育主权，联合国内体育组织成立由中国人自己管理的全国性体育组织。“中国事应当由中国人办。发起组织本会(笔者注：中华体协）的动机，就是为了这一句话。”③ 正是在这样的背景下，中华体协的发起者中华体育协会筹备处应运而生。

1924 年举办的第三届全运会由业联会发起和主持。大会组织竞赛、裁判、报名等主要业务均由业联会主持，并明确由葛雷负责。消息传出，国内哗然。香港南华体育会、湖北商团总会、中华体育协会筹备处等团体纷纷表示抵制，并强烈要求联合国内体育团体，组建全国性体育组织。经此风波，第三届全运会改由业联会、中华体育协会筹备处及武昌体育界人士等共同主持。这为业联会和中华体育协会筹备处合组中华

① 沈嗣良：《中华全国体育协进会略史》，《体育季刊》（中华体协版）1935 年第 1 卷第 2 期，第 177 页。

② 《中华体育协会将开成立会》，《申报》1924 年 2 月 25 日，第 14 版。

③ 蒋湘青：《国人对于中华全国体育协进会应具有的态度》，《教育与人生》1924 年第 39 期，第 496 页。

体协提供了有利的时机、创造了良好的条件，极大地推动了中华体协的成立。

正如董守义所言："本会的成立，是由于全国民众的自动统一团结，以及人民的国家意识的自觉而来的。"① 进一步而言，中华体协的成立是国人企图改变半殖民地的落后地位，争取国家民族独立的政治诉求在体育领域的反映，是中国民族主义高涨的产物。同时，也从另一个侧面反映了包括五四运动在内的反帝爱国运动的影响之广泛。

### （四）中国体育人才的成长和推动

随着西方近代体育在中国的传播和体育活动的开展，尤其是体育教育的逐步兴起，中国新的知识群体——体育专业人才也逐渐成长起来。一方面，教会学校及基督教青年会通过创办全日制正规体育学校、短期体育训练班、业余体育训练班及派遣留学生等方式为中国培养了大量的体育人才。据统计，截至1920年，各地青年会开办的各种业余体育培训班培训人数已达224197人。② 另一方面，国人创设的体育系、体育科和体育学校也培养了许多体育人才。如成立于1912年的浙江体育专门学校，共办26期，毕业生达1000多人；成立于1916年的南京高等师范学校体育专修科共培养专科生203人，本科生199人；成立于1922年的两江女子体育师范学校，共有毕业生1000余人；成立于1923年的中山体育专门学校共有毕业生1842人。③ 令人遗憾的是，1922年以前，中国主要的体育组织及体育赛事的管理权却依然大多掌握在外国人手中，中国体育人才大多处于协助地位，甚至无用武之地。直到1919年

---

① 董守义：《中华全国体育协进会与我国社会体育》，重庆市体育运动委员会、重庆市总编室编：《抗战时期陪都体育史料》，重庆出版社1989年版，第33页。

② 罗时铭：《浅谈基督教青年会在中国近代体育史上的作用》，《成都体育学院学报》1985年第4期，第23页。

③ 罗时铭主编：《中国体育通史》（第3卷），人民体育出版社2008年版，第256~259页。

“五四”爱国运动兴起后，尤其是1922年非基督教运动及收回教育权运动的兴起和发展，教会大学和基督教青年会成为众矢之的，外国基督教势力在中国遭到严重冲击。在此形势下，基督教青年会体育干事亦纷纷回国或退居幕后，基督教青年会在华外籍人员的体育影响力和作用力逐渐下降，客观上为中国人独立自主地领导体育社团、组织体育赛事创造了有利的机会，并提供了广阔的空间。

此外，20世纪初，中国体育组织如雨后春笋般纷纷涌现，不仅为中华体协的成立奠定了组织基础，而且组织了各种规模的体育赛事，开展了各种形式的体育运动，有力地推动了近代体育活动在中国的蓬勃发展——各种城市运动会、学校运动会、地区运动会层出不穷。这些体育组织的成立及其体育活动的开展，在实践中培养和锻炼了国人开展体育活动的能力，提升了国人的运动能力和运动技术，为中国体育界培养和锻炼了一批体育活动家、体育运动员、体育理论家等体育精英，“使中国人已经完全具备了可以自己独立自主地发展和推进中国体育运动事业的能力”①。在“五四”运动以后，国人逐渐开始独立自主地举办运动会。1923年第十届华北运动会实现了完全由中国人自办体育赛事——从赛事的发起到组织，从比赛章程到比赛规则，从一般工作人员到裁判，均由中国人负责。② 这次华北运动会的成功举办开创了国人自办大型运动会之先河，用实际行动证明了不需要外国人的帮助，中国也可以办好运动会，给予国人极大的自信和鼓舞。

20世纪20年代前后，在国内外受过专业体育教育、具备一定体育赛事经验且熟悉体育管理事务的中国体育专业人才的出现，使得中国在客观上具备了成立由国人自行管理的全国性体育组织的人才基础。

---

① 罗时铭主编：《中国体育通史》（第3卷），人民体育出版社2008年版，第350页。

② 谷世权：《中国体育史》，北京体育大学出版社1997年版，第238页。

# 二、中华体协的发展演变

## （一）萌芽期（1910—1924）

中华体协的正式成立，经历了一段较长的筹备时期。

1910 年 10 月 18 日，“全国学校区分队第一次体育同盟会”在江苏南京南洋劝业场举行。这届运动会只有 140 名运动员参加，规模较小，但在比赛规程等方面却已粗具大型体育赛事的雏形，后被南京国民政府追认为首届全运会。趁此运动会举办之机，1908 年即来华的第一位基督教青年会专任体育干事美国人爱克斯纳联合中国政、学界知名人士唐绍仪、伍廷芳、王正廷、张伯苓等于 10 月 18 日发起成立了一个与运动会同名的体育组织“全国学校区分队第一次体育同盟会”。这虽是一个以青年会人士为主的“临时性之组合”，“有事则集合同志，共忙一时，事毕又各奔东西，自行工作。既无固定之会址，又无完整之系统”，但毕竟是近代中国第一个全国性体育组织，后被中华体协追认为“本会之雏形”。①

1919 年，由于中国参加第四届远运会时组织混乱且战绩不佳，中国远运会代表团成员在回国途中纷纷认为，需要组织一个全国性体育组织以主持参加远运会事宜。随后，组织成立委员会，编订组织章程草案，并将草案分寄国内外热心体育事业的社会团体。历经三次开会和修改，最终确定了组织章程，定名为“全国运动联盟”，并周知国内体育

① 《中华全国体育协进会民国三十二年十月至三十三年十二月工作报告》，中国第二历史档案馆编：《中华民国史档案资料汇编》（第 5 辑　第 2 编　文化 2），江苏古籍出版社 1998 年版，第 761 页。

团体。①

1921年，“全国运动联盟”利用第五届远运会在上海召开的机会，于6月4日召开了第一次全国性体育代表会议，共有49人出席。会上，代表们一致同意成立一个筹建全国性体育组织的筹备会，同时拟定组织章程，选出9人筹备组委员，并推选张伯苓为会长，郭秉文为副会长，麦克乐为书记，袁敦礼为会计，司马德、柯兰克等5人为顾问。在筹备组全体成员的努力下，中华业余运动联合会于1922年4月3日在北京青年会会所正式成立。筹备组成员张伯苓等9人同时正式当选为首席执行委员。该会以“在中国提倡有程序之运动及体育；为全国业余运动比赛制定统一之标准规则；推广并改善业余运动员之运动游戏；设立并维持业余运动之划一标准，因以增进高洁之运动精神；在中华全国提倡并组织分区运动联合会，并使其隶属于本联合会；设立记录部，专司记录全国各分会业余运动游戏事宜；遇有国际竞赛举行时，由本联合会负责，选定代表中国之运动员”为宗旨。② 可见，作为非政府组织的业联会是一个以主持国内外体育竞赛，发展业余体育运动为主要目的的体育社团。循此宗旨，业联会成立后，不仅主持中国参加第六届远运会的选拔、参赛等事宜，而且发起、筹办了第三届全运会。后虽因国内体育界反对，改由与中华体育协会筹备处、武昌体育界等联合主持，但仍然发挥了举足轻重的作用。可以说，在1924年中华体协成立以前，业联会实际上承担着领导全国社会体育的重要职能，对民国时期社会体育的发展起到了承前启后的作用。

在第六届远运会上，“我国遭受过去未有之大败，全国人士咸归罪

---

① 《中华全国体育协进会民国三十二年十月至三十三年十二月工作报告》，中国第二历史档案馆编：《中华民国史档案资料汇编》（第5辑　第2编　文化2），江苏古籍出版社1998年版，第761页。

② 《中华业余运动联合会宣言》，《体育季刊》（东南大学版）1922年第1卷第1期。

于主持预选及参加等事的中华业余运动会”①，并认为其由基督教青年会人士把持，而非代表中国民众的体育组织。上海体育名流卢炜昌更是直言：“中国在远东运动会所以失败之故，厥在办事西人不肯请华人帮忙。”② 许多体育界人士均“感慨于中国无体育机关，以为积极提倡运动及将来加入远东运动会之准备”，因此，远运会选手回国后，于6月6日在时报馆开会讨论，认为远运会失败的原因之一即为“中国无提倡及主持体育的机关”，中国体育界必须改变过去那种放任自流的态度和做法，立即组织由国人自办的全国性体育机关，积极担负起中国体育发展之重任。③

于是，我国一些体育界人士及热心体育事业的社会人士，如卢炜昌、唐少川、聂云台等开始积极筹划建立全国性体育团体，并于1923年7月7日召开筹备成立“中华体育协会”的会议，推选出20人为筹备委员，其中卢炜昌等7人为筹备会执行委员。原定10月7日举行成立大会，后因到会者仅40余人，各团体代表尚未到齐，遂改开筹备会。④ 经商议，中华体协筹备处决定趁第三届全运会召开之便，举行成立大会，并号召全国华人体育团体积极响应，派遣代表参加。⑤ 与此同时，第三届全运会正在紧锣密鼓地筹划中。大会的组织竞赛、裁判、报名等主要业务皆由业联会主持，具体会务由该会名誉干事葛雷负责。此时，正值国内反帝爱国运动风起云涌，民族自决呼声日涨，收回主权运

① 沈嗣良：《十年来的中国体育》，中国文化建设协会编：《抗战十年前之中国》（1927—1936），台湾文海出版社1974年版，第611页。

② 《中华体育协会昨开筹备会》，《申报》1923年7月8日，第14版。

③ 《中华体育协会之筹备》，《申报》1923年7月6日，第18版。

④ 《中华体育协会之昨讯开成立会未成改开筹备会》，《申报》1923年10月8日，第14版，

⑤ 《中华体育协会将开成立会》，《申报》1924年2月25日，第14版；《中华体育协会之通函征求对于全国运动会意见》，《申报》1924年4月24日，第14版；《全国运动会之最近消息》，《申报》1924年5月4日，第10版；《关于全国运动会之通告》，《申报》1924年5月8日，第14版。

动日益勃兴。因而，由业联会主持第三届全运会的消息传出后，中国体育界的抵制之声此起彼伏。香港南华体育会率先发难，表示反对，并质疑业联会主办全运会的合法性和正当性，认为各体育团体如果都去参加本届全运会，则“将来全国体育，归其（笔者注：业联会）操纵”。同时，还建议中华体育协会筹备处一方面“联合各体育团体，不与斯会，宣布其组织不合法，并否认其为全国之总机关”，另一方面，发表宗旨，“召集各处代表赴会，联合组织”，召开成立大会。① 湖北商团总会亦发表声明，不承认业联会主持武昌全运会之举。② 上海精武体育会原拟派女生 5 人赴武昌全运会表演拳术，终因“国内各体育团体多对该运动会有所怀疑，亦认为有讨论之价值，故将派女生赴会一举，作为罢论”③。原拟在全运会后举行成立大会的中华体育协会筹备处亦发表声明：“中国事当由中国人办理。若仍照去年，以外国人主持中国事，则不如其已。”④

面对如此时局，圣约翰大学体育教员蒋湘青致函中华体育协会筹备处，列举诸多理由，主张赞助在武昌举行全运会，还建议“国内各大体育会彼此联络，并函中华业余运动联合会，请其取消主持本届全国运动会名义，而由武昌筹备处负责主持”⑤。全运会筹备处亦在《申报》发表《全国运动会解释筹备情形》，指出：“业余运动会不过为发动者之一。一切组织俱系临时所举出，领袖均属全国名流。葛雷博士，不过一报名之经理者。”⑥ 葛雷随后也发表声明：“此次组织实系各方发动，

① 《全国运动会之反对声，南华体育协会不主参加》，《申报》1924 年 4 月 20 日，第 14 版。

② 《全国运动会之反对声，南华体育协会不主参加》，《申报》1924 年 4 月 20 日，第 14 版。

③ 《精武会停派女生赴汉》，《申报》1924 年 4 月 25 日，第 16 版。

④ 《全国运动会之反对声，南华体育协会不主参加》，《申报》1924 年 4 月 20 日，第 14 版。

⑤ 《中华体育协会之通函征求对于全国运动会意见》，《申报》1924 年 4 月 24 日，第 14 版。

⑥ 《全国运动会解释筹备情形》，《申报》1924 年 4 月 28 日，第 14 版。

并非由其主办。如中华体育协会能在此时成立，将来一切事件，当然移归协会办理。”① 鉴于蒋湘青来函、全运会筹备处的解释函及葛雷的声明，中华体育协会筹备处改变抵制武昌全运会之主张，转而支持全运会，并决定会后召开中华体育协会成立大会。② 1924 年 5 月 22 日，中华体育协会成立大会如约在武昌体育场开会，但“因到者人数不多，无结果而散”③。5 月 25 日上午，中华体育协会筹备处在湖北教育厅继续开会，到会者有业联会会长张伯苓等 70 余人。会上，各省代表议决同意张伯苓提出的将中华体育协会与业联会合并以共同组织全国华人体育总机关之主张。但是，与会代表在具体问题上意见纷纭，会场秩序大乱，几至动武。“后由张伯苓起立喝止”，方才平息。是日下午，业联会与中华体育协会筹备处召开联席会议，共有各省代表 80 余人。会上，众推张伯苓、卢炜昌 2 人为筹备委员长，遴选聂云台、沈嗣良、郝伯阳、王壮飞、柳伯英等 5 人为章程起草委员，修改现定之章程，并计划乘中华教育改进社在南京开会之便，召集各省代表举行成立大会。④

1924 年 7 月 4 日，中华业余运动联合会与中华体育协会筹备处趁中华教育改进社在南京召开年会之机，在东南大学举行中华体协的成立大会。到会者有来自 10 个省的 65 人。会上，公推张伯苓为大会主席，并讨论章程草案。由于时间关系，仅讨论了部分章程，遂定于 7 月 5 日下午继续讨论。⑤ 7 月 5 日，继续在东南大学开会。会上，各区代表选出张伯苓、郭秉文、陈时、聂云台、方小川、沈嗣良、郝伯阳、卢炜昌、穆藕初 9 人为董事。这 9 位董事均主张定名“中华全国体育联合

---

① 《全国运动会之最近消息》，《申报》1924 年 5 月 4 日，第 10 版。

② 《中华体育协会之通函征求对于全国运动会意见》，《申报》1924 年 4 月 24 日，第 14 版。

③ 《体育协会在鄂开会之经过 为与业余会合并事》，《申报》1924 年 5 月 30 日，第 10 版。

④ 《体育协会在鄂开会之经过 为与业余会合并事》，《申报》1924 年 5 月 30 日，第 10 版。

⑤ 《中华体育联合会成立大会纪》，《申报》1924 年 7 月 6 日，第 10 版。

会”，并推选圣约翰大学体育主任沈嗣良先生担任执行总干事。大会主席张伯苓称：“董事既已产出，我中华全国体育联合会即为正式成立。章程及一切进行事宜均可由董事会开会讨论，无须再议。”① 至此，正如蒋湘青所言，“筹备一年，轰动全国的体育总机关已于中华民国十三年七月五日在南京东南大学产生了”。随后，召开董事会，讨论、修正章程并正式制定《中华全国体育协进会简章》，正式定名为“中华全国体育协进会”。②

纵观中华体协的成立经过，不难发现，中华体协的成立是国内体育界人士团结合作的结果。正如参与筹备的蒋湘青所言，“这个会的成立是我们体育界的同志，也是我们全国的国民，宣传奔走，努力合作的结果”③。其中，张伯苓、卢炜昌在其中发挥了至关重要的作用，“筹备本会的委员是业余会会长张伯苓博士和协会发起人卢炜昌先生二人……花了许多的精神和心血，把本会组织成立，我们不能不表示十二分的感谢”④。尤其是张伯苓，他在会议屡陷僵局之时，力挽狂澜，极大地推动了中华体协的成立进程。

中华体协正式成立以前，“运动空气虽渐弥漫全国，然仍为少数热心人士勇于服务之结果，并无固定之组织。即华北、华中、华南体育联合会等，亦系临时机构，有事则群集共策进行，事后又各自散去，致力于个人之工作”⑤。中华体协的成立，使得全国社会体育事业有了一个统一的、正式的、由国人自己管理的领导中心，是中国近代体育史上的

---

① 《中华全国体育联合会成立》，《申报》1924 年 7 月 7 日，第 11 版。

② 沈嗣良：《中华全国体育协进会成立大会纪》，《教育与人生》1924 年第 39 期，第 496 页。

③ 蒋湘青：《国人对于中华全国体育协进会应具有的态度》，《教育与人生》1924 年第 39 期，第 496 页。

④ 蒋湘青：《国人对于中华全国体育协进会应具有的态度》，《教育与人生》1924 年第 39 期，第 496 页。

⑤ 《张伯苓组织中华全国体育协进会呈请立案的文书》（1925 年 10 月），北洋政府内务部档案一〇〇一（2）—1070，中国第二历史档案馆藏。

一个里程碑，标志着由中国人自己管理的正式的全国性体育组织的形成及国人自办体育运动的开端。同时，也标志着外国人控制中国体育竞赛活动局面的基本终结。

### （二）发展期（1924—1937）

中华体协成立后，“应时势之需要，竞竞以提倡体育为务。对于国内外运动事业，勉力举办，以求进步”①。概而言之，该时期中华体协开展的国内体育事务主要有：（1）发动各地体育界或热心体育事业人士，组织各地区体育协进会达 19 处。（2）协助南京国民政府举办第五届、第六届全运会。（3）协助各地举办的分区运动会有：华北运动会 18 次；华中运动会 5 次；华南运动会 3 次；上海、南京、北平、汉口、天津、广州、重庆等市运动会凡 14 次；河北、江苏、山西、山东、辽宁、广东、湖北、湖南、福建省运动会凡 11 次。（4）分别举办华北、华中、华南、华东、华西五区的足球、篮球比赛多次。（5）主办暑期讲习会、夏令训练营 3 次。（6）发行权威体育刊物《体育季刊》。（7）编印发行《裁判员手册》《各国著名田径赛选手摄影姿势图》《中国代表团参加第十一届世界运动会报告》等小型刊物多种。（8）成立全国运动最高记录审查委员会，审订每年全国最高田径及游泳纪录。（9）为选拔参加远运会及世运会代表，曾于民国十四年、十六年、十九年、二十三年、二十四年举行全国预选 5 次，并组织训练委员会，集中训练第十一届世运会选手。（10）成立运动规则审定委员会，先后审定业余运动及各项运动规则 14 种。② 在中华体协的努力下，全国各地的体育事业也“确是在暗中慢慢地发展”，如“华南体育会近来的发达，华北

---

① 蒋湘青：《编辑小言》，《中华全国体育协进会年刊》1927 年第 1 期，第 7 页。

② 《中华全国体育协进会民国三十二年十月至三十三年十二月工作报告》，中国第二历史档案馆编：《中华民国史档案资料汇编》（第 5 辑　第 2 编　文化 2），江苏古籍出版社 1998 年版，第 764～765 页。

体育联合会里参加团体的扩张，华中体育联合会虽然成立较晚，最近也能够团结一致了，这不能不算一种好的现象”①。

至于国际体育事务，虽然困难重重，但中华体协为了“促进我国体育，发扬民族的精神”，“总是不顾一切艰难困苦，竭力团结国内人士，设法参与竞赛”。因此，“抗战以前，所有我国参加国际间的体育活动，如世运会、远运会、世界‘戴维斯杯’网球比赛等，都是由本会主持。我国出席国际间的各种体育会议以及参加国际运动竞赛时经费的筹划、人员的选拔和训练等工作，亦莫不由本会负责处理”②。这些国际体育活动主要包括：（1）主持中国参加第十届、第十一届世运会。（2）主办第八届远运会及筹备参加第七届、第九届、第十届远运会。（3）组织体育考察团于第十一届世运会举办期间赴欧洲考察。（4）成立戴维斯杯选拔代表委员会，主持参加戴维斯杯网球赛 3 次。（5）主办上海万国运动会、万国足球赛、万国篮球赛等体育赛事 10 次。③ 可见，正如董守义所言，“在抗战以前，本会虽然限于经费，但是对于我国体育已尽了最大的责任”④。“一切国内及国际间体育活动，大多为本会办理，虽然组织欠健全，然而确实站在领导的地位，忠贞不渝地向前迈进。”⑤ 其中，上海由于是中华体协的会址所在，致力较多，更是频繁开展各种体育赛事，如万国运动会、万国篮球赛、万国足球赛、万国“扶轮杯”网球赛以及各种埠际赛，成了“全国的指挥台”和全国社会体育的中心，在全国起到了积极的示范作用。

---

① 章辑五：《世界体育史略》，勤奋书局 1936 年版，第 54 页。

② 董守义：《中华全国体育协进会与我国社会体育》，重庆市体育运动委员会、重庆市志总编室：《抗战时期陪都体育史料》，重庆出版社 1989 年版，第 33～34 页。

③ 《张伯苓组织中华全国体育协进会呈请立案的文书》（1925 年 10 月），北洋政府内务部档案一〇〇一（2）—1070，中国第二历史档案馆藏。

④ 董守义：《中华全国体育协进会与我国社会体育》，重庆市体育运动委员会、重庆市志总编室：《抗战时期陪都体育史料》，重庆出版社 1989 年版，第 34 页。

⑤ 《欣闻上海体育复活》，《体育通讯》1945 年第 29、30 期，第 1 页。

可见，在张伯苓、王正廷、沈嗣良、郝伯阳等人的领导下，中华体协的会务日渐发展。但是，中华体协“仍因经费不足，组织散漫，未能深入民间，广育人才，以与世界争雄”①。就国内体育而言，“只以会址所在，于上海一埠致力较多”②，而其他地区发展缓慢；就国际体育竞赛而言，中国虽然参加了远运会、世运会、“戴维斯杯”网球赛等国际赛事，但成绩不尽如人意。两次奥运之旅，却只有一人获得复赛资格，更别提争夺金牌了。

## （三）停滞期（1937—1941）

1937 年 7 月 7 日，日本发动“卢沟桥事变”，并随即从华北、华东、华中、华南等地全面侵华。受日本侵华影响，中华体协随南京国民政府各机关迁往重庆。然而，由于名誉总干事沈嗣良负责上海圣约翰大学校务③，未往重庆，会务主持无人。再加上“处境与人力财力之困难”，“所有会务及一切事业计划……未能依照预定计划进行”④。因此，在内迁重庆之初，中华体协在重庆的会务工作几乎陷于停顿状态。

另一方面，中华体协的会所依然留于沪滨，会务仍由名誉总干事沈嗣良主持。但是，八一三战争爆发后，中华体协“因环境因素，即行停止工作”。⑤ 可见，由于日本全面侵华，中华体协“会所沦亡”，“狂

---

① 《张伯苓组织中华全国体育协进会呈请立案的文书》（1925 年 10 月），北洋政府内务部档案一〇〇一（2）—1070，中国第二历史档案馆藏。

② 蒋湘青：《编辑小言》，《中华全国体育协进会年刊》1927 年第 1 期，第 7 页。

③ 抗战期间，沈嗣良在上海任圣约翰大学校长。1945 年抗战胜利后，被国民政府以汉奸罪关押，并判 1 年徒刑。1946 年出狱后去美国定居，在教会组织内做牧师。详见郭明强主编：《人文奥运：2008 年北京奥运会盛事全方位解读》（上卷），体育科学出版社 2007 年版，第 366 页。

④ 《中华全国体育协进会三十年度工作计划》，中国第二历史档案馆编：《中华民国史档案资料汇编》（第 5 辑　第 2 编　文化 2），江苏古籍出版社 1998 年版，第 756 页。

⑤ 《抗战后之孤岛体育》，《体育与健康教育》1941 年第 1 卷第 1 期，第 38 页。

飙骤雨，美葩斯折，曷胜惋恨”。①

## （四）复会期（1941—1945）

如前所述，抗战全面爆发之后，中华体协董事、干事大多离开上海，总干事沈嗣良等虽留守上海，但受限于时局、经费等制约，会务近乎停顿。张伯苓等身处大后方的中华体协董事们“鉴于抗战实力之补充，建国重责之担负，无一不以健强之国民为基础”，遂于1941年2月21日在重庆召开中华体协董事会，商讨推进国民体育办法。会议决议在重庆设立会所等各项事业计划，并决议“除有关国际方面者仍由本会名誉总干事沈嗣良留沪主持外，其关于国内体育事业，推本会董事董守义为副总干事负责推动”，“期以在此大时代中对于抗战建国有所贡献”。② 董守义后来历任中华体协的代总干事、总干事，成为该时期中华体协具体工作的负责人和推进者。

1941年5月6日，中华体协呈奉社会部令准予备案，颁发钤记③一颗，暂以夫子池新运模范区一三五号为会所，开始办公。1942年11月，借得两路口大田湾三十一号市立初级中学空地一方。后经多方奔走，四处化缘，募得资金，建立两幢西式平房，以为会舍。1943年1月，中华体协“迁入办公，至此会务日益扩展”。④

中华体协迁往重庆后，“因为环境的变更，工作的范围偏重在国内

---

① 《张伯苓组织中华全国体育协进会呈请立案的文书》（1925年10月），北洋政府内务部档案一〇〇一（2）—1070，中国第二历史档案馆藏。

② 《中华全国体育协进会报送三十年度工作计划致行政院备案呈》（1941年6月），中国第二历史档案馆编：《中华民国史档案资料汇编》（第5辑　第2编　文化2），江苏古籍出版社1998年版，第755~756页。

③ 旧时的图章。

④ 《中华全国体育协进会民国三十二年十月至三十三年十二月工作报告》，中国第二历史档案馆编：《中华民国史档案资料汇编》（第5辑　第2编　文化2），江苏古籍出版社1998年版，第766页。

社会体育的领导”。① 该时期“国内各地的体育活动，几乎都是由本会和各地分支会来倡导，或者是由各方面委托本会或各地分支会办理”②。其主要活动包括：（1）努力健全中华体协系统，组织各省市县分支会30余处。（2）主持或指导国内各种体育赛事，如民族健康运动体育表演、板羽球表演等。（3）审定各项运动规则。（4）出版发行《体育通讯》。（5）举办体育讲习会、训练营及培训班，提高与普及国人对于体育的认知与兴趣。（6）主办、参与各种体育慈善活动，如慰劳抗日将士募捐篮球赛、吴德懋先生遗族教育基金篮球表演赛等。③

中华体协除了主持国内各种体育活动外，还积极联络来华盟友，举办国际体育活动。该时期中华体协及其分会主持的国际体育活动主要有：中英足球赛、中美排球赛、举办国际游泳对抗大会、中美篮球友谊赛、中美垒球赛及中美网球赛等。这些国际体育活动不仅丰富了中外民众的战时生活，鼓舞了军民士气，而且为中国的公共外交搭建了平台和桥梁，扩大和加强了中国与美英苏等盟国的交流与互动，进一步巩固乃至加深了反法西斯同盟国间的友好合作关系。

在国家积贫积弱、民族生死存亡的关头，中华体协在张伯苓、董守义等的领导下，毅然扛起“体育救国”的大旗，积极组建并依托各地分支会，通过各种方式宣传、示范体育，努力推动体育的普及化和大众化。“全国社会体育亦因此而日渐勃兴，其裨益于抗建工作，诚非浅显。”④

---

① 董守义：《中华全国体育协进会与我国社会体育》，重庆市体育运动委员会、重庆市志总编室编：《抗战时期陪都体育史料》，重庆出版社1989年版，第35页。

② 董守义：《中华全国体育协进会与我国社会体育》，重庆市体育运动委员会、重庆市志总编室编：《抗战时期陪都体育史料》，重庆出版社1989年版，第35页。

③ 《可喜的现象》，《体育通讯》1946年第33—36期，第1页。

④ 中华全国体育协进会干事部编：《第十四届世界运动会中华代表团手册》，中华全国体育协进会1948年版，第4页。

遗憾的是，抗战时期，社会动荡，经济凋零，百业受挫，体育事业也不例外。中华体协虽然筚路蓝缕，拟订《中华全国体育协进会三十年度工作计划》等方案，筹划恢复发展社会体育事业，但“格于人力财力及环境，目下成绩容或尚未完成其万一”。然而，中华体协职员们从未轻言放弃，依然“有一份力尽一份心，有一份财致一份用，无时不在向此目标迈进中”①。

### （五）复员重建期（1946—1949）

抗战胜利，举国欢庆，各界积极筹备复员。中华体协亦于 1945 年 8 月 20 日召开干事会议，积极筹备迁往南京等复员事宜。②

1945 年 9 月 7 日，中华体协召开常务理事会，制定复员计划：（1）派遣主任干事史麟生、马振銮、梁钟睿及干事李国堂随政府分赴天津、南京、北平、上海收复区，接收体育场，筹组分会。（2）聘请本会理监事及社会名流体育界先进齐守愚、宋如海、凌道扬分别为平津、武汉、穗港等地分会会务计划委员，协助政府及本会筹组分会。（3）复员后，随政府迁移会所于南京。（4）筹措迁建会所经费。一方面呈请政府补助，另一方面由本会理事分别筹措。③

1946 年初，中华体协迁往南京。“会内人力财力异常缺乏，其所遭遇之困难，实不在抗战时期之下。”中华体协全体同仁在总干事董守义等的带领下，克服万难，披荆斩棘，戮力经营，致力于重建工作。一方面，中华体协积极组建各地分支会。截至 1947 年 1 月 8 日，“战后全国已成立分会支会城市共十九处”。④ 另一方面，中华体协积极在南京筹

① 《中华全国体育协进会民国三十二年十月至三十三年十二月工作报告》，中国第二历史档案馆编：《中华民国史档案资料汇编》（第 5 辑　第 2 编　文化 2），江苏古籍出版社 1998 年版，第 766 页。

② 《本会干事会商讨复员计划》，《体育通讯》1945 年第 25 期，第 6 页。

③ 《本会常务理事会会议记录》，《体育通讯》1945 年第 26 期，第 6 页。

④ 《全国体育协进会昨开常务理事会》，《中央日报》1947 年 1 月 8 日，第 5 版。

建会所。几经努力，“业经行政院批准拨给活动房屋三栋，并由南京市政府以八万一方价拨剑阁路公地三亩余”①。后经政府及社会热心体育人士赞助，于 1946 年底建成小型办公室及职工宿舍，以为会址。1947 年初，中华体协正式在新址开始办公。

1946 年 6 月，解放战争爆发，社会动荡不安，货币贬值，物价飞涨，民不聊生，社会体育事业步履蹒跚。再加上教育部国民体育委员会要求中华体协只设总会，不设分会，并将原有的体协分会改组为体育会，② 使得中华体协的组织基础和社会体育事业遭到沉重打击。因此，该时期中华体协的体育活动寥寥，比较重要的有：（1）选派许承基等 3 人参加 1946 年的“戴维斯杯”网球赛。（2）主持中国参加第十四届伦敦世运会的选拔及参赛事宜。（3）审定田径、男子篮球、女子篮球、排球、垒球、全能运动、板羽球等体育运动规则。（4）协助政府举办第七届全运会。③

1948 年 5 月 12 日，中华体协趁第七届全运会之便，在上海召开第四次全国代表大会。会议决议改选理监事，修订会章，改名为“中华国民体育协会”，并研讨今后工作方案。然而，南京国民政府军事上节节败退，经济上处于奔溃边缘，社会动荡不安，“中华国民体育协会”生气全无，并未开展实质性的工作。

1949 年，南京国民政府战败，撤退到台湾岛。中华体协一分为二，部分职员如郝更生、江良规等跟随国民党到了台湾岛，部分职员如张伯苓、董守义、袁敦礼、吴蕴瑞等则留在大陆。台湾地区的“中华体协”会务停顿近两年，直到 1951 年才在台北复会，重组理监事会。由于理事长王正廷久居香港，遂由郝更生任代理事长，江良规担任总干事。复

① 《全国体育协进会昨开常务理事会》，《中央日报》1947 年 1 月 8 日，第 5 版。

② 《全国体协改组后各地设体育会》，《申报》1948 年 7 月 16 日，第 7 版。

③ 《全国体育协进会昨开常务理事会》，《中央日报》1947 年 1 月 8 日，第 5 版。

会之初，台湾地区的“中华体协”以先筹设全国性单项运动委员会（后改称“协会”）及准备参加奥运会、亚洲运动会工作为主。1973年，台湾地区的“中华体协”进行“第十一度改组”，分立出“中华奥林匹克委员会”，并重新协调划分业务：“中华体协”以发展岛内体育运动为主，由个人会员制改为团体会员制；“中华奥林匹克委员会”独立设置，以参加亚运会、奥运会为主；各单项委员会亦改称“协会”，并视业务性质分别与“中华体协”及“中华奥林匹克委员会”联系。1989年12月23日，台湾地区的“中华体协”更名为“中华民国体育运动总会”，并沿用至今。①

中华人民共和国成立后，为发展体育运动，增强人民体质，中国共产主义青年团中央受中央人民政府委托，召集留在大陆的原中华体协职员，各省市、解放军及共青团等有关部门的代表于1949年10月26日召开中华全国体育总会筹备委员会（后统称“中华全国体育总会第一次代表大会”）。会议决定将中华体协改组为“中华全国体育总会”，并选举冯文彬为体育总会筹委会主任，选举马约翰、吴蕴瑞等原中华体协理事为筹备委员会副主任，积极筹建中华全国体育总会。1952年2月5日，筹备中的中华全国体育总会致函国际奥委会，声明中华全国体育总会是代表中国的唯一体育组织，其他任何体育组织皆不能作为中国的合法代表——坚决反对台湾地区的“中华体协”以中国的名义参与国际体育活动，并与之展开了长期的争夺中国体育代表权的斗争。

经过近两年的筹备，中华全国体育总会于1952年6月20日在北京正式成立（后统称“中华全国体育总会第二次代表大会”）。会议产生了中华体育总会领导机构，讨论、通过了《中华全国体育总会章程》，赋予了中华体育总会发展国内体育事业和国际体育事业等职责。这标志着中华体协改组工作的顺利完成，中华人民共和国第一个全国性群众体

① 吴文忠：《中国体育发展史》，台湾三民书局1981年版，第489~490页。

育组织即中华全国体育总会成功创建。对比中华体协和中华全国体育总会的章程，不难发现，后者除了根据中国的实际情况进行适当调整外，基本沿袭了前者的宗旨、机构设置及职责等内容。可以说，中华体协为中华全国体育总会的成立在诸多方面了提供了有益的借鉴和宝贵的经验。

综观中华体协的发展历程，正如时人所言："该会自民元前二年至今，虽历三十有九载，然其所遭遇之财力与人力困难，则迄未谋得一永久之解决办法，顾其精神之所以能坚定不移，工作之所以能继续进展，对内之所以能获致社会人士之支持，对外之所以能取得国际间之合作者，实该会理事长张伯苓、王正廷两博士热心领导，与夫该会总干事沈嗣良、董守义诸先生惨淡经营之功也！"① 正是张伯苓、王正廷、沈嗣良、董守义等一批热心体育的有识之士以坚定不移的信念和顽强不屈的毅力苦苦支撑，"中国体育才能从无到有，从无机构到有组织，从国内到国外，从弱小到强大。他们功不可没"②。其中，张伯苓是中华体协职员中唯一一位见证并参与中华体协从萌芽到成立、从发展壮大到陷入停滞、从重庆复会到战后复员重建的全过程的人，对维系中华体协的生存与发展起到了举足轻重的作用。正如长期与张伯苓共事的著名体育专家郝更生所论："中国近代 50 年来的体育史，和张先生有不可分离的关系……数十年来，先生提倡体育的热忱，始终不懈，其精神感召和领导作用，对我国体育有不可磨灭的影响。我国体育能有今日的基础，先生之功甚大。"③

① 中华全国体育协进会干事部编：《第十四届世界运动会中华代表团手册》，中华全国体育协进会 1948 年版，第 5 页。

② 孙海麟编：《中国奥运先驱张伯苓》，人民出版社 2007 年版，第 62 页。

③ 郝更生：《敬悼张伯苓先生》，郭荣生、张源：《张伯苓先生纪念集》，台湾文海出版社 1975 年版，第 18 页。

# 第二章　中华体协的治理结构

治理结构一般是指在公共利益和共同利益的作用下，为解决社团内部不同权利主体之间的合作、激励和监督等问题，进行相应的权利与义务、权力与利益关系的制度安排。① 中华体协的治理结构主要是指中华体协的内部组织结构与运行机制。根据体育发展的现实需求、业务发展需要以及政府法律政策的要求，中华体协对组织架构及运行机制进行了适当的调整，逐渐形成了初步完善的内部治理结构和较为有力的领导群体，为各项业务的开展奠定了基础。

## 一、中华体协的组织结构

中华体协组织结构的健全与否直接关系到社会体育事业推进的效率和成效。组织结构愈完善、愈健全，中华体协的业务能力和组织功能就愈强，社会体育事业就发展愈快。反之，必将妨碍社会体育事业的发展。因此，中华体协在发展过程中，适时调整组织结构，力图建立较为完善的组织机构。

### （一）会员制度

中华体协成立之初，即在章程中明确规定："本会会员以区为单

① 徐家良编著：《社会团体导论》，中国社会出版社 2011 年版，第 134 页。

位。暂分华东、华南、华西、华北、华中五区。”① 然而，直到 1925 年 8 月，五大区中只有华北、华中两区建立了正式组织。为促进各区体育联合会的建立，1925 年 8 月 12 日，中华体协召开临时董事会议，敦促华东、华南、华西成立体育联合会，并指定专人负责组织：华东区由沈嗣良负责，华南区由卢炜昌负责，华西区由宋如海负责。② 然而，由于时局、交通及经济等因素的影响，上述三区体育联合会的组建工作依然没有进展。因此，1927 年，中华体协董事会决定修改章程，将会员单位由以“区”为单位改为以“城”为单位③，“希望以后将‘体育’二字由学校而推之一般城市”④。这一变革使得中华体协的会员资格门槛大大下降，即凡是“城市”均可申请成为会员，极大地促进了中华体协组织的扩展。在张伯苓、章辑五等人的主持下，天津于 1927 年 10 月 18 日率先成立了天津体育协进会。不久，凤阳、青岛、万县、自贡、温州等地亦陆续成立了中华体协分会。⑤

1930 年第四届全运会召开前夕，南京国民政府规定以“省、市（指行政院所辖各市）、特别区及华侨团体”为全运会的参赛单位。为响应政府政策及接轨全运会，1931 年 8 月 30 日，中华体协常务董事会决议，改以省、市、特别区及华侨团体为会员单位。⑥ 1933 年 10 月，

① 《中华全国体育协进会章程》（1924 年），王增明编：《近代中国体育法规》，中国体育史学会河北分会 1988 年版，第 27 页。

② 《中华全国体育协进会临时董事会开会》（1925 年 8 月 12 日），《中华全国体育协进会年刊》1927 年第 1 期，第 9 页。

③ 《体育协进会昨开董事会 议决后年开全国运动会》，《体育》1927 年第 3 期，第 3 页。

④ 《天津体育协进会：章辑五 当选正会长 各部委员同时产生》，《大公报》1927 年 10 月 21 日，第 7 版。

⑤ 《中华全国体育协进会民国三十二年十月至三十三年十二月工作报告》，中国第二历史档案馆编：《中华民国史档案资料汇编》（第 5 辑　第 2 编　文化 2），江苏古籍出版社 1998 年版，第 764 页。

⑥ 《中华全国体育协进会民国三十二年十月至三十三年十二月工作报告》，中国第二历史档案馆编：《中华民国史档案资料汇编》（第 5 辑　第 2 编　文化 2），江苏古籍出版社 1998 年版，第 762 页。

中华体协第二次全国代表大会正式通过该决议。

然而，随着南京国民政府一系列体育行政组织的建立，如全国体育指导委员会、教育部体育委员会、各省体育会及各地体育委员会等组织的建立，体育被视为独立的国家事业逐渐被纳入政府行政管理体系，由专门的体育机构进行领导和管理，使得中华体协的发展空间被大大挤压。再加上战乱不断、经济低迷等原因，只有上海、天津、北平、广东、香港、青岛等少数省市的分会得以建立并持续运转，大多数省市的分支会并没有按照预先设想的那样在全国各地建立起来，或者即便建立起来，也大多无法正常运转。另一方面，中华体协原有的五区制亦极不健全：五区之中，组织健全且持续运转的只有华北区；"华南区，因广东与香港彼此意见不合"，无法正常运转；"华中、华西，因连年军事影响而无形消散"；华东区事务则由中华全国体育协进会负责，并未建立体育联合会。① 五区制名存实亡，重建基层组织，迫在眉睫。

有鉴于此，中华体协拟定"再行加强或成立华北、华南、华中、华东、华西五区体育联合会，以为本会之基柱"，并于 1935 年 10 月 19 日召开董事会议决定，自 1937 年起"改组本会会员以区为单位"，并组织筹备委员会，组建尚不健全的区分会组织：请程登科、张得善、刘慎旃、黄次书、马泽昭、杨筱齐、伍纯武为组织华西体育协进会的筹备委员；吴德懋、许民辉、陆起华为组织华南体育协进会的筹备委员；吴邦伟、吴蕴瑞、陈柏青、沈嗣良为组织华东体育协进会的筹备委员；华中体育协进会的筹备委员待查加委。② 在中华体协及各筹备委员会的积极活动下，华西体育协进会于 1935 年第六届全运会上宣告成立③，华

① 沈嗣良：《全国体育协进会之前途》，《勤奋体育月报》1933 年第 1 卷第 1 期，第 13 页。

② 《本会董事会议纪录》，《体育季刊》（中华体协版）1936 年第 2 卷第 1 期，第 113~114 页。

③ 王振亚编：《旧中国体育见闻》，人民体育出版社 1987 年版，第 7 页。

中体育协进会于 1935 年 10 月 23 日召开成立大会。① 遗憾的是，华南体育联合会和华东体育联合会依然未能建立。因此，1937 年 3 月 10 日，中华体协第七次常务董事会议认为“各地组织未臻完善”，“宜仍用省市及特别区作单位”。②

抗战时期，为适应抗战建国的需要，中华体协于 1943 年再次修订章程，规定以“省市分会暨海外分会”为会员单位。③

由上可见，中华体协在其存在的 25 年里，多次修改会员单位，在“区”、“省市（指行政院所辖各市）特别区及华侨团体”及“省市分会暨海外分会”之间频繁变换，变动不居。这既说明了中华体协在会员单位问题上的游移不定，也反映出中华体协基层组织不够健全，社会体育事业欠发达的状况。同时，也从一个侧面说明了在时局动荡、经济落后的近代中国，民间体育组织发展体育事业之艰难。

### （二）组织形态的演变：从董事制到理监事制

中华体协自成立伊始即采用董事制，直到 1942 年 10 月，才遵照南京国民政府法令，改行理监事制。

#### 1. 董事制

董事制是中华体协采用时间最长和发展最快之时的组织形式。现就其内部权力结构及组织关系展开剖析。

（1）会员代表大会。

会员代表大会又称会员大会，是由会员选派代表组成的。中华体协

---

① 《华中体育协进会正式成立》，《勤奋体育月报》1935 年第 3 卷第 3 期，第 284 页。

② 《第七次常务董事会议记录》（1937 年 3 月 10 日），《体育季刊》（中华体协版）1937 年第 3 卷第 2 期，第 233 页。

③ 《中华全国体育协进会章程草案》（1943 年），重庆市体育运动委员会、重庆市志总编室编：《抗战时期陪都体育史料》，重庆出版社 1989 年版，第 85 页。

以五大区为会员单位时，规定由每区各派代表 5 人组成；以省、市（指行政院所辖各市）、特别区及华侨团体为会员单位时，规定由每单位各派 1 人组成。中华体协会章最初规定会员代表大会每年举办 1 次。1934 年，又定为两年举办 1 次。但实际上，由于时局不靖、交通不便等原因，中华体协在董事制时期，总共只召开了 3 次会员代表大会。

第一次会员代表大会于 1924 年召开。当时，中华教育改进社在南京召开年会，许多体育社团代表纷纷与会，中华体协遂趁此良机，在南京召开第一次会员代表大会。会议通过了会章，并推选张伯苓为名誉会长，沈嗣良为名誉主任干事，陈时等为董事。① 值得注意的是，北京政府时期，会员代表大会的权力非常有限，许多重大事件只需董事会议通过即可生效。以会章修改为例，该时期中华体协会章的修改只需董事会议通过即可生效，而不需要经过会员代表大会批准。② 南京国民政府建立后，《人民团体组织方案》明确规定："各种人民团体……最高权力机关应为会员大会或会员代表大会。"③ 自此，中华体协会员代表大会方成为中华体协的最高权力机关。其主要职责是听取会务工作报告，讨论、修改会章及选举董事等。

1933 年 10 月 14 日，中华体协趁第五届全运会举办之机，在南京召开第二次会员代表大会，共有 32 人参加。本次代表大会除修订会章外，还改选新董事 9 人，推选张伯苓为会长，王正廷为主席董事，沈嗣良仍当选为名誉主任干事。④

① 《中华全国体育协进会进化简史》，中华全国体育协进会干事部编：《第十四届世界运动会中华代表团手册》，中华全国体育协进会 1948 年版，第 4 页。

② 《中华全国体育协进会》（1924 年公布），王增明编：《近代中国体育法规》，中国体育史学会河北分会 1988 年版，第 31 页。

③ 蔡鸿源主编：《民国法规集成》（第 69 册），黄山书社 1999 年版，第 195 页。

④ 《中华全国体育协进会民国三十二年十月至三十三年十二月工作报告》，中国第二历史档案馆编：《中华民国史档案资料汇编》（第 5 辑　第 2 编　文化 2），江苏古籍出版社 1998 年版，第 762 页。

1935年10月18日，中华体协趁第六届全运会召开之机，在上海八仙桥青年会召开第三次会员代表大会，共有29个省、市（行政院直辖市）参加。此次会议首先由名誉主任干事沈嗣良报告两年来会务及工作，接着讨论会章修改问题，调整了部分机构设置，如废除名誉会长一职，改主任干事为总干事，增加董事名额至15人等。同时，还通过具名投票的方法选举出第三任董事。①

第四次会员代表大会，原拟趁1937年第七届全运会举办之机举行。但由于日本全面侵华，上海、南京等地相继沦陷，第七届全运会取消，中华体协第四次会员代表大会亦随之取消。②

就制度设计而言，会员代表大会涉及中华体协的重大会务，对中华体协的发展起着至关重要的作用。但在实践中，该时期的会员代表大会也存在着一些缺陷和不足。主要表现在：第一，作为会员代表大会基础的"会员"经常变化，不断游移于"区"、"省市（指行政院所辖各市）特别区及华侨团体"及"省市分会暨海外分会"之间，无法形成稳定的、健全的组织基础。第二，该时期的会章既没有规定会员的权利，也没有规定会员的义务，导致会员与中华体协之间关系松散，始终无法形成强有力的统一的组织。第三，会员代表大会不定期召开，并且间隔时间过长，不仅无法及时处理重大会务，而且无法密切联系会员，沟通会务，导致组织涣散，会务发展迟缓。正如中华体协董事袁敦礼所言："会员的代表机关，会员的权利义务，以及代表的产生方法未有规定的具体办法。本会的基础仍旧是有很大的问题。"③

（2）董事会。

---

① 《第三届全国代表大会记录》，《体育季刊》（中华体协版）1936年第2卷第1期，第111~112页。

② 《中华全国体育协进会民国三十二年十月至三十三年十二月工作报告》，中国第二历史档案馆：《中华民国史档案资料汇编》（第5辑　第2编　文化2），江苏古籍出版社1998年版，第762页。

③ 袁敦礼：《谋全国体育协进会发展所应采取的途程》，《体育季刊》（中华体协版）1935年第1卷第1期，第39页。

董事会成员由会员代表大会选举产生，初期设董事 9 人，后增至 15 人。董事会主席由董事之间相互推选产生。董事任期有一定的期限，初期规定为 3 年，后改为 2 年，连举得连任。① 董事会主要负责计划会务、筹划经费并审查账目，享有推举常务董事、总干事等重要职务的权力以及处罚违反会章或细则的团体或个人之权力。② 中华体协成立之初，董事会还享有推举会长、审批章程修改之权力。直到 1935 年第三次会员代表大会召开后，此项权力才划归会员代表大会。③ 可见，中华体协成立之初，权力主要集中在董事会手中，后来才逐渐适当分权。

（3）常务董事会（常驻委员会）。

常务董事会，原称“常驻委员会”，是董事会的常设机关，由董事会推选 4 人及主席董事组成。常务董事会主要代行董事会之职权，管理本会一切重要事务。遇有必须经过董事会的特别事件，必须在下届董事会时追认，方能生效。

（4）各项委员会。

组织的功能决定组织的结构。中华体协根据自身会务及工作的需要，设立了相应的委员会办理特定事务。根据各自承担的职能划分，主要有以下几种委员会：其一，运动员资格审查委员会，主要负责审查运动员有无业余运动资格，并解决因该项问题而发生之一切争议。其二，田径运动记录审查委员会，主要负责审查田径记录，并判定最高纪录。其三，运动规则（审订）委员会，主要负责编订、修改或解释各项运

① 《中华全国体育协进会章程》（1924 年公布），王增明编：《近代中国体育法规》，中国体育史学会河北分会 1988 年版，第 27 页；《本会章程》（1934 年中华体协董事常会修正通过），《体育季刊》（中华体协版）1935 年第 1 卷第 1 期，第 134 页。

② 《中华全国体育协进会章程》（1924 年），王增明编：《近代中国体育法规》，中国体育史学会河北分会 1988 年版，第 28 页；《本会章程》（1934 年中华体协董事常会修正通过），《体育季刊》（中华体协版）1935 年第 1 卷第 1 期，第 132~134 页。

③ 《中华全国体育协进会章程》（1935 年 10 月），《体育季刊》（中华体协版）1936 年第 2 卷第 1 期，第 110 页。

动规则。其四，运动裁判会，主要负责各项运动比赛裁判事宜，及解决一切因裁判而发生之争议。

除了以上所列的各种常设委员会外，中华体协还根据现实工作的需要，临时成立各种委员会。例如，为计划会务，成立会务计划委员会；为筹备参赛经费，成立经费筹募委员会；为选拔优秀运动员代表中国参加远运会、世运会，成立选拔委员会；为建设会所、运动场等，成立建筑委员会；为修改章程，成立章程修订委员会等。这些委员会都是因事而设，事起则设，事息则撤，属于临时性委员会。它们的成立使得中华体协的组织功能进一步增强并不断扩展，在一定程度上弥补了中华体协职员数量少、组织欠完善的缺陷，使得中华体协在经费紧张、人手不足的情况下开展了许多工作。

作为社会体育事业领导机关的中华体协业务十分庞杂，正是依靠上述各种委员会来处理各种业务，才使得各项工作得以推进，社会体育事业才得以发展。值得注意的是，上述各种常设性委员会大多由中华体协聘请著名体育专家担任委员，具有很强的专业性和权威性，不仅为中华体协业务的正常运转提供了有力的人力和智力保障，提高了中华体协的办事效率，而且有助于确立中华体协在社会体育组织中的领导地位。

（5）职员

中华体协的主要职员为会长、干事、会计。其中，正、副会长及主任干事（又称名誉主任干事、总干事）各 1 人，均由董事会推选产生；干事若干人，初期由会长商同董事会聘任，后改由总干事会同常务董事会聘任。

1935 年以前，会长地位显赫，职权较大：举行大会时为当然主席；对外代表本会；商同董事会聘任本会干事；会长得召集职员会议；委派委员会分理各项运动比赛及其他事宜；会同会计及主任干事编制会务报告；副会长协同会长处理本会一切事务，遇会长缺席时，代理其职务。而主任干事之职权除了辅导各地体育事业、保管运动记录及编辑本会刊物外，主要是“秉承会长、常驻委员、董事会之意旨，办理全国及国际间体育事宜”，权力较为有限。① 1935 年 10 月，中华体协重新修订会章，取消了关于会长职权的规定，并将原属会长的职权改由总干事享有，“总干事之职权：执行一切议决案并处理本会一切事宜”②。由此可见，会长与主任干事（总干事）的职权经历了一个此消彼长的过程。会长逐渐从具体事务中脱离出来，成为荣誉职位，而主任干事（总干事）的地位和权力却逐渐提升，并几乎完全取代了会长的职权，由会务的执行者变成会务的主持者。

会计这一职务却恰恰相反。中华体协成立之初，会计是由董事中互推一人兼任，主要负责掌管经济出纳、编制本会预算书、收支细账及决算书。然而，1935 年 10 月修正的会章中却取消了关于会计职权的规定，并且不再由董事兼任，而是隶属于干事部，由总干事商同常务董事酌情聘任。由此可见，会计这一职位的地位在下降，从与主任干事同等的级别降为主任干事的从属职位。

综上可见，中华体协的行政权经历了初期主要由会长掌权，后期逐渐集权到干事部尤其是总干事之手的过程。中华体协在组织较为松散的情况下，集中事权于会长或总干事，确实有利于会务的开展和办事效率的提高，但同时也造成了权力过于集中，导致中华体协离开会长或总干事后，会务几无法开展之程度。

2. 理监事制

抗战时期，为整合社会组织，有效动员民众，以利抗战建国，南京国民政府继建立之初大规模整顿人民团体后，又一次对人民团体进行全面的整顿、改组。1942 年初，社会部训令各人民团体依照《非常时期人民团体组织法》进行改组。中华体协接到社会部训令后，于 1942 年

① 《本会章程》（1934 年中华体协董事常会修正通过），《体育季刊》（中华体协版）1935 年第 1 卷第 1 期，第 133 页。

② 《中华全国体育协进会章程》，《体育季刊》（中华体协版）1936 年第 2 卷第 1 期，第 110 页。

10月1日召开临时董事会议，依法改组中华体协，将原来的董事制改为理监事制：董事改称理事，名誉董事改称监事及名誉理事，董事会改组为理事会与监事会。同时，公推张伯苓先生为理事长，商震先生为常务监事，设立6种委员会，并在总干事下分设一室三组。① 相较于董事制，采用理监事制的中华体协在制度设计上更加合理。下面结合1943年修订的《中华全国体育协进会章程草案》（简称“1943年版”），简要分析其内部组织结构。

中华体协取消之前以“区”“省市（指行政院所辖各市）特别区及华侨团体”单位作为会员单位的做法，改为以省市分会暨海外分会为会员单位，并在会章中首次明确界定了会员的权利和义务。会员权利包括发言权、表决权、选举权、中华体协所举办各种事业上之利益以及其他公共应享之权利。会员义务包括遵守会章及决议案、担任中华体协指派的职务及按时缴纳会费。② 全体会员组成会员代表大会。会员代表大会是中华体协的最高权力机关，主要负责审议理事监事会之会务报告、通过本会章程、选举理监事、决定经费预算及其他重要事项之决定。会员代表大会闭会期间，由理事会代行职权。③ 1948年5月，中华体协趁第七届全运会在举办之机，在上海召开了第四次全国代表大会，选举产生了新的理事。④

理事会是中华体协的执行机构，由会员代表大会选举15名理事组成。理事会对外代表中华体协，对内处理一切会务，负责召集会议、执

① 《中华全国体育协进会民国三十二年十月至三十三年十二月工作报告》，中国第二历史档案馆编：《中华民国史档案资料汇编》（第5辑　第2编　文化2），江苏古籍出版社1998年版，第766页。

② 《中华全国体育协进会章程草案》（1943年），重庆市体育运动委员会、重庆市志总编室编：《抗战时期陪都体育史料》，重庆出版社1989年版，第85页。

③ 《中华全国体育协进会章程草案》（1943年），重庆市体育运动委员会、重庆市志总编室编：《抗战时期陪都体育史料》，重庆出版社1989年版，第86~87页。

④ 中华全国体育协进会干事部编：《第十四届世界运动会中华代表团手册》，中华全国体育协进会1948年版，第4页。

行代表大会决议、核准会员入会及办理监事会移付案件等事宜。理事为义务职，任期 2 年，连选得连任。常务理事会是理事会的常设机构，由董事互推 5 人组成，负责执行理事会决议及召集理事会议。常务理事会设理事长 1 人，由常务理事互推产生，负责主持对内对外一切事务。同时，设总干事 1 人，秉承常务理事会处理日常事务。

此外，中华体协还设候补理事 7 人，名誉理事长及名誉理事若干人。由于业务繁杂，中华体协不仅援例设立了运动员资格审查委员会、田径游泳国术及其他记录审查委员会、运动规则审订委员会及运动裁判会等专项性委员会和各种临时性委员会，如经费筹募委员会等，而且还在总干事下设总务、编审、宣传三组，每组各设主任干事 1 人，干事及雇员若干人。

监事会是中华体协的常设监督机关，由会员代表大会选举若干名监事组成（以 5 人为限），① 主要负责监察会员履行义务事项、审核经费收入及办理其他有关监察事项。与理事一样，监事亦为义务职，任期 2 年，连选得连任。常务监事由监事互推产生，负责执行监事会决议、召集监事会议及办理日常事务。

相较董事制而言，理监事制在机构设置上更为完善，分工更加细致，权力分配也更加合理，并且相互制衡，体现了中华体协管理的民主化、专业化特征，彰显了中华体协的现代社团特征。

### （三）领导群体分析

领导群体对整个社团的发展起着关键性的领导作用，在社团的组织结构和运行机制中扮演极为重要的角色，他们自身的素质、能力、社会角色及其社会网络等皆关系到社团业务的开展、目标的实现程度等方面。中华体协的领导群体主要包括董事制时期的会长、董事长、（名誉）董事、常务董事和名誉主任干事，以及理事制时期的（名誉）理

① 《人民团体干部训练业务课程讲授大纲》，社会部 1945 年版，第 16 页。

事、常务理事、理事长、监事、常务监事和总干事等。下面就中华体协领导群体的组成、变迁及其社会结构与社会网络进行分析。

1. 董事会的组建与成员变迁

1910年10月18日，张伯苓等人于“全国学校区分队第一次体育同盟会”在江苏南京南洋劝业场举行之际，发起组织了一个与运动会同名的体育组织——“全国学校区分队第一次体育同盟会”。这是近代中国第一个全国性体育组织，中国体育界“至此始有正式之组织”。遗憾的是，该组织是“临时性之组合，无法适应体育发展的要求”。在此背景下，全国运动联盟、业联会及中华体育协会筹备处等体育团体相继成立。

为进一步推动国内体育发展及适应参与远东运动会等国际体育赛事的需要，1924年7月4—5日，业联会和中华体育协会筹备处在南京东南大学联合召开中华体协成立大会。7月5日，大会推举卢颂恩（华东）、章辑五（华北）、黄公诚（华中）、黄代国（华西）、侯可久5人为临时董事提名委员，提名被选董事21人，并由与会代表用记名选举法选出票数最多的9人为临时董事。结果，张伯苓（33票）、郭秉文（31票）、陈时（29票）、卢炜昌（23票）、聂云台（22票）、郝伯阳（22票）、沈嗣良（18票）、方克刚（14票）及穆藕初（12票）9人当选。翌年10月，张伯苓即以该9人为正式董事呈请北洋政府内务部准予中华体协注册备案。① 值得注意的是，这9人大多热心体育事业，积极参与发起、组织体育赛事。其中，卢炜昌和聂云台皆为精武体育会的主要领导人和中华体协的主要发起人，尤其是卢炜昌，曾著有《少林宗法》《少林拳术图论》等著作，被视为提倡中华传统体育的代表人物；张伯苓、郝伯阳、郭秉文及聂云台4人皆曾任职于提倡西方近代体

① 《张伯苓组织中华全国体育协进会呈请立案的文书》（1925年10月），北洋政府内务部档案一〇〇一（2）—1070，中国第二历史档案馆藏。

育的业联会；陈时、方克刚及沈嗣良亦曾参与组织各地区运动会，与业联会关系密切。可见，中华体协中既有提倡近代体育之士，又有提倡传统体育之士，“反映了由青年会培养出来的体育人士与民族传统体育人士的结合”①。当然，相比而言，倡导西方近代体育的业联会在中华体协中占据绝对的优势地位。这也是中华体协在后来的发展过程中，始终以西方近代体育为主、中华传统体育为辅的历史原因之一。

中华体协成立后不久，董事穆藕初辞职，改由曹云祥继任；王正廷由于其在社会各界的广泛影响力，尤其是其对体育素来的提倡与赞助，被推选为名誉会长。当时的许多资料以及今人的论著中，大多以曹云祥、王正廷为中华体协的第一届领导群体成员，而极少提及穆藕初。这是有悖于历史客观事实的。笔者认为，穆藕初虽然任职时间较短，但作为中华体协发起人，亦须将其纳入中华体协的领导群体行列。

1927 年 6 月 30 日，中华体协召开董事会年会，准予董事聂云台辞职，并“公推赵锡恩补充，任期至下次董事选出时为止”。同时，由于董事郭秉文、郝伯阳 2 人，远在国外，经常缺席会议，遂议决“公推穆藕初、冯少山二人代理（如穆君不就，即改推黄明道君代理）”。从后来的情况看，郭秉文董事之职由黄明道代理。②

1933 年 10 月，中华体协召开第二次会员代表大会，修订了会章，将董事任期由之前的 3 年改为 2 年，并改选产生了王正廷等 9 位新一届董事会成员。对比第一、二届董事名单可知，第一届董事中除了张伯苓和沈嗣良留任外，其余 7 人全是新面孔，且都不是发起人。可见，中华体协为了扩大影响，吸收了不少新鲜血液进入领导层。更加难能可贵的是，该 7 人皆为热心体育事业之人士，且除王正廷之外的其余 6 人皆为体育专家。其中，褚民谊为著名国术专家，马约翰、郝更生、吴蕴瑞、袁敦礼及高梓 5 人皆接受过专业体育教育，为当时著

① 易剑东：《王正廷对中国近代体育的贡献》，《体育文化导刊》1994 年第 5 期，第 27~28 页。

② 《体育协进会董事会议记录》，《申报》1927 年 7 月 21 日，第 7 版。

名的体育教育家。无疑，这为中华体协开展社会体育事业奠定了人才基础。

1935 年 10 月 18 日，中华体协第三次全国代表大会召开。会议议定董事由之前的 9 人增至 15 人。① 翌日，召开第三届董事会第一次会议，废除名誉会长一职，推举王正廷为董事会主席，张伯苓等 15 人为董事，褚民谊等 5 人为常务董事。翌年 8 月 26 日，王正廷被任命为驻美大使，无法履行董事会主席之职。② 因此，同年 11 月 8 日召开的中华体协董事会议批准王正廷辞去董事会主席一职，改推张伯苓继任。③

抗战军兴，中华体协领导成员的换届工作陷入停滞。直至 1941 年，中华体协在重庆恢复办公，董事的换届工作才又重新启动。④ 1942 年 2 月 7 日，中华体协董事会议决，“将叛国降敌的常务董事褚民谊开除会籍”，增聘“戴院长传贤、陈部长立夫、谷部长正纲、张部长治中”等政府要员为名誉董事。⑤ 为填补褚民谊的空缺，中华体协增聘董守义为常务董事，尚树梅为董事，依然保持 15 名董事和 5 名常务董事的阵容。由于抗战的特殊环境，此次总干事、常务董事、董事等领导成员的人事变动皆未按照章程规定的民主程序选举产生，而由张伯苓等主要领导人推荐产生。中华体协根据政府要求，于 1942 年 10 月 1 日举行临时会议，将会章“依照社会部颁订之战时人民团体组织法修正通过”，并

① 《全国体育协进会改选董事》，《勤奋体育月报》1935 年第 3 卷第 3 期，第 283 页。

② 毛庆根：《中国“奥运之父”——王正廷传》，浙江大学出版社 2012 年版，第 247 页。

③ 《全国体协会议决统制全国体育事业 设立体育最高机关　准备参加下届世运会　请求津贴经费　派许承基、郑兆佳、何玉芝为台杯选手　王正廷辞职张伯苓继任董事会主席》，《中央日报》1936 年 11 月 9 日，第 4 版。

④ 董守义历任副总干事、代总干事、总干事等职，是抗战时期中华体协的实际负责人。

⑤ 孙海麟主编：《中国奥运第一人：张伯苓的故事》，人民出版社 2008 年版，第 59 页。

“根据本会修正章程，将原任董事改为理事”，推选原任常务董事为常务理事，主席董事为理事长。①

抗战胜利后，中华体协迁往南京。1948 年 5 月 12 日，中华体协趁第七届全运会举办之便，在上海召开第四次会员大会。会议决议修正章程，改名为“中华国民体育协会”，改选理监事，规定理事增至 27 人，并研讨今后工作方案。与之前领导群体成员单纯采用提名方式选举不同，本次选举将分区方式与提名方式结合进行。一方面，中华体协将全国分为东区、北区、中区、南区、西区、西北区、东北区、海外区及蒙藏区，并从每区中选出 2 人为理事，最终共选出 17 名理事。② 另一方面，中华体协以提名方式选出理事 9 人。③ 5 月 14 日，中华体协召开第一次全体理监事会，议决“请荣照先生为蒙藏区本会理事之一，其余一理事授权予常务理事会决定”④，并选举袁敦礼、郝更生、王正廷、江良规、奚玉书、宋如海及许民辉 7 人为常务理事⑤。5 月 16 日，中华体协召开改组后首次常务理事会，投票选举王正廷为理事长，江良规为总干事。⑥由于江良规并未就任，遂改推郝更生为总干事。

1948 年 7 月 8 日，前总干事董守义与郝更生代表冯公智办理移交手续，郝更生正式“接收体育协进会”。⑦ 由于南京国民政府军事上节节败退，经济上处于奔溃边缘，社会动荡不安，中华国民体育协会生气

---

① 《中华全国体育协进会举行临时会议》（1942 年 10 月 1 日），重庆市体育运动委员会、重庆市志总编室编：《抗战时期陪都体育史料》，重庆出版社 1989 年版，第 29~30 页。

② 蒙藏区只选出荣照 1 人。

③ 《中华全国体育协进会会员大会报告表、理监事名单章程修改草案》（1948 年 5 月），Q6-5-520-5，上海市档案馆藏。

④ 据笔者目前掌握的材料，尚未见常务理事会的相关决议及第 27 位理事的名字。

⑤ 《全国体协理监会决议　设亚洲运动委会 组全国性足篮球田径委会筹会》，《申报》1948 年 5 月 15 日，第 5 版；《中华全国体育协进会会员大会报告表、理监事名单章程修改草案》（1948 年 5 月），Q6-5-520-5，上海市档案馆藏。

⑥ 《全国体协理事长　王正廷当选　江良规继任总干事》，《申报》1948 年 5 月 17 日，第 5 版。

⑦ 《郝更生接收体育协进会》，《申报》1948 年 7 月 9 日，第 7 版。

全无，并未开展多少实质性的工作，直至 1949 年迁往台湾岛。1924—1949 年，中华体协领导成员更替的具体情况如表 2-1。

表 2-1　**中华体协历届领导成员（1924—1949）**

| 时间 | 届数 | 当选 | 留任 | 备注 |
|---|---|---|---|---|
| 1924. 7—1933. 9 | 第一届 | 张伯苓（董事长）、陈时、方克刚、穆藕初（后由曹云祥继任）、郭秉文（后由黄明道继任）、卢炜昌、聂云台（后由赵锡恩继任）、郝伯阳、沈嗣良（兼任名誉主任干事） |  | 名誉会长：王正廷 |
| 1933. 10—1935. 10 | 第二届 | 王正廷（主席）、褚民谊、马约翰、郝更生、吴蕴瑞、袁敦礼、高梓、沈嗣良（兼名誉主任干事）、张伯苓（正会长） | 张伯苓、沈嗣良 | 副会长：朱家骅、吴铁城；常驻委员：王正廷、褚民谊、沈嗣良、曹云祥、赵锡恩 |
| 1935. 10—1942. 2 | 第三届 | 张伯苓、王正廷、郝更生、褚民谊、吴蕴瑞、马约翰、沈嗣良（兼名誉总干事）、袁敦礼、高梓、朱家骅、董守义、吴铁城、王卓然、章辑五、宋君复 | 张伯苓、王正廷、郝更生、褚民谊、吴蕴瑞、马约翰、沈嗣良、袁敦礼、高梓 | 常务董事：王正廷、褚民谊、郝更生、沈嗣良、吴蕴瑞；董事会主席：王正廷、张伯苓（继任） |
| 1942. 10—1948. 5 | 第四届 | 张伯苓（理事长）、王正廷、郝更生、吴蕴瑞、马约翰、沈嗣良、袁敦礼、高梓、朱家骅、吴铁城、董守义（历任副总干事、代总干事、总干事）、宋君复、尚树梅、王卓然、章辑五 | 张伯苓、王正廷、郝更生、吴蕴瑞、马约翰、沈嗣良、袁敦礼、高梓、朱家骅、吴铁城、董守义、宋君复、王卓然、章辑五 | 常务理事：张伯苓、吴蕴瑞、郝更生、王正廷、董守义 |

续表

| 时间 | 届数 | 当选 | 留任 | 备注 |
| --- | --- | --- | --- | --- |
| 1948.5—1949.10 | 第五届 | 江良规、奚玉书、袁敦礼、董守义、沙瑞辰、宋如海、许民辉、梁广源、杨森、程登科、刘大伟、郭俊卿、高惜冰、刘化鹍、连瀛洲、蔡惠鸿、荣照、郝更生（总干事）、王正廷（理事长）、宋君复、高梓、吴蕴瑞、赵文藻、袁浚、林朝权、刘长春 | 王正廷、郝更生、吴蕴瑞、高梓、董守义、宋君复、袁敦礼 | 常务理事：袁敦礼、郝更生、王正廷、江良规、奚玉书、宋如海、许民辉 |

资料来源：《中华全国体育协进会职员录》，《中华全国体育协进会年刊》1927年第1期，第2页；《本会职员一览》，《体育季刊》1935年第1卷第1期，第131页；《中华体育协进会筹备参加明年远东会》，《申报》1933年10月18日，第19版；《本会董事会议记录·第三任董事第一次会议记录》（1935年10月19日），《体育季刊》1936年第2卷第1期，第113~114页；《中华全国体育协进会民国三十二年十月至三十三年十二月工作报告》，中国第二历史档案馆编：《中华民国史档案资料汇编》（第5辑　第2编　文化2），江苏古籍出版社1998年版，第761页；《中华全国体育协进会新选理监事名单（1948年5月12日）》，Q6-5-520，上海市档案馆藏。

### 2. 领导成员更替与民主化进程

中华体协成立之初，会章即明确规定："董事任期三年，每年改选三分之一，连举得连任。"① 1934年，中华体协修订章程，规定"董事任期两年，连举得连任"②。此后，一直延续此规定。依此可知，"连

---

① 王增明编：《近代中国体育法规》，中国体育史学会河北分会1988年版，第27页。

② 《中华全国体育协进会章程》，《体育季刊》（中华体协版）1935年第1卷第1期，第132页。

举得连任”是中华体协一以贯之的规定。这也反映了中华体协还是非常强调董事连任的。实际情况从表 2-2 中可窥见一斑。

表 2-2　　**中华体协领导成员更动统计（1924—1949）**

| 时 间 | 董事人数 | 新任董事人数 | 新任董事比例（%） |
|---|---|---|---|
| 1924 年 7 月—1933 年 9 月 | 9 | | |
| 1933 年 10 月—1935 年 10 月 | 9 | 7 | 77. 8 |
| 1935 年 10 月—1942 年 2 月 | 15 | 6 | 40 |
| 1942 年 10 月—1948 年 5 月 | 15 | 1 | 6. 7 |
| 1948 年 5 月—1949 年 10 月 | 26 | 19 | 73. 1 |

表 2-2 显示，中华体协新任领导成员比例最高达 77. 8%，最低跌至 6. 7%，不同时期领导成员更动比例悬殊。之所以出现 1942 年第四届董事更替率为 6. 7%的情况，主要是由于该届董事会的召开，不是出于中华体协自身会务发展的需要，而是迫于时局变化，被迫调整的结果。如果将特殊的第四届董事更替排除在外，中华体协的领导成员更替比例更替率高达 63. 6%。即便将第四届董事更替计算在内，中华体协领导成员平均更替比例亦达 49. 4%。应该说，中华体协领导成员换届时，调整幅度较大，更替比例较高。

那么，我们是否可以由此而认为中华体协领导成员更替合理，有助于新鲜血液的加入呢？答案是否定的。按照会章规定，中华体协应当每 1 年或 2 年召开一次代表大会，选举董事会或理事会成员，并且每 2 年或 3 年改选一次。我们以会章规定的董事或理事选举的最长周期——每 3 年 1 次来计算，在中华体协存在的 25 年间，至少应该产生 8 届领导班子。而事实上，中华体协只分别在 1924 年、1933 年、1935 年、1942 年和 1948 年产生了 5 届。这 5 届领导班子的任职时间不等，分别为 9 年、2 年、7 年、6 年和 1 年，并且各届之间任期差距较大，详见表 2-3。

表 2-3　**中华体协领导成员担任届次、任期统计表（1924—1949）**

| 姓名 | 张伯苓 | 王正廷 | 郝更生 | 沈嗣良 | 吴蕴瑞 | 袁敦礼 | 高梓 | 董守义 |
|---|---|---|---|---|---|---|---|---|
| 届数 | 4 | 4 | 4 | 4 | 4 | 4 | 4 | 3 |
| 任期（年） | 24 | 16 | 16 | 24 | 16 | 16 | 16 | 14 |
| 姓名 | 马约翰 | 宋君复 | 章辑五 | 褚民谊 | 朱家骅 | 吴铁城 | 王卓然 | 卢炜昌 |
| 届数 | 3 | 3 | 2 | 2 | 2 | 2 | 2 | 1 |
| 任期（年） | 15 | 14 | 13 | 9 | 13 | 13 | 13 | 9 |
| 姓名 | 郝伯阳 | 尚树梅 | 方克刚 | 陈时 | 杨森 | 程登科 | 刘大伟 | 郭俊卿 |
| 届数 | 1 | 1 | 1 | 1 | 1 | 1 | 1 | 1 |
| 任期（年） | 9 | 6 | 9 | 9 | 1 | 1 | 1 | 1 |
| 姓名 | 蔡惠鸿 | 荣照 | 赵文藻 | 袁浚； | 林朝权 | 刘长春 | 连瀛洲 | 奚玉书 |
| 届数 | 1 | 1 | 1 | 1 | 1 | 1 | 1 | 1 |
| 任期（年） | 1 | 1 | 1 | 1 | 1 | 1 | 1 | 1 |
| 姓名 | 刘化鹍 | 高惜冰 | 宋如海 | 沙瑞辰 | 江良规 | 梁广源 | 许民辉 | |
| 届数 | 1 | 1 | 1 | 1 | 1 | 1 | 1 | |
| 任期（年） | 1 | 1 | 1 | 1 | 1 | 1 | 1 | |
| 姓名 | 郭秉文、黄明道 | | 穆藕初、曹云祥 | | 聂云台、赵锡恩 | | | |
| 届数 | 1 | | 1 | | 1 | | | |
| 任期（年） | 9（继任关系） | | 9（继任关系） | | 9（继任关系） | | | |

表 2-3 显示，1924—1949 年，中华体协共产生了 45 位领导成员，总任期 320 年，平均每位任期约 7.1 年，占中华体协存在时间的近三分之一。这对于一个体育社团而言，应该说更替频率并不快。进一步统计可知，这些领导成员当选届数相差较大，有 30 人仅当选过 1 届，5 人当选过 2 届，3 人当选过 3 届，7 人当选过 4 届。也就是说，有 15 人长期占据领导职位，而其余 30 人都仅当选一届，并且这 30 人中有 19 人

的任期仅1年。换言之，另外的26人总任期达301年，平均每人任期达11.7年。这其中，当选3次及以上的有10人，他们的总任期达171年，平均每人任期达到惊人的17.1年。也就是说，这些仅占总人数22.2%的10位领导成员，却占领导成员总任期的53.4%，长期掌握着中华体协的领导权。可见，中华体协不仅存在领导成员更替频率较低的问题，而且存在明显的"马太效应"。

领导成员更替中存在的上述问题，在中华体协至为重要的职务——会长、董事长、董事会主席、理事长及总干事（名誉主任干事、名誉主干事）上体现得尤为突出。从表2-1可知，曾任会长、董事长、董事会主席、理事长职务的仅张伯苓和王正廷2人，曾任总干事的仅沈嗣良、董守义和郝更生3人。可见，中华体协的领导权长期掌握在少数热心体育事业人士之手，尤其是那些具有较高社会声望和丰富社会资源的社会名流之手，存在明显的"差序格局"。

放宽历史的视野，揆诸民国时期的各种社团，中华体协在领导成员更替上的问题是当时的普遍现象。研究表明，中国科学社、中国化学学会、中国地质学会等社团皆存在领导群体更替率低，长期为少数领导人控制的问题。① 中国化学会会长曾昭抡曾不无感慨地说道："公共团体的同仁化、包办化，是中国许多公共团体的悲剧。一个人在一个团体作了十几年的职员，结果他自己厌倦了，别人也对这个团体失去了兴趣。"②

作为效仿西方体育社团而成立的中华体协，其领导群体的产生并没有真正体现民主精神和民主程序。此种现象的发生，显然与中国社会缺乏民主传统有关。中华体协的会章规定，董事、理事和监事均"连举

① 杨钟健：《杨钟健回忆录》，地质出版社1983年版，第164页；曾昭抡：《中国化学会前途的展望》，《化学通讯》1936年第1卷第19期，第1~4页；张剑：《中国科学社领导群体分析》，《史林》2002年第1期，第83~93页。

② 曾昭抡：《中国化学会前途的展望》，《化学通讯》1936年第1卷第19期。

得连任"①，而不是近代西方社会组织通行的不得连任或任期有限。换言之，中华体协的制度设计存在不够民主的缺陷，在法理上为上述现象的出现创造了条件。当然，这并不是中华体协的独家问题，而是带有时代印记的广泛存在于民国时期社会团体中的普遍性问题，诸如中华自然科学社、中国科学社、中国科学化运动协会、中国科学工作者协会等社团皆规定董事"连举得连任"。此类现象的普遍出现并非偶然，而是与中国处在由传统向近代转型的社会背景密切相关。置身于近代化进程时空中的中华体协不可避免地刻上了时代的烙印，体现出传统社会组织向近代社会组织转型的过渡性质——民主与把持、开放与封闭、传统与近代交织并存。

当然，中华体协领导成员的相对稳定，尤其是热心体育事业的张伯苓、王正廷、沈嗣良及董守义等人长期担任领导职务对维持中华体协会务及推动体育事业的发展作出了积极的贡献。特别是在组织欠健全、经费紧张、会务庞杂，而多数领导成员又身兼数职，会务赞助较少的情况下，稳定的领导群体对维持中华体协的生存和发展有着不可或缺的作用。

### 3. 领导群体结构分析

群体结构是一个群体基本特征的表现形式，是全面了解一个群体状况的重要切入点。这里以领导群体的籍贯、性别、首次担任领导年龄、学缘结构、学科结构等为指标，构筑中华体协领导群体的社会结构，并作社会学上的深入解读。中华体协领导群体结构详见表 2-4。

---

① 《中华全国体育协进会章程》（1924 年公布），王增明编：《近代中国体育法规》，中国体育史学会河北分会 1988 年版，第 27 页；《本会章程》（1934 年中华体协董事常会修正通过），《体育季刊》（中华体协版）1935 年第 1 卷第 1 期，第 134 页；《中华全国体育协进会章程》（1935 年 10 月），《体育季刊》（中华体协版），1936 年第 2 卷第 1 期，第 110 页；《中华全国体育协进会章程草案》（1943 年），重庆市体育运动委员会、重庆市志总编室编：《抗战时期陪都体育史料》，重庆出版社 1989 年版，第 85 页。

表 2-4　　中华体协领导群体籍贯、年龄及求学经历一览表

| 姓名 | 籍贯 | 性别 | 年龄 | 国内主要求学经历 | 主要留学国别、大学及学科 |
|---|---|---|---|---|---|
| 张伯苓 | 天津 | 男 | 48 | 天津北洋水师学堂——航海驾驶 | 美国哥伦比亚大学——教育 |
| 王正廷 | 浙江 | 男 | 51 | 天津北洋大学堂——法学 | 日本；美国密歇根大学、耶鲁大学——法学 |
| 陈时 | 湖北 | 男 | 33 | | 日本东京宏文书院、中央大学、早稻田大学、庆应大学——法学 |
| 方克刚 | 湖南 | 男 | 39 | 长沙中路优级师范学堂 | |
| 曹云祥 | 浙江 | 男 | 43 | 上海圣约翰大学 | 美国耶鲁大学、哈佛大学——工商业管理（硕士） |
| 郭秉文 | 江苏 | 男 | 44 | 上海清心书院 | 美国伍斯特大学——理学；美国哥伦比亚大学——教育学（博士） |
| 卢炜昌 | 广东 | 男 | 41 | 上海汉堡黎英文书院 | |
| 聂云台 | 湖南 | 男 | 44 | 秀才 | |
| 郝伯阳 | 不详 | 男 | 不详 | 不详 | 美国春田学院——体育 |
| 黄明道 | 广东 | 男 | 37 | | 美国约翰大学——理财 |
| 褚民谊 | 浙江 | 男 | 49 | 浔经公学 | 日本学习政治经济学；比利时布鲁塞尔自由大学；法国斯特拉斯堡大学——医学 |
| 赵锡恩 | 上海 | 男 | 45 | 南洋公学肄业 | |
| 穆藕初 | 上海 | 男 | 48 | 夜校 | 美国威斯康辛大学、伊利诺斯大学、德克萨斯农工专修学校——农学 |

续表

| 姓名 | 籍贯 | 性别 | 年龄 | 国内主要求学经历 | 主要留学国别、大学及学科 |
|---|---|---|---|---|---|
| 沈嗣良 | 浙江 | 男 | 28 | 圣约翰大学 | 美国春田学院——体育①；美国哥伦比亚大学——教育管理 |
| 朱家骅 | 浙江 | 男 | 42 | 上海同济学堂 | 德国柏林矿科大学——采矿工程；德国柏林大学——地质 |
| 吴铁城 | 广东 | 男 | 47 | 江西九江同文书院 | 日本明治法政大学——法律 |
| 马约翰 | 福建 | 男 | 51 | 圣约翰大学——理学、医学 | 美国春田学院——教育学与体育学； |
| 郝更生 | 江苏 | 男 | 34 | 北京工学院 | 美国哥伦比亚大学——土木工程；美国春田大学——体育 |
| 吴蕴瑞 | 江苏 | 男 | 41 | 国立东南大学——体育 | 美国芝加哥大学——生理学；哥伦比亚大学师范学院体育系——体育及健康教育 |
| 袁敦礼 | 河北 | 男 | 38 | 北京高等师范学校——英语 | 美国芝加哥大学——生理学；哥伦比亚大学师范学院体育系——体育及健康教育 |
| 高梓 | 安徽 | 女 | 31 | 南通县立女子师范学校；上海女青年会体育师范专科——体育 | 美国威斯康辛大学——体育 |
| 王卓然 | 辽宁 | 男 | 42 | 国立北平师范大学——教育 | 美国哥伦比亚大学——教育 |

① 参见罗时铭：《近代中国留学生与近代中国体育》，《体育科学》2006 年第 26 卷第 10 期，第 38~42 页。也有的地方说是在美国奥培林体育学院。本书采用罗时铭教授的说法。

续表

| 姓名 | 籍贯 | 性别 | 年龄 | 国内主要求学经历 | 主要留学国别、大学及学科 |
|---|---|---|---|---|---|
| 章辑五 | 天津 | 男 | 46 | 直隶高等工业学校——机械工程 | 美国纽约大学——体育 |
| 宋君复 | 浙江 | 男 | 38 | 浸礼会小学；杭州蕙兰中学 | 美国柯培大学——物理；美国春田学院——体育 |
| 董守义 | 河北 | 男 | 40 | 通州协和书院 | 美国春田学院——体育 |
| 尚树梅 | 山东 | 男 | 39 | 北京高等师范学校——体育 | |
| 荣照 | 内蒙古 | 男 | 44 | 北平蒙藏学校 | 苏联莫斯科中山大学——政治；苏联莫斯科炮兵学校——军事 |
| 杨森 | 四川 | 男 | 64 | 四川陆军速成学堂——军事 | |
| 许民辉 | 广东 | 男 | 58 | 南武学堂 | 美国春田大学——体育 |
| 江良规 | 浙江 | 男 | 34 | 南京中央大学——体育 | 德国柏林体育研究院——体育；德国莱比锡大学哲学体育系——哲学（博士） |
| 奚玉书 | 上海 | 男 | 46 | 复旦大学——会计 | |
| 沙瑞辰 | 河南 | 男 | 44 | 国立北平师范大学——体育 | |
| 梁广源 | 不详 | 男 | 不详 | 不详 | 不详 |
| 刘大伟 | 不详 | 男 | 不详 | 不详 | 不详 |
| 郭俊卿 | 河南 | 男 | 41 | 国立北平师范大学——体育 | |
| 高惜冰 | 辽宁 | 男 | 54 | 清华大学 | 美国罗维尔理工学院纺织系——纺织工程 |
| 刘化鹍 | 不详 | 男 | 不详 | 不详 | 不详 |
| 连瀛洲 | 广东 | 男 | 44 | 私塾 | |

续表

| 姓名 | 籍贯 | 性别 | 年龄 | 国内主要求学经历 | 主要留学国别、大学及学科 |
|---|---|---|---|---|---|
| 蔡惠鸿 | 广东 | 男 | 43 | 岭南大学 | |
| 赵文藻 | 河北 | 男 | 45 | 国立北平师范大学——体育 | |
| 袁浚 | 湖南 | 男 | 47 | 国立东南大学——体育 | 德国柏林国立体育大学——体育 |
| 林朝权 | 台湾 | 男 | 42 | 台中长荣高级中学 | 日本体育大学——体育 |
| 刘长春 | 辽宁 | 男 | 39 | 东北大学——体育系 | |
| 宋如海 | 安徽 | 男 | 58 | 金陵大学 | 美国春田大学——体育 |
| 程登科 | 湖南 | 男 | 46 | 国立东南大学——体育 | 德国柏林国立体育大学——体育 |

资料来源：章开沅：《社会转型与教会大学》，湖北教育出版社 1998 年版；《港澳大百科全书》编委会：《港澳大百科全书》，花城出版社 1993 年版；汕头市潮阳区地方志办公室等：《潮阳市华侨港澳台同胞志》，海天出版社 2009 年版；林英海、葛纪谦：《河南当代人物辞典》，河南当代人物辞典编辑委员会 2006 年版；刘国铭主编：《中国国民党百年人物全书》，团结出版社 2005 年版；中国社会科学院近代史研究所：《中华民国史 · 人物传》，中华书局 2011 年版。

综观表 2-4，中华体协领导群体结构特征大致可以概括为：

（1）具有鲜明的地域性特征。如前所述，45 位领导成员中，有 17 位是以分区方式当选的，具有明显的地域性。这其中，除了董守义和袁敦礼 2 人外，其余 15 人皆是首次以分区方式选举出来的。以提名方式投票选举出的 30 位领导成员的地缘结构又如何呢？根据表 2-4，该 30 人中，除了郝伯阳没有找到相关资料外，其余 29 人中，籍贯浙江者 6 人，江苏、广东、湖北和河北各 3 人，上海、天津和辽宁各 2 人，福建、山东、湖北、安徽和台湾各 1 人。进一步统计可知，该 29 位全部来自沿海、沿江地区。其中，来自沿海地区的有 24 人，来自江浙沪地区的有 11 人。这种现象与民国时期各地区体育事业的发达程度是大致对应的，即体育事业最为发达的江浙沪地区，当选董事人数最多；体育事业次发达的其他沿海沿江地区，当选董事人数其次多；体育最为落后的西部地区，则无人当选。此种现象并非偶然，而是有其深刻的社会历史原因。一方面，这与近代中国沿海、沿江地区被迫率先对外开放形成的风气之先以及包括西方近代体育在内的西方文化较早在此地区的传播有着密切的关系。尤其是广东、江浙沪地区以及直隶地区较早接触西方文化，成为西“体”（体育）东渐的前沿地区，近代体育事业发展较快。另一方面，沿海沿江地区，尤其是江浙沪地区，自明清时期起就是经济发达、文化繁荣之地，素来重视教育，诞生了许多社会精英。而这些社会精英在中西文化的交流和碰撞中，积极探寻救国之道。不少人认为体育可以强种强国，遂积极投身体育事业，从而推动了当地体育事业的发展和体育人才的培养。

（2）具有鲜明的性别倾向。45 位领导成员中，只有高梓 1 位女性，其余皆为男性。此种现象的出现并不是女性社会活动家或女性体育家缺失所造成的。当时的中国已经诞生了不少优秀的女性体育家。如曾任金陵女子大学体育系主任的中国第一位女体育博士张汇兰、曾任上海中国女子体育师范学校校长的杜宇飞、曾任金陵女子文理学院体育科主任的留美体育硕士黄丽明、曾任上海工部局女中体育主任的留美教育硕士陈咏声等。但是，她们皆未能跻身中华体协的领导群体之列。这一方面反映了中国女子体育事业欠发达的状况，另一方面也反映了中国女性在体育领域同样会受到机会不平等的性别歧视，男性不仅在传统的、象征权力和地位的国家领域中继续占据统治地位，而且在新兴的社会公共领域中依然占据绝对的主导地位。这与中国长期以来为男权社会及传统观念对于女性社会角色的界定密切相关。值得深思的是，这种现象亦非民国时期的中国特色，在当今的国内外依然普遍存在。

（3）以中年人士为中坚力量，老中青相结合。45 位领导成员中，除了 4 人年龄不明外，41 位领导成员的首次任职年龄在 28 岁至 64 岁之间，平均年龄 43.6 岁。其中，30 岁以下和 60 岁以上皆只 1 人；30

岁至40岁11人，占26.8%；40岁至50岁23人，占56.1%；50岁至60岁5人，占12.2%。可见，中华体协领导成员是以40岁至50岁的中年人士为主，老、中、青梯级分布的年富力强的群体。其中，40岁至50岁年龄段者大多年富力强，事业有成，并渐至巅峰，是社会的中坚力量。以这样一批人担任领导，显然有助于中华体协汲取社会资源，发展国民体育；40岁以下者为中华体协发展的生力军，是中华体协持续发展的后备力量；30岁以下者仅沈嗣良1人，说明年轻人较少被收入领导层。同时，也反映了中华体协选举领导成员时更加关注候选人的社会声望和工作经验，更加偏向于那些在各领域，尤其是体育领域享有较高声望和丰富工作经验的社会名流，而非初入社会、工作经验较少的年轻人。

（4）以受过新式高等教育和留学教育人士为主，并具有较强的体育专业性。综观表2-4中领导成员的主要求学经历，我们对中华体协领导成员的资格和出身大致可以得出以下几点看法：

第一，领导成员绝大多数在新式学堂接受过新式教育，仅接受传统私塾教育者寥寥无几。由表2-4可见，45位领导成员中除了梁广源、刘大伟和刘化鹍3人尚未找到相关的求学经历外，其余42人中只有聂云台和连瀛洲2人仅接受过传统的私塾教育，其余40人都曾在新式学堂接受过新式教育。可见，领导群体中仅接受传统私塾教育和获得功名的人少之又少。这在某种程度上说明了接受传统教育的传统士绅在社会公共领域的影响力呈现出整体性的没落，相应地，接受新式教育的新式知识分子逐渐在体育等社会公共领域占据主导性地位，由此反映了新旧知识分子在社会公共领域话语权的交替嬗递。

第二，高等教育是领导成员出身的主要途径。在42位可以查到求学经历的领导成员中，有40位领导成员接受过新式教育且曾就读于国内外高等院校，占已知求学经历的领导成员人数的95.2%。其中，除了赵锡恩从南洋公学肄业外，其余39人皆正常毕业。进一步分析，这39位受过高等教育的领导成员所毕业的院校参差不齐，五花八门：既有中国自办的大学堂，也有教会兴办的教会大学，更有国外大学。这些领导成员中，既有博士生，如郭秉文为哥伦比亚大学教育学博士、江良规为莱比锡大学体育博士，也有硕士生，如许民辉为美国春田大学的体育硕士、袁敦礼为哥伦比亚大学体育系教育学硕士，还有许多本科生，如赵文藻、郭俊卿、沙瑞辰及尚树梅均毕业于国立北平师范大学。可见，中华体协领导群体虽然学历层次较高，但其教育资格并无统一的规定和具体的标准，始终未入正轨。

第三，领导成员大多有留学经历，且在留学的国别、学科和学校等方面存在明显的“马太效应”。由表 2-4 可知，已知求学经历的 42 位领导成员中，留学海外的有 29 人，占总人数的 69%。可见，中华体协领导群体不仅知识程度较高，而且大多具有宽广的国际视野、宽泛的知识结构和国际先进的体育知识、运动技术。这不仅有助于中国引进国外新式体育项目、体育制度和先进体育思想，提高中国的体育发展水平，也有助于推动中国体育走向世界，融入国际社会。

29 位留学海外的领导成员中，留学日本的有 5 人①；留学欧洲的共 7 人，其中留学德国的有 4 人，留学苏联、比利时和法国的各 1 人②；留学美国的有 20 人③，占留学总人数的 69%。其中，留美者总任期达 227 年，占总任期的 70.9%，平均每人任期达 11.4 年，是领导成员平均任期的 1.6 倍。这说明中华体协领导群体的组成以留美学生为主，以留欧和留日学生为辅。值得注意的是，留美者不仅于数量上在中华体协中居绝对的主体地位，而且在地位与作用方面亦处于主导地位：长期担任会长、董事主席等要职的张伯苓、王正廷均曾留学美国，长期担任名誉主任干事、总干事的沈嗣良、董守义及短暂担任总干事的郝更生亦曾留美，其他领导成员如吴蕴瑞、马约翰、章辑五、郝伯阳及袁敦礼等中华体协会务的积极参与者亦是留美生。可以说，留美的领导成员

① 包括后来留学美国的王正廷，留学比利时、法国的褚民谊。

② 包括曾经留学日本的褚民谊。

③ 包括曾经留学日本的王正廷。

是中华体协的领导核心和中坚力量。

进一步分析可知，在20位留美领导成员中，郝更生、许民辉、董守义、宋如海、宋君复、沈嗣良、郝伯阳及马约翰8人曾在春田学院学习，吴蕴瑞、袁敦礼、王卓然、郭秉文及张伯苓等5人曾在哥伦比亚大学学习，其余7人则分散在密歇根大学、耶鲁大学、哈佛大学、伍斯特大学、约翰大学、威斯康辛大学、罗维尔理工学院、芝加哥大学及纽约大学等学校。可见，留美领导成员数量最多的是春田学院，其次为哥伦比亚大学。这是一个值得分析的社会关系网络指标。它表明在留美领导成员网络中也存在着留学学校的"马太效应"。

第四，从所学学科上看，领导成员以体育专业毕业者为主，尤以具有留学体育经历者为主，体现了中华体协作为体育社团的基本特征。领导群体中有21人是体育专业毕业的，占已知求学经历的50%。其中，沈嗣良、郝更生、吴蕴瑞、袁敦礼等有海外留学体育经历者16人，占体育专业毕业的领导成员的76.2%，并在中华体协中长期担任重要职务；尚树梅、沙瑞辰、郭俊卿、刘长春和赵文藻等仅在国内接受体育教育者5人，占23.8%，且皆只任职1年，影响微乎其微。可见，相较于仅在国内接受体育教育的领导成员，那些具有海外留学体育经历者无论在人数上还是在影响力上皆居于绝对的优势地位，并在实际上主持着中华体协的发展。这也导致了近代中国体育发展深受外国体育思潮和西方近代体育文化的影响。

进一步分析，具有海外体育专业留学经历的16位领导成员中，有12人留学美国，3人留学德国，1人留学日本。究其原因，民国时期美、德、日三国国力强盛，发展迅速，在体育等众多领域取得了较大的成就，国人遂纷纷到这些国家留学取经。其中，留学美国者占留学体育总人数的75%，处于绝对的主体地位。这表明中华体协领导成员在留学国别上存在着明显的"地域性"畛域，留美、留德和留日学生在当时社会尚存在较为明显的壁垒。造成这一现象的原因，主要有两个方面，一是美国在20世纪二三十年代的对华政策主要采用政治、经济和文化等非军事手段，积极开展中美文化交流。而中美体育实力对比势差导致的中西“文化势差”吸引了许多中国学子赴美学习。二是由于基督教青年会将体育列为其宗旨之一，并极力通过体育来扩展在华事务，因而在中国开设体育学校和体育培训班，培养了许多体育人才，且将有发展潜力的体育人才送到美国春田学院等处继续深造。16 位留学体育的领导成员中有 8 位曾在春田学院留学即是明证。这也正是美国的实用主义、自然主义等体育思想及美式运动项目在近代中国大行其道的主要原因之一。

4. 领导成员的社会角色与社会网络

作为社会团体的中华体协，其职员尤其是领导成员的社会角色和社会网络关系到中华体协的社会资源的动员能力和汲取能力，进而影响到中华体协的生存、发展状况及其在近代中国体育发展中的作用和地位。因此，笔者以中华体协领导群体的主要社会角色及其与中华体协的关系为透视点，一窥中华体协的社会网络，详情见表 2-5。

表 2-5　**中华体协领导成员的主要社会角色及其与中华体协的关系**

| 姓名 | 主要社会角色 | 与中华体协关系 |
| --- | --- | --- |
| 张伯苓 | 著名教育家、社会活动家 | 主要发起人和领导人，长期担任（名誉）会长、董事长、常务理事、理事长、董事主席、常务董事等职 |
| 王正廷 | 政界闻人、社会活动家 | 主要领导人，长期担任名誉会长、董事主席、常务董事、常务理事、理事长等职 |
| 陈时 | 大学校长 | 发起人，第 1 届董事，第 3 届名誉董事及第 4 届监事 |
| 方克刚 | 学校校长 | 发起人，第 1 届董事 |
| 曹云祥 | 大学校长 | 发起人，第 1 届董事，第 2 届常驻委员 |
| 郭秉文 | 大学校长 | 发起人，第 1 届董事 |

续表

| 姓名 | 主要社会角色 | 与中华体协关系 |
| --- | --- | --- |
| 卢炜昌 | 精武体育会的早期发起人和主持者、公司经理 | 发起人，第 1 届董事兼会计董事 |
| 聂云台 | 著名实业家 | 发起人，第 1 届董事 |
| 郝伯阳 | 青年会总干事 | 发起人，第 1 届董事，名誉干事及会计董事 |
| 黄明道 | 银行经理 | 第 1 届董事，第 8 届远运会经济委员会名誉董事及竞赛委员会委员 |
| 褚民谊 | 政府高官、上海精武总会会长 | 第 2—3 届董事和常务董事，还曾兼任名誉会计、运动记录审查委员会委员 |
| 赵锡恩 | 政府高官、工商界闻人、多所大学董事委员 | 第 1 届董事，第 2 届常驻委员 |
| 穆藕初 | 著名实业家 | 发起人，第 1 届董事 |
| 沈嗣良 | 大学（副）校长 | 主要领导人，第 1—3 届名誉主任干事、董事及常务董事，华东体育协进会筹委员 |
| 朱家骅 | 政府高官、大学校长 | 第 2 届副会长，第 3 届董事、第 4 届理事、参加第 14 届世运会经费筹募委员会委员 |
| 吴铁城 | 政府高官 | 第 2 届副会长、第 3 届董事、第 4 届理事、参加第 14 届世运会经费筹募委员会委员 |
| 马约翰 | 大学体育教授 | 第 2—3 届董事、第 4 届理事、运动记录审查委员会委员 |
| 郝更生 | 大学体育教授、教育部体育督学 | 主要领导人，第 2—3 届董事、第 3 届常务董事、第 4—5 届理事和常务理事、第 5 届总干事、运动规则委员会委员、修正业余运动规则委员会委员 |

续表

| 姓名 | 主要社会角色 | 与中华体协关系 |
|---|---|---|
| 吴蕴瑞 | 大学体育教授 | 担任第2—3届董事、第3届常务董事、第4—5届理事、第4届常务理事、《体育季刊》编辑、华东体育协进会筹委员 |
| 袁敦礼 | 大学体育教授、大学校长 | 第2—3届董事、第4—5届理事、运动规则审订委员会主任委员 |
| 高梓 | 大学体育教授 | 第2—3届董事、第4—5届理事、运动规则审订委员会委员 |
| 王卓然 | 东北大学秘书长、代校长 | 第3届董事、第4届理事 |
| 章辑五 | 学校体育部主任、体育教育家 | 第3届董事、第4届理事、运动规则委员会委员 |
| 宋君复 | 大学体育教授 | 第3届董事、第4—5届理事、运动规则审订委员会委员 |
| 董守义 | 大学体育教授 | 主要领导人，1935年起长期担任第3届董事、第4届常务理事、第4—5届理事、第4届副总干事、代总干事、总干事等职，《体育通讯》发行人，修正业余运动规则委员会委员 |
| 尚树梅 | 省体育场场长、体育督学 | 第5届理事 |
| 荣照 | 国民参政会参政员 | 第5届理事 |
| 杨森 | 地方实力派 | 第2届名誉董事，第5届理事 |
| 许民辉 | 大学体育教授、体育督学 | 华南体育协进会筹备委员、第5届常务理事、运动记录审查委员会委员 |
| 江良规 | 大学体育教授 | 第5届常务理事、运动规则审订委员会委员 |
| 奚玉书 | 会计师 | 第5届常务理事 |
| 沙瑞辰 | 大学体育教授、体育督学 | 第5届理事 |

续表

| 姓名 | 主要社会角色 | 与中华体协关系 |
|---|---|---|
| 梁广源 | | 第5届理事 |
| 刘大伟 | | 第5届理事 |
| 郭俊卿 | 大学体育教授 | 第5届理事 |
| 高惜冰 | 政府高官 | 第5届理事 |
| 刘化鹍 | | 第5届理事 |
| 连瀛洲 | 新加坡华侨巨商 | 第5届理事 |
| 蔡惠鸿 | 香港体育界领袖人物、多家公司董事 | 第5届理事 |
| 赵文藻 | 省体育督学 | 第5届理事 |
| 袁浚 | 大学体育教授 | 第5届理事 |
| 林朝权 | 大学体育教授 | 第5届理事 |
| 刘长春 | 中国奥运第一人、大学体育教师 | 第5届理事 |
| 宋如海 | 青年会干事、总干事 | 第1届名誉干事、第5届理事、代表中华体协出席第9届世运会、运动规则委员会委员、运动记录审查委员会委员 |
| 程登科 | 大学体育教授 | 华西体育协进会筹备委员、第5届理事、运动员资格审查委员会委员 |

资料来源：《中华全国体育协进会职员录》，《中华全国体育协进会年刊》1927年第1期，第2页；《本会职员一览》，《体育季刊》1935年第1卷第1期，第131页；《中华全国体育协进会民国三十二年十月至三十三年十二月工作报告》，中国第二历史档案馆编：《中华民国史档案资料汇编》（第5辑　第2编　文化2），江苏古籍出版社1998年版，第768页；《中华全国体育协进会新选理监事名单（1948年5月12日）》，Q6-5-520，上海市档案馆藏；中国科学院近代史研究所中华民国史组编：《中华民国史资料丛稿》（第一辑·人物传记），中华书局1973年版；李新、孙思白等：《民国人物传》，中华书局1978—2002年版；赵晓阳：《基督教青年会在中国：本土和现代的探索》，社会科学文献出版社2008年版。

表2-5显示，除梁广源、刘大伟和刘化鹍3人尚未找到相关资料外，其余42位领导成员主要来自以下几个领域①：

（1）教育界。42位领导成员中，来自教育界的共有26位：张伯苓、陈时、方克刚、曹云祥、郭秉文、沈嗣良、王卓然、郭俊卿、马约翰、郝更生、吴蕴瑞、袁敦礼、高梓、章辑五、宋君复、董守义、许民辉、江良规、沙瑞辰、袁浚、林朝权、刘长春、程登科、尚树梅、沙瑞辰及赵文藻，占已知来源领导成员人数的61.9%，处于绝对的主体地位。由此可见，民国时期的社会体育事业主要是由教育界人士推动的。这也反映了中国近代体育由学校逐渐扩至社会，由少数青年学生群体逐渐扩至社会大众的发展演进历程。

进一步分析，该26人中的张伯苓、陈时、方克刚、曹云祥、郭秉文、沈嗣良、王卓然等7位非从事体育教育工作的领导成员大多是教育界名流，在学校担任校长等重要领导职务。如张伯苓是南开大学校长，陈时是中华大学校长，方克刚是妙高峰中学校长，曹云祥曾任清华大学校长，郭秉文曾任东南大学校长，沈嗣良曾任圣约翰大学副校长、校长等职，王卓然曾任东北大学校长，皆是教育界赫赫有名的人物；从事体育教育工作的领导成员有16人：马约翰、郝更生、吴蕴瑞、袁敦礼、高梓、章辑五、宋君复、董守义、许民辉、江良规、沙瑞辰、袁浚、林朝权、刘长春、程登科及郭俊卿，占董事总人数的38.1%。该16位领导成员均受过专业、系统的体育教育，皆为当时著名的体育教授。尚树梅、沙瑞辰及赵文藻3人皆曾担任省教育厅体育督学，长期掌管包括学校体育、社会体育在内的体育行政事务。这些来自教育界的领导成员，大多关心中华体协的发展，是中华体协发展社会体育事业的主要领导成员和中坚力量，亦是中华体协逐渐成为社会体育事业权威和确立社会体育团体领导地位的主要依靠力量和重要原因。

① 需要说明的是，中华体协的领导成员大多横跨多个领域，身兼数职。如王正廷就同时活跃于政界、商界、教育界等多个领域。为研究方便，此处仅依据中华体协领导群体的主要活动领域进行的大致归类。

（2）军政界。主要活跃于军政界的领导成员有 8 人：王正廷、褚民谊、赵锡恩、吴铁城、朱家骅、荣照、杨森、高惜冰，占已知来源领导成员人数的 17.8%。由表 2-5 可知，该 8 人均曾身居高位，在军政界享有较高的声望。该 8 人除了王正廷和褚民谊热心体育事业，积极参与会务外，其余 6 人均极少参与中华体协的实际业务活动。

除了推举军政界名流担任领导外，中华体协还力邀沈鸿烈、戴传贤、陈立夫、谷正纲、张治中、商震等军政界名流担任中华体协的名誉董事、理事、监事等职。这些政要不仅通过他们的社会声望和人际关系，建立起更加广泛的发展社会体育事业的社会关系网络，扩大了中华体协的社会影响力，促进了近代体育的广泛传播，而且使得中华体协从政府及军政界人士那里获得了一定的生存发展资金，推动了中华体协业务的开展和体育事业的发展。尤其是王正廷利用自身在军政界、工商界及基督教界等领域的地位与声望，为克服中国体育发展的诸多困难，求得政府对体育的重视与支持做出了很大的努力，在推动中国体育事业体制化、社会化和国际化方面贡献良多。①

（3）工商界。主要活跃于工商界的领导成员有 4 人：聂云台、黄明道、穆藕初和连瀛洲，占已知来源领导成员人数的 9.5%。其中，聂云台和穆藕初 2 人皆是中华体协的发起人，曾参与筹备中华体协成立工作；黄明道通过继任郭秉文董事之职成为第一届董事会成员；连瀛洲是第五届理事会的海外区理事。该 4 人皆只担任一届领导，且大多任期未满。如聂云台和穆藕初皆是任期未满即辞职，黄明道中途继任，连瀛洲则由于中华体协改组，只担任一年左右的理事。这些工商界名流非但在担任中华体协领导之前较少关注体育事业，即便是在担任领导职务后，也只有黄明道 1 人曾积极参与第八届远东运动会筹备，其余 3 人皆较少参与中华体协的具体会务。那这 4 人又是因何而当选的呢？该 4 人皆是

① 易剑东：《试论王正廷对中国近代体育的贡献》，《体育文史》1994 年第 5 期，第 27~28 页。

当时的工商界名流：聂云台是实业巨子，曾任上海总商会会长等职；黄明道是银行界翘楚，曾任新华银行经理和上海市银行业同业公会执行委员等职；穆藕初是民国四大棉纱大王之一；连瀛洲为新加坡华侨巨商、银行大亨，曾任新加坡中华总商会会长。长期经费支绌的中华体协冀图通过这些工商界名流与海内外工商界建立广泛的联系，一来可以扩大中华体协在工商界的影响力和号召力，二来也能够借助他们的声望和社会关系网络，在工商界广泛筹募经费，增加收入。

事实上，除了推举工商界名流担任领导外，中华体协还力邀陈光甫、刘鸿生、钱永铭、冯少山、周寿臣、林珠光、胡文虎等海内外工商界名流担任中华体协的名誉董事或理事等职，为扩大中华体协在工商界的影响，尤其是募集经费作出了一定贡献。其中，冯少山、周寿臣、林珠光及胡文虎等皆为华侨巨商，不仅为中华体协从海外募集了不少经费，而且推动了中华体协海外分支会的建立，扩大了中华体协在海外华人圈的影响。

（4）体育界①。主要活跃于体育界的领导成员有 2 人：卢炜昌和蔡惠鸿。卢炜昌是精武体育会创建人之一，长期主持上海精武体育会工作，亦是中华体协的发起人和筹备委员，曾任中华体协首届董事兼名誉会计。蔡惠鸿是 20 世纪三四十年代香港体育界的领袖人物，曾出任香港中华体育协进会委员长、香港中华体育会委员长等职②，还曾在由中华体协建立的代表中国参加第十四届奥运会的足球遴选委员会担任委员③。该 2 人都只任职一届。其中，卢炜昌仅担任首届董事或理事等职，此后从未担任中华体协的任何职务。个中原因，目前尚未见到相关

---

① 这里的体育界，主要指的是社会体育界。张伯苓、王正廷、方克刚、陈时等人虽也曾担任过各种社会体育组织的领导职务，但因其主要活动领域不在此，故未将其纳入讨论。

② 《港澳大百科全书》编委会编：《港澳大百科全书》，花城出版社 1993 年版，第 597 页。

③ 孙葆丽、崔乐泉主编：《奥林匹克运动与中国》，大众文艺出版社 2009 年，第 37 页。

史料。值得注意的是，卢炜昌曾在1924年5月召开的中华体育协会筹备会议上明言：“中华业余运动会（笔者注：即中华业余运动联合会）所以急需改组，因内中信宗教者太多，最易使人误会。”① 然而，卢炜昌发起并全程参与筹建的中华体协依然如此。在中华体协第一届董事会的9位董事中，除陈时、方克刚及卢炜昌3人外，其余6位皆为基督徒，不仅与基督教青年会关系密切，并且掌握着中华体协的主要领导权。或许，卢炜昌正是因为无力改变这一状况才退出他煞费苦心方建立起来的中华体协。

需要指出的是，前述来自教育界的马约翰等16位体育教师、尚树梅等3位省体育督学及来自政界的褚民谊亦曾供职于各种社会体育团体，积极发起并参与社会体育活动。若以此计算，中华体协领导成员中长期活跃于体育界的则有22人，占已知来源领导成员人数的52.4%。这在一定程度上体现了中华体协作为体育组织的“专业性”，但也清楚地反映了中华体协推举领导成员的资格：并非以体育从业者为唯一标准，而是多元标准。

（5）基督教界。主要活跃于基督教界的领导成员有2人：郝伯阳、宋如海。郝伯阳和宋如海皆长期服务于基督教青年会，担任基督教青年会干事、总干事等职，具有丰富的组织体育赛事的经验，为中华体协体育活动的顺利开展贡献良多。进一步分析，领导成员中除了郝伯阳、宋如海主要活跃于基督教界外，其他领导成员诸如张伯苓、王正廷、沈嗣良、马约翰、郝更生、吴蕴瑞、袁敦礼、高梓、章辑五、宋君复、董守义及许民辉等12人亦与基督教青年会关系密切。如张伯苓、王正廷曾担任过基督教青年会的会长、总干事等要职；马约翰、郝更生、吴蕴瑞、袁敦礼、高梓、章辑五、宋君复、董守义、许民辉、郝伯阳及宋如海等11人皆曾参加基督教青年会举办的体育干事培训班。并且，他们

① 《体育协会在鄂开会之经过 为与业余会合并事》，《申报》1924年5月30日，第10版。

当中的董守义、郝伯阳、郝更生、马约翰、许民辉、宋君复及宋如海等人还曾担任过基督教青年会体育干事、总干事等职，并由基督教青年会选派到美国春田大学进修体育。① 长期担任名誉主任干事的沈嗣良虽未曾在基督教青年会工作过，但其长期任职于教会大学——上海圣约翰大学，与上海基督教青年会亦颇有联系。由此观之，中华体协领导成员中有 14 人与基督教青年会关系密切。

需要注意的是，这 14 人虽仅占已知来源领导成员人数的 31.1%，但总任期却高达 195 年，占总任期的 60.9%，人均任期达 13.8 年，是领导成员平均任期的 1.9 倍。该 14 人中，只任职 1 届的仅郝伯阳、宋如海和许民辉 3 人，其余 11 人皆任职 2 届以上。并且，担任领导届数最多的 10 人及担任会长、董事主席、理事长、总干事等要职的张伯苓、王正廷、沈嗣良、董守义、郝更生等 5 人皆在此列。可见，中华体协的主要领导核心皆与基督教青年会关系密切，并且他们当中的绝大多数人皆是由基督教青年会培养出来的。换言之，作为全国社会体育总枢纽的中华体协主要由与基督教青年会关系密切的中国人领导。这不仅象征着“体育主权在此已由青年会外籍干事主导的局面顺利转移至张伯苓等基督教或青年会系统的华籍人士手中”②，基督教青年会的在华体育事业逐渐实现了本土化，而且也意味着中华体协在具体的体育活动、体育思想等方面依然不可避免地受到基督教青年会的影响。

当选的领导成员中，奚玉书是较为特殊的一位。他虽是当时著名的会计师，但与体育交集甚少，居然也被选为第五届常务理事。目前，尚未发现奚玉书当选原因的相关史料。揆诸中华体协的历史，笔者推测奚玉书的当选或许和中华体协的财务审计相关。历史上，中华体协除了由董事会、监事会、会计董事审查账目外，还曾于 1930 年聘请潘序伦会

① 赵晓阳：《基督教青年会在中国：本土和现代的探索》，社会科学文献出版社 2008，第 194 页。

② 李镇华：《基督教青年会在华传播竞技运动的本土化历程（1885—1928）》，台湾师范大学硕士学位论文，2004 年，第 101 页。

计师事务所（后改名为“立信会计师事务所”）的潘序伦等会计师审查账目。① 循此逻辑，中华体协推选奚玉书担任常务理事，很有可能是为了推进财务审查工作。

由上可知，中华体协领导成员以与基督教青年会关系密切的体育专家为中坚力量，并囊括教育界、体育界、军政界及工商界等领域社会名流，来源十分广泛。从表面上看，中华体协领导成员主要来源于以体育专家为主体的教育界，尤其是那些从事体育教育工作的体育专家。但进一步深究，这些顶着体育专家身份的领导成员以及那些长期担任要职的领导成员皆与基督教青年会颇有渊源，关系密切。以此观之，中华体协表面上虽然实现了由国人自办自管，但事实上却是基督教青年会体育事业在中国本土化的结果，并且在成立之初的很长一段时间内，中国体育事业依然未能完全摆脱基督教青年会的影响。

中华体协领导群体的成员变迁、群体结构、社会角色及社会网络分析表明，领导成员的更替比例较高，但却存在更替频率过低的问题；从地域结构上看，以沿海地区人士为主，沿江地区人士为辅，地缘色彩鲜明；从性别结构上看，男性占据绝对的主导地位，性别结构不平等；从年龄结构上看，以中年人士为主，年轻后进较少；从学缘结构上看，存在求学经历多样化的同时又以留学人士为主，尤以留美人士为主，在留学国别和学校等方面存在着明显的“马太效应”和社会关系网络；从学科结构上看，以体育学为代表的近代科学占主导地位；从社会角色上看，表面以教育界人士为主，实则以与基督教青年会关系密切的人士为主，同时又有来源于军政界、工商界、体育界等领域的人士，而与基督教青年会的业缘是诸多因素中的关键。

由此可见，在中华体协这样一个民间体育组织中，领导成员的当选并不仅仅以专业能力及对会务关心、参与的程度作为选举标准，而是综

① 《查核中华全国体育协进会参加第九届远东运动大会账目证明书》，中华全国体育协进会编：《中国参加第九届远东运动会特刊》，中华全国体育协进会1930年版，第36页。

合考虑地缘、年龄、学缘、业缘、社会地位、财富乃至性别等因素，并且更替频率极低。这虽然对中华体协社会关系网络的建构、社会影响力的扩大及社会资源的汲取发挥了积极的作用，但极少数老面孔的长期把持也阻碍了其他新鲜血液的加入，挤压乃至剥夺了其他热心体育事业的体育人才施展才华的空间和机会，无法广泛地吸纳全国各地的体育专业人才，导致中华体协发展缺乏活力与后劲。而且，多数非体育专业出身的领导成员多为偶尔关心会务，而非长期热心会务者，制约了中华体协会务的开展。

作为一个模仿西方社团而建立起来的近代体育社团，中华体协领导群体的变迁与发展既受到许多传统的社会环境和文化观念的侵袭，又受到西方近代民主观念的影响，呈现出中西并存、新旧杂呈、矛盾交织的过渡性特征，游移于传统与近代之间。在传统与近代的彼此激荡、交互作用之下，中华体协亦出现了许多既非传统又非近代、既有传统又有近代的过渡性因素，始终未能摆脱传统以完成向近代体育社团转型，依然处于传统与近代之间的边际状态。这也正是近代中国力图从传统社会向近代社会转型，但又无法完成这一转型，而始终处于从传统社会向近代社会转型的过渡状态之中的一个缩影和具体表现。

## 二、中华体协的运行机制

中华体协的运行机制实质上就是中华体协的动态管理过程，其健全与否直接关系到中华体协功能的实现程度，是实现中华体协组织功能的重要保障。下面主要就中华体协的议事制度和内部调控制度展开剖析。

### （一）议事制度

董事制时期，会员代表大会、董事会常会、常驻委员会以及各种临时会议构成了中华体协的会议主体和议事制度。按照会章规定，会员代表大会最初规定每年举行 1 次，后改为每两年举行 1 次。董事会常会每年举行 1 次，常驻委员会每半年开会 1 次，常务董事会每 3 个月举行 1 次。① 此外，还有各种临时会议。例如，会章规定 2 名以上董事即可请求召开临时董事常会。遇有必要时，董事主席有权召开常驻委员会临时会或常务董事会临时会。

理监事制时期，会员代表大会、理事会、监事会、常务理事会及各种临时会议等构成中华体协的会议主体和议事制度。会章规定会员代表大会每两年举行 1 次，理事会、监事会每半年开会 1 次，常务理事会每 3 个月开会 1 次。遇有必要时，中华体协还会召开各种临时会议。②

中华体协各种会议的程序一般包括汇报会务、提案、讨论、议决四个主要环节。中华体协的各种集会，除了临时会议外，“均以过半数之出席为法定人数”③。首先，由主任干事（总干事）等汇报近期会务及工作。接着，与会者提出议案，并展开讨论。最后，与会者投票表决。普通议案如果得到“出席人数过半数之同意”，即可通过。会章之修改，则须获得与会者三分之二的同意方得修改。④

中华体协的议事制度是推进中华体协业务的制度保证。揆诸史料，中华体协无论是在发展国内社会体育事业方面，还是在开展对外体育交流方面，均取得了较大的进展。就此而论，这套议事制度还是取得了一

① 《中华全国体育协进会章程》（1924 年），王增明编：《近代中国体育法规》，中国体育史学会河北分会 1988 年版，第 31 页；《本会章程》（1934 年中华体协董事常会修正通过），《体育季刊》（中华体协版）1935 年第 1 卷第 1 期，第 134 页；《中华全国体育协进会章程》（1935 年 10 月），《体育季刊》（中华体协版）1936 年第 2 卷第 1 期，第 110 页。

② 重庆市体育运动委员会、重庆市志总编室编：《抗战时期陪都体育史料》，重庆出版社 1989 年版，第 88 页。

③ 《中华全国体育协进会章程》（1924 年），王增明编：《近代中国体育法规》，中国体育史学会河北分会 1988 年版，第 28 页；《本会章程》（1934 年中华体协董事常会修正通过），《体育季刊》（中华体协版）1935 年第 1 卷第 1 期，第 134 页。

④ 《本会章程》（1934 年中华体协董事常会修正通过），《体育季刊》（中华体协版）1935 年第 1 卷第 1 期，第 134 页；《中华全国体育协进会章程》，《体育季刊》（中华体协版）1936 年第 2 卷第 1 期，第 109~110 页。

定的成效。当然，由于时局、环境及经济等因素的制约，中华体协的这些议事制度也并未完全得到执行和实施，许多会议并未照章举行。中华体协在其存在的 25 年时间里，总共只召开了 4 次会员代表大会，分别是 1924 年、1933 年、1935 年和 1948 年，并且均是借助其他组织集会之机才得以召开：第 1 次是中华教育改进社年会，其余 3 次均是全运会。其他如董事会常会、理事会、监事会等也未能如期召开。反倒是各种临时会议频频召开，成为中华体协处理各种会务的重要机制。

### （二）内控机制

为确保各项工作规范有序地发展，中华体协也制定了相应的内部调控制度。主要包括以下四个方面：

第一，章程。章程是组织经特定的程序制定的关于组织规程和办事规则的规范性文书，是组织或团体的基本纲领和行动准则。中华体协成立之初就拟定了会章，即 1924 年版会章。为适应政府、社会及体育发展实际的变化和需要，中华体协亦多次修改、完善会章。其中，较有代表性的会章是 1934 年董事常会修正通过的会章（简称“1934 年版章程”）、1935 年 10 月修订的会章（简称“1935 年版章程”）及 1943 年制定的会章草案（简称“1943 年版章程”）。① 这些会章对中华体协的宗旨、任务（会务）、会员、组织的构成及其职权、会议等作出原则性规定，赋予各组织、职员以相应的权利和义务，是中华体协实施内外活动的基本准则，为中华体协实行内部管理和对外开展活动提供了依据。

为便利组织与管理，中华体协下设的各种体育组织大多亦制定了各

① 《中华全国体育协进会章程》（1924 年），王增明编：《近代中国体育法规》，中国体育史学会河北分会 1988 年版，第 28 页；《本会章程》（1934 年中华体协董事常会修正通过），《体育季刊》（中华体协版）1935 年第 1 卷第 1 期，第 134 页；《中华全国体育协进会章程》（1935 年 10 月），《体育季刊》（中华体协版）1936 年第 2 卷第 1 期，第 110 页；《中华全国体育协进会章程草案》（1943 年），重庆市体育运动委员会、重庆市志总编室编：《抗战时期陪都体育史料》，重庆出版社 1989 年版，第 88 页。

自的章程。上海中华网球联合会制定了《上海中华网球会章程》，对网球联合会的宗旨、组织、会员的权利和义务等做了规定。同时，上海中华网球联合会还根据实际情况的变化，不断修改、完善章程。① 上海中华足球联合会亦制定了《上海中华足球联合会章程》，规定了联合会的宗旨、会员资格、入会程序及上海足球联赛的基本规程。该章程并非一成不变，也是随着联合会的发展，而不断修改、完善。② 1926 年，中华运动裁判会认为“章程已定，然后方能按步进行，而收成效也”，遂制定了《中华运动裁判会章程》。该章程规定了中华运动裁判会的宗旨、组织、事务、注册、会员资格及集会等事宜，为中华运动裁判会业务的开展提供了依据和指导。③ 其他如上海中华篮球联合会等也制定了《上海中华篮球会章程》等章程。④

为规范中华体协分支会的建立和发展，中华体协还制定了分支会组织通则和章程。1941 年，中华体协在重庆恢复办公后，开始积极组建各地分支会，并制定了《中华全国体育协进会分支会组织通则草案》。该组织通则扼要地规定了中华体协各地分支会的成立程序、名称及享受的权利和义务，为各地分支会的有序建立提供了依据，获得社会部核准实施。⑤ 1942 年，中华体协在教育部国民体育委员会上提出《××省（市）（县）（华侨团体）体育协进会章程草案》，并获得通过。该章程

① 《一九二六年上海中华网球会简章及会员比赛成绩》，《中华全国体育协进会年刊》1927 年第 1 期，第 206~207 页；《全国体育协进会新定两种章程 · 上海中华网球会章程》，《申报》1928 年 4 月 11 日，第 7 版，第 245~259 页；《上海中华网球会章程》，《申报》1932 年 5 月 14 日，第 13 版。

② 《上海中华足球联合会章程》，《申报》1928 年 9 月 26 日，第 11 版；《上海中华足球联合会章程》，《申报》1929 年 10 月 16 日，第 12 版；《上海中华足球联合会章程》，《申报》1930 年 10 月 16 日，第 9 版；《上海中华足球联合会章程》，《体育季刊》（中华体协版）1936 年第 2 卷第 1 期，第 329~330 页。

③ 《中华运动裁判会章程之通过》，《申报》1926 年 10 月 21 日，第 7 版。

④ 《上海中华篮球会章程》，《申报》1926 年 12 月 7 日，第 10 版。

⑤ 《中华全国体育协进会分支会组织通则草案》，重庆市体育运动委员会、重庆市志总编室编：《抗战时期陪都体育史料》，重庆出版社 1989 年版，第 89 页。

草案较为详细地规定了中华体协分支会的宗旨、会务、会员、组织及其职权、集会、经费来源等事宜。其中，还规定了分支会对中华体协应尽的义务，如办理“中华全国体育协进会交办事项”“按季将推动体育实况报告全国体育协进会”等。无疑，这不仅有助于夯实中华体协的组织基础，健全中华体协的分支会组织系统，而且有助于密切中华体协与各地分支会之间的联系，促进中华体协各项决议和业务的贯彻实施，从而推进社会体育事业发展。①

第二，分权机制。中华体协规定了各组织、各职员的职权，界定了各自的权限范围，防止越权、推诿、过度集权等现象的产生。例如，1924 年版章程就董事会、常驻委员会、各专项委员会及各类职员的职权进行了详细的规定：

> **第五条** 董事会之职权
>
> 一、计划本会会务。
>
> 二、筹划本会经费并审查本会账目。
>
> 三、推举会长聘请常驻委员。
>
> 四、团体或个人之有违反会章及细则之行动者，董事会有处罚之权，并有注销处罚之权。
>
> 五、主席董事，有召集董事会常会或临时会议之权。会议细则另订之。
>
> **第六条** 常驻委员会之职权
>
> 一、秉承董事会之意旨，管理本会一切重要事项。
>
> 二、于必要时，代行董事会职权；但须于下届董事会常会时，提出追认之。

① 《××省（市）（县）（华侨团体）体育协进会章程草案》（该草案在教育部国民体育委员会 1942 年首次会议闭幕会议上获得通过），国家体委体育文史工作委员会、全国体育总会文史资料编审委员会编：《体育史料·中国近代体育议决案选编》（第 16 辑），人民体育出版社 1991 年版，第 266~268 页。

三、主席委员，有召集常会及临时会议之权：会议细则另订之。

**第七条**　职员之职权

一、会长之职权

子　会长于大会时为当然主席。

丑　对外代表本会。

寅　商同董事会聘任本会干事。

卯　会长得召集职员会议。

辰　委派委员会分理各项运动比赛及其他事宜。

巳　会同干事、会计编制会务报告。

午　副会长于会长缺会时代理之。

二、会计之职权

子　掌管本会经济出纳。

丑　商同会长编制本会预算书。

寅　每年将收支细账，编制决算书，交董事会审查。

三、干事之职权

子　秉承会长、常驻委员会、董事会之意旨，办理全国及国际间体育事宜 。

丑 对于各区各省体育之发展，负辅导之责。

寅　保管一切运动记录。各区于区运动会后应将结果及成绩，寄交干事保存。

卯　编纂本会年刊。

**第八条**　各项委员会

本会暂设运动员资格审查委员会、田径赛记录审查委员会、运动规则委员会、运动裁判会。

一、运动员资格审查委员会。审查运动员有无业余资格，并解决一切因该项问题而发生之争议。其细则另订之。

二、田径赛记录审查委员会。审查全国田径赛记录，并规定各项最高纪录。其细则另订之。

三、运动规则委员会。编订或修改或解释各种运动规则。其细则另订之。

四、运动裁判会。主管各项运动比赛裁判事宜，及解决一切因该项问题而发生之争议。其细则另订之。

可见，中华体协根据职能分工，较为明确地规定了各职员、各部门的职权，使得他们各司其职，各尽其责，具有科层制管理的特征。

第三，制衡机制。董事制时期，在规定会计董事负责经济收支细账的同时，还规定会计编制的各种预决算及收支账目均须交由董事会审查。在实践中，董事会还派查账员审查经济报告，“查毕签字后，再行通过”①。此外，还规定付款支票须由“名誉总干事及名誉会计或主席董事三人中二人会同签字”，方才生效。② 显然，这些规定和做法在一定程度上制约了各方的权力，有助于从制度上规避腐败现象的发生。理监事制时期，中华体协成立了监事会，其主要职责就是审核收支细账、监察各地分支会履行义务情况及办理其他有关监察事项。通过监事会形成对各方权力的制衡和监督，不仅有助于防范专权、越权、贪污等现象的发生，而且有助于促使各组织及各地分支会切实遵守、执行中华体协的相关规定，从而共同推动社会体育事业的发展。

第四，惩处机制。董事制时期，会章明确规定董事会有权处罚违反会章、细则的运动员或运动团体，并享有注销处罚之权。③ 理监事制时期，亦明文规定由会员代表大会对违反本会会章行为者予以处罚。中华

① 《中华全国体育协进会临时董事会开会》（1925 年 8 月 12 日），《中华全国体育协进会年刊》1927 年第 1 期，第 5 页。

② 《本会董事会议纪录》，《体育季刊》（中华体协版）1936 年第 2 卷第 1 期，第 114 页。

③ 《中华全国体育协进会章程》（1924 年），王增明编：《近代中国体育法规》，中国体育史学会河北分会 1988 年版，第 28 页。

体协的处罚方式主要分警告和除名两种。揆诸史料，尚未发现中华体协处罚体育社团的案例，处罚运动员的案例则不在少数。例如，1935 年，中华体协取消查瑞龙的业余运动资格一年。直到处罚期满后，才恢复其业余运动资格。①

总的来说，董事制和理监事制都在不同程度上促进了中华体协组织的发展和完善，都对中华体协会务的开展、工作的推进起到重要的作用。但是，它们在制度设计上也都存在不同程度的缺陷。如董事制初期过于强调会长的重要性，导致权力大多集中在会长手中，而到了 1935 年以后，权力又过分集中于总干事之手，导致中华体协迁往重庆之后，居然由于总干事沈嗣良未来重庆而使得会务一时无法开展，直到敲定董守义为副总干事负责会务后，才又逐渐开始恢复办公。至于理监事制，虽然就各种机构及其职权做了详细的规定，但并没有明文规定具体的选举办法、决策方式，不利于实际操作的弊端显而易见。

① 《聘请孔沈为世运委员》，《中央日报》1936 年 12 月 24 日，第 8 版。

# 第三章　中华体协与体育知识的传播

现代传播学理论依据各种传播活动的不同形式，将传播分为人内传播、人际传播、群体传播、组织传播和大众传播等五种传播类型。① 中华体协作为一个社会体育组织，其传播活动自然属于组织传播的范畴。但是，由于组织目标、任务和对象等的复杂性和多样性，单一的传播方式和媒介难以胜任组织的传播任务，还必须综合运用大众传播、群体传播、人际传播等多种传播方式。因此，中华体协综合采用了大众传播、群体传播、人际传播等多种传播方式，极大地促进了体育在社会各界的广泛传播，提高了民众对体育的认识与兴趣，增强了民众参与体育运动的能力，促进了体育科研的发展，培养和锻炼了大量体育人才，为体育的大众化和普及化奠定了坚实的基础。在此过程中，中华体协亦逐渐形成了独特的体育观，指引着中华体协的发展。

## 一、中华体协与体育的大众传播

民国时期，大众传播主要是指通过报纸、杂志、书籍、广播、电影等媒介，向社会大众传递信息的过程。鉴于大众传播的广泛性和时效性等特性，体育信息能够在较短的时间里，获得较大范围的传播，中华体协常常通过编辑出版体育刊物、编译撰写体育著作以及放映体育电影等

---

① 鲁威人编著：《体育传播学》，清华大学出版社 2013 年版，第 86 页。

方式向大众传播体育。

### （一）编撰、出版体育刊物

1924年中华体协成立后，曾先后编撰、出版了《裁判员手册》、运动规则图书等小型刊物。① 遇大型比赛，它还编撰、出版各种专刊，如《第九届远东运动会特刊》《柏林世运会》《第十一届世界运动会出国须知》《中国代表团参加第十一届世界运动会报告》《第十四届世界运动会中华代表团手册》等。

此外，中华体协先后编撰、发行了《中华全国体育协进会年刊》（1927年）、《体育季刊》（1935—1937年）及《体育通讯》（1944—1946年）3种会刊，促进了近代体育知识在中国大地的传播。下面就发行时间较长、出版期数较多的《体育季刊》和《体育通讯》展开剖析。

1.《体育季刊》

20世纪30年代，外辱日亟，民族危机深重，“体育救国”呼声高涨。王正廷等中华体协职员认为“国难方殷，图强宜亟，发展体育，尤以普及与速进为程”。但是，中国“幅员辽阔，推进难周，外县偏区，多付阙如”。因此，中华体协“特发季刊，广资倡导，藉文字为宣传，循宣传为推进”②。1935年1月，《体育季刊》创刊，并正式发行。《体育季刊》，顾名思义，一季一期，4期为1卷，每年1卷。1936年4月30日，第三次常务董事会议决议“定季刊出版周期为三、六、九、

① 《中华全国体育协进会民国三十二年十月至三十三年十二月工作报告》，中国第二历史档案馆编：《中华民国史档案资料汇编》（第5辑　第2编　文化2），江苏古籍出版社1998年版，第775页。

② 《发刊词》，《体育季刊》（中华体协版）1935年第1卷第1期，第1页。

十二月四期"①。1937 年 6 月，受时局影响，已经出版了 10 期的《体育季刊》被迫停刊。

由于隶属中华体协，《体育季刊》除了"研究体育学术、供给材料、发表言论"外，还承担着以下四种使命：第一，倡导体育思想；第二，沟通各区体育消息；第三，沟通世界体育消息，研究各国体育之学说；第四，公布修改之规则。② 可见，《体育季刊》是一种内容丰富、形式多样、涵盖甚广的综合性体育刊物。就内容层次而言，既有理论性较强的体育教材、论著、译述等体育学术信息，也有通俗性的体育消息；就范畴而言，既有群众体育，也有竞技体育，同时也关注学校体育；就信息来源而言，既包括中华体协及其分会，乃至整个中国的体育信息，也包括世界各地的体育信息；就时间而言，既有体育历史的回顾，也有体育发展现状的介绍，更有体育未来发展趋势的展望；就体育文化内容而言，既包括体育项目、体育设施等体育物质文化，也包括业余运动规则、运动竞赛规则等体育制度文化，还包括自然体育思想、民族体育思想等体育精神文化；就体育项目而言，既关注西方近代体育项目，也关注中华传统体育项目，体现了中华体协"土洋结合""中西融合"的体育观；就形式而言，以文字信息为主，同时也有不少的表格、图形等图片信息。

《体育季刊》的投稿人以马约翰、袁敦礼、董守义、方万邦、吴蕴瑞、程登科、张汇兰、许民辉、郝更生等民国时期著名的体育理论家和体育活动家为主，他们当中的相当一部分人曾在美国春田学院、美国维尔斯利大学、美国哥伦比亚大学、德国柏林国立大学、日本东京师范高等专科学校等学校学习体育，受过专业、系统的体育学教育和体育训练，具有深厚的理论素养和丰富的体育实践经验，是我国体育界的中流

① 《第三次常务董事会议记录》，《体育季刊》（中华体协版）1936 年第 2 卷第 2 期，第 303 页。

② 《本刊之使命》，《体育季刊》（中华体协版）1935 年第 1 卷第 1 期，第 2~3 页。

砥柱。因此，《体育季刊》中的许多言论，如郝更生的《我国体育今后在分工合作原则下进展的动向》、吴蕴瑞的《论总锦标》以及程登科、章辑五、吴蕴瑞等人关于“体育军事化”问题的讨论，都成为全国体育发展的风向标，对全国体育起到过积极的指导性作用。① 《体育季刊》亦逐渐成为“我国体育刊物的权威、全国体育学会的研讨和消息联络的中心”②，起到了传播体育知识、促进体育研究、沟通国内外体育资讯、促进体育传播和普及的作用。

2.《体育通讯》

如前所述，中华体协创办的《体育季刊》被迫于 1937 年 6 月停刊。中华体协内迁重庆后，逐渐开始恢复各项工作。“兹为介绍体育新知识与新方法，并供给体育参考研究资料起见”，中华体协甫一复会，即“拟重新组织编辑委员会，恢复《体育季刊》，以饷社会人士而利体育事业”③，并计划自 1941 年 7 月开始征稿，9 月刊行。然而，“经费是如此的支绌，材料是如此的贫乏，使我们迟迟不能做大胆的尝试”。该计划在长达三年的时间里皆未能实现。当然，中华体协并未放弃发行体育刊物的计划，他们认为“体育活动如果没有学术的研究和探讨作

① 郝更生：《我国体育今后在分工合作原则下进展的动向》，《体育季刊》1935 年第 1 卷第 1 期；吴蕴瑞：《论总锦标》，《体育季刊》1935 年第 1 卷第 3 期；程登科：《读方万邦先生“我国现行体育之十大问题及其解决途径”中所持对体育军事化不切实用的探讨》，《体育季刊》1935 年第 1 卷第 3 期；吴蕴瑞：《体育与军事训练之关系》，《体育季刊》1936 年第 2 卷第 2 期；章辑五：《读了方万邦程登科两先生的大著之后》，《体育季刊》1936 年第 2 卷第 3 期。

② 董守义：《中华全国体育协进会与我国社会体育》，重庆市体育运动委员会、重庆市志总编室编：《抗战时期陪都体育史料》，重庆出版社 1989 年版，第 34 页。

③ 《中华全国体育协进会三十年度工作计划》，中国第二历史档案馆编：《中华民国史档案资料汇编》（第 5 辑　第 2 编　文化 2），江苏古籍出版社 1998 年版，第 757 页。

为根据，就如同一个人只有驱壳而无灵魂的支持是一样的，没有生气”①。因此，中华体协在《体育季刊》复刊不成的情况下，于1944年9月转而接办原由中华体协重庆分会主办的《体育周讯》，改为《体育通讯》，并改为半月刊，每期8~10页不等。

《体育通讯》设有各地通讯、陪都杂缀、学府风光、新闻汇志、名人与体育、解答、人事动态、论说、文苑、读者之声、译文等栏目，内容涉及广泛，包含社会体育言论、体育科研、体育政策、体育技术、体育赛事、中国以及世界各地体育实施计划、动态等，是以体育赛事报道和学术报道为主的综合性体育期刊。

《体育通讯》创刊于抗战时期并且地处偏居西南的内陆城市重庆，再加上时局动荡、兵荒马乱，各地交通、通讯颇为不易，来稿数量极其有限。有鉴于此，该刊一方面积极向社会各界征求稿件。第二期就开始广泛征稿：“（一）举凡社会体育言论，体育学术研究报告、史料、书评以及各种体育实施计划、动态等，不论文言白话皆所欢迎。”② 后来，更是“重价征稿”：“本社近为充实参考资料及搜罗体育史料，拟向各界重价征求有关体育书报及杂志，凡属上项资料，不论何种文字，本报皆所欢迎。”③ 另一方面，广泛征求通讯员。“本刊拟征求平、津、京、沪、汉口、昆明、贵阳、成都、西安、兰州及海外各地特约通讯员一位。”④ 这些举措在一定程度上增加了稿件来源，扩大了报道时空，丰富了报道内容，为读者提供了数量更多、质量更高、时空更广泛的体育信息，推动了近代体育在西部地区的传播。

在《体育通讯》社同仁的共同努力下，至1946年3月停刊，《体

---

① 陈海涛：《本刊一周年献词》，《体育通讯》1945年第25期，第1页。

② 《本会出版体育通讯半月刊征稿启事》，《体育通讯》1944年第2期，第1页。

③ 《本社重价征求体育书报杂志启事》，《体育通讯》1944年第6期，第1页。

④ 《征求外阜特约通讯员》，《体育通讯》1945年第31、32期，第12页。

育通讯》总共出版了 38 期，在人力、物力、财力极为困难的抗战时期能有如此成就实属不易。① 总体而言，《体育通讯》不仅为体育爱好者提供了体育运动与训练方法以及中国与世界各地的体育信息，而且为体育工作者进行学术研究和探讨提供了丰富资料和平台，为国民体育活动提供了政策指导和理论指导，对近代体育的传播和普及起到了积极的推动作用。

### （二）编译、撰写体育著作

中华体协的职员如董守义、吴蕴瑞、袁敦礼、宋君复、江良规等人皆为著名体育专家，编译、撰写了数量众多的体育著作，促进了体育知识的研究和传播。表 3-1 列举了中华体协及其职员编译、撰写的部分重要著作。

表 3-1　**中华体协职员编译、撰写的部分重要著作**

| 著作名称 | 作者或编者 | 翻译者 | 出版时间、创刊时间 | 出版单位 |
|---|---|---|---|---|
| 《体育原理》 | 宋君复 | | 1929 | 商务印书馆 |
| 《刘长春长跑》 | 宋君复 | | 1932 | 上海勤奋书局 |
| 《女子篮球训练法》 | 宋君复 | | 1932 | 上海勤奋书局 |
| 《女子垒球训练法》 | 宋君复 | | 1935 | 上海勤奋书局 |
| 《垒球》 | 宋君复 | | 1943 | 教育部石印室 |
| 《运动学》 | 吴蕴瑞 | | 1930 | 商务印书馆 |
| 《田径运动》 | 吴蕴瑞 | | 1932 | 上海勤奋书局 |
| 《体育建筑及设备》 | 吴蕴瑞 | | 1933 | 上海勤奋书局 |
| 《体育原理》 | 吴蕴瑞、袁敦礼 | | 1933 | 上海勤奋书局 |

① 《足球表演赛专号》，《体育通讯》1944 年第 38 期。

续表

| 著作名称 | 作者或编者 | 翻译者 | 出版时间、创刊时间 | 出版单位 |
|---|---|---|---|---|
| 《体育教学法》 | 吴蕴瑞 | | 1933 | 上海勤奋书局 |
| 《中小学体育教授细目》(24册) | 吴蕴瑞 | | 1935 | 上海勤奋书局 |
| 《世界运动会丛录》 | 宋如海 | | 1930 | 商务印书馆 |
| 《篮球术》 | 董守义 | | 1930 | 上海青年协会书局 |
| 《田径赛术》 | 董守义 | | 1931 | 北平利华书局 |
| 《最新篮球技术》 | 董守义 | | 1932 | 天津体育周报社 |
| 《最新篮球术》 | 董守义 | | 1947 | 商务印书馆 |
| 《国际奥林匹克》 | 董守义 | | 1947 | 世界书局 |
| 《个人与团体之运动》 | 金兆均等 | | 1930 | 中大体育科 |
| 《体育行政》 | 金兆均 | | 1931 | 上海勤奋书局 |
| 《实用按摩与改正体操》 | 金兆均等 | | 1932 | 上海勤奋书局 |
| 《早操与课间操》 | 金兆均等 | | 1932 | 上海勤奋书局 |
| 《第十届世界运动会代表团报告》 | 沈嗣良 | | 1933 | 上海勤奋书局 |
| 《第十届世界运动会各国著名田径赛选手电影姿势图》 | 霍姆斯 | 宋君复 | 1935 | 中华体协 |
| 《世界体育史略》 | 章辑五 | | 1936 | 上海勤奋书局 |
| 《童子军行政管理与活动教材》 | 章辑五等 | | 1942 | 正中书局 |
| 《国民健身操》 | 吴澄等 | | 1942 | 名生印刷局 |
| 《田径训练图解》 | 江良规 | | 1935 | 上海勤奋书局 |
| 《德意志体育概况》 | 江良规 | | 1942 | 体育与健康教育研究社 |
| 《从体育中培养品格》 | 江良规 | | 1944 | 教育部石印室 |
| 《体育原理》 | 江良规 | | 1945 | 商务印书馆 |

续表

| 著作名称 | 作者或编者 | 翻译者 | 出版时间、创刊时间 | 出版单位 |
|---|---|---|---|---|
| 《田径训练图解》 | 江良规 | | 1949 | 上海勤奋书局 |
| 《田径赛规范》 | 程登科、袁浚 | | 1930 | 杭州集益合作书局 |
| 《军事体育》 | 程登科 | | 1933 | 四川集训总队教育大队总义 |
| 《战时体育补充教材》 | 程登科 | | 1944 | 重庆教育部国民体育委员会 |
| 《世界体育史纲要》 | 程登科 | | 1945 | 商务印书馆 |
| 《军警体育》 | 程登科 | | 1945 | 教育部石印室 |

资料来源：（1）刘彩霞主编：《百年中文体育图书总汇》，北京体育大学出版社2003年版，第162页。（2）北京图书馆编：《民国时期总书目（1911—1949）》（教育·体育），书目文献出版社1995年版；（3）张天白主编：《我国中文体育报刊篇目索引》，人民体育出版社2012年版。

由表3-1可见，中华体协职员编译、撰写的书刊涉猎甚广，既有体育原理、学校体育学、体育史学、奥林匹克学、体育管理学、体育社会学等体育人文社会学科方面的著作，又有运动训练方法、运动技术教学等运动技术学科方面的著作，甚至还有体育建筑、器材设计等体育工程学科方面的著作。无疑，这些书刊促进了体育研究工作的开展和体育知识的传播，提高了国人对体育的认知，推进了体育的大众化和普及化进程，具有重大的理论价值和现实意义。

除了编译、撰写、出版体育书刊外，中华体协还托人从海外代购体育图书，“以供我国体育界人士之参考”。鉴于“抗战以来，体育书籍及杂志极其缺乏，致体育从业者虽有进修之志，而苦无书可供参考”，中华体协于1944年12月22日委托行将出国之江文汉、张伯瑾代购大批图书杂志。①

### （三）放映体育电影

正如时人所论："我们应当知道电影教育之力量，对于一般劳苦大众，是最有力量的一种教育方法，如能常常开映，一定能给民众一种最深刻的印象。"② 因此，中华体协也时常采用放映体育电影的方式来传播体育。

第九届远运会结束后，日本体育协会赠送中华体协"第九届远东运动会影片"。为宣传体育及筹募经费，1930 年 12 月 28 日，中华体协常务董事会议决，"片中如无不当之处，可在国内公演"。③ 第十一届世运会结束后，德国矮克发公司赠送中华体协关于第十一届世运会场地各项建筑设备、开幕典礼及各项运动竞赛情形的影片，其中，含"田径赛、球类、游泳、跳水、技巧全集等十二大项表演，均集世界之菁华，洋洋大观"。④ 为传播奥林匹克运动及"以为运动界参考"起见，中华体协购置放映机一架，在各地巡回放映该影片，"藉作推进体育之助"。为扩大体育宣传起见，中华体协还决定免费租借影片和放映机给"公众团体、学校或机关"。⑤ 抗战时期，中华体协又多次公开放映该第十一届世运会影片，"以饱热心体育人士之眼福"。⑥

鉴于放映体育电影的良好宣传效果，1946 年初，中华体协购置两

① 《书荒中的好消息》，《体育通讯》1945 年第 9 期，第 7 页。

② 王庚：《民众体育》，《体育季刊》（中华体协版）1936 年第 2 卷第 2 期，第 147 页。

③ 《本会会议记录》（1930 年 12 月 28 日），《体育季刊》（中华体协版）1935 年第 1 卷第 1 期，第 135 页。

④ 《体育影片不久放映》，《体育通讯》1945 年第 10 期，第 6 页。

⑤ 《映演第十一届世运会影片志略》，《体育季刊》（中华体协版）1937 年第 3 卷第 2 期，第 254 页。

⑥ 《体育影片不久放映》，《体育通讯》1945 年第 10 期，第 6 页。

架电影放映机，体育活动影片数十种，以兹向社会大众传播体育。①

## 二、中华体协与体育的群体传播

群体传播主要是指群体内部或外部的信息传播活动。由于群体传播可以在一定的场合比较自由地作直接、多向性的沟通交流，具有在短时间内向一定数量的民众快速传播信息的优点。因此，中华体协常常通过组织体育巡回表演团、体育讲习会、体育演讲、体育讨论会及体育培训班等方式吸引特定的群体，并传播体育知识。

### （一）开展体育巡回表演

1943 年，中华体协制定了“组织体育巡回访问团，分赴各地表演示范宣传，以提高各地运动兴趣”的工作方针。② 实际上，中华体协亦组织“体育巡回辅导团”等体育表演团，奔赴各地，实地表演体育运动，教授体育运动方法。

1943 年底，由国手王增玉、唐宝堃等人组成的中华体协体育巡回团篮球队成立，在董守义的率领下，奔赴昆明、贵阳等地表演、示范、宣传篮球运动，以制造篮球运动氛围，提高各地的运动兴趣。该篮球队辗转于昆明、贵阳、遵义等地，与当地篮球队开展篮球表演赛 12 场。其中，在昆明六战五捷（败于美陆军篮球队），在贵阳四战四胜，在遵义两战两胜。③ 1944 年 1 月 21 日，中华体协巡回团篮球队到达贵阳。中华体协贵州分会暨省垣星期球会联合举办欢迎巡回篮球队篮球表演

① 《中华全国体育协进会进化简史》，中华全国体育协进会干事部编：《第十四届世界运动会中华代表团手册》，中华全国体育协进会 1948 年版，第 5 页。

② 《中华全国协进会民国三十二年十月至三十三年十二月工作报告》，中国第二历史档案馆编：《中华民国史档案资料汇编》（第 5 辑　第 2 编　文化 2），江苏古籍出版社 1998 年版，第 766 页。

③ 《体协篮球队远征凯旋》，《中央日报》1944 年 2 月 8 日，第 3 版。

赛。最终，中华体协巡回团篮球队以 39 比 25 获胜。时人论道，“当时有名的‘国手’王玉增、唐宝堃曾来贵阳表演，对于贵阳篮球界个人技术水平的进一步提高，起到了促进作用”。① 可见，中华体协体育巡回团开展的篮球表演赛扩大了篮球运动的传播和影响，提升了西南地区民众对体育特别是篮球运动的兴趣，促进了西南地区篮球水平的提高。

为宣传、推广抗战时期中国人发明的板羽球运动，中华体协重庆分会组织板羽球表演队分赴重庆各机关团体介绍板羽球运动规则与方法，并进行示范表演。仅 1943 年度就曾先后赴扫荡报社、渝鑫炼钢厂、军委会、大公报馆等 20 余机关团体进行板羽球表演，极大地推动了板羽球运动的传播，使之迅速为重庆民众所熟知，成为战时民众喜欢、传播广泛的一项体育运动。“板羽球之所以有今日普遍者，实本会（笔者注：中华体协重庆分会）板羽球队之功也。”②

### （二）举办体育讨论会和体育演讲

#### 1. 举办体育讨论会

“为集合全国体育专家对于本国各项体育问题做学术上之研讨起见”，中华体协于 1935 年 7 月在山东青岛举办暑期体育训练会和讲习会的同时，举办了暑期体育讨论会。③ 讨论会聘请袁敦礼为主任，并制定《中华全国体育协进会体育讨论会办法大纲》和《中华全国体育协进会体育讨论会日程》，就讨论会的宗旨、分组、讨论方式、费用等作了较

---

① 贵阳市地方志编纂委员会编：《贵阳通史》，贵州人民出版社 2011 年版，第 437 页。

② 《重庆市体育协进会工作报告书》（1942 年 10 月 1 日），重庆市体育运动委员会、重庆市志总编室编：《抗战时期陪都体育史料》，重庆出版社 1989 年版，第 48 页。

③ 《本会筹办暑期体育训练会、体育讲习会及体育讨论会情形》，《体育季刊》（中华体协版）1935 年第 1 卷第 3 期，第 440 页。

为详细的规定。① 1935 年 7 月 29 日上午，讨论会正式开幕。参加者有张伯苓、沈嗣良、袁敦礼等 200 余人，共分体育行政、大学体育、中学体育、民众体育四组进行，每组皆由中华体协邀请体育专家作主题论文报告，继由与会人员就此论文及相关问题展开讨论。经过 5 天的热烈讨论，讨论会于 8 月 2 日宣告闭幕。②

此次讨论会成果有二：其一，通过了组织中华体协学术组案，并于 8 月 2 日举行《中华育学会》学术组织发起人大会，推定袁敦礼、吴蕴瑞、沈嗣良、郝更生、程登科 5 人负责准备，为中华体育学会的成立奠定了基础。③ 其二，整理讨论会论文及讨论结果，并提出具体建议，供全国体育界参考。④

当然，此次讨论会也存在一些不足。就讨论会分组而论，对于体育之基础的小学体育并未设定专组进行讨论，“实为一大憾事”；就讨论会的过程而论，正如时人所批评的：“提出论文似闲过多，而少切中实际之讨论，故有人喻之为讲演会。”⑤

### 2. 举办体育演讲

面对中国民众“尚未了解比赛性质，对于运动观念幼稚”的状况，张伯苓认为应使“一般民众能深切了解运动之重要与性质后，发生运

① 《中华全国体育协进会体育讨论会办法大纲》，《体育季刊》（中华体协版）1935 年第 1 卷第 3 期，第 443～444 页；《中华全国体育协进会体育讨论会日程》，《体育季刊》（中华体协版）1935 年第 1 卷第 3 期，第 444～445 页。

② 《暑期体育训练会讲习会讨论会圆满告成》，《体育季刊》（中华体协版）1935 年第 1 卷第 4 期，第 599 页。

③ 赵庶常编：《中华全国体育协进会暑期训练、讲习、讨论会专号》，青岛体育协进会 1935 年版，第 3 页；《中华体育学会会务状况及有关文书 · 中华体育学会会务状况表》（1938 年 12 月 5 日），南京国民政府社会部档案一——7611，中国第二历史档案馆藏。

④ 《暑期体育讨论会详纪》，赵庶常编：《中华全国体育协进会暑期训练、讲习、讨论会专号》，青岛体育协进会 1935 年版，第 3 页。

⑤ 《全国暑期讨论、讲习、训练会联合开幕礼志盛》，赵庶常编：《中华全国体育协进会暑期训练、讲习、讨论会专号》，青岛体育协进会 1935 年版，第 1 页。

动兴趣，则十年之后，中华民族体格之健康，定有相当之进步”①。受此思想的影响，中华体协常常举办体育演讲，以传播体育知识、介绍世界各地体育发展状况及活跃体育学术气氛。中华体协在山东大学举办暑期讲习会期间，曾邀请国内著名体育专家，举办了3场公开体育演讲：《从教育立场谈中国体育》（张伯苓）、《中国的国际体育》（沈嗣良）、《欧美最近体育状况》（章辑五），向讲习会学员介绍了国内外体育界的前沿观点和最新状况，增进了他们对于体育前沿知识和最新动态的了解，促使他们进一步开展体育理论研究和学术创新。②

中华体协职员还常常应社会各界之邀作体育方面的演讲，以向社会各界传播体育知识。例如，1930年6月19日，张伯苓应天津基督教青年会联青社之邀，作关于“日本何以强 中国何以弱”的演讲，分析了第九届远运会中国惨败与日本大胜的原因，并从治标、治本两个方面提出了振兴中国体育的方法；③ 1936年世运会结束后，褚民谊应邀在夕阳会作“对于奥林匹克运动大会之感想”的演讲，简介了中国参加世运会的大致情况，坦言“我国此次失败早在意料中”，并表示“今后应努力提倡民众体育”，推动体育的普遍发展；④ 1936年，中华体协名誉总干事沈嗣良从柏林世运会回上海后，即应上海青年会之邀，作关于“吾国参加世运会的经过”演讲，介绍了柏林世运会以及我国参加柏林世运会的经过，传播了奥运会等体育知识，使得民众及时地了解了我国及世界体育发展之最新动态。同时，沈嗣良还指出体育运动的真义和我国体育发展中存在的问题，并殷切希望“体育普及到各乡各镇，甚至

① 《张伯苓谈话主张有体育大运动》（1933年10月18日），龚克主编：《张伯苓全集》（第二卷　著述言论二），南开大学出版社2015年版，第164页。

② 《暑期讲习会公开演讲》，《体育季刊》（中华体协版）1935年第1卷第3期，第443页。

③ 《中国之病在何处？日本何以强 中国何以弱》，《益世报》，1930年6月20日，第2版。

④ 《褚民谊在夕阳会演讲 对于世运会之感想》，《中央日报》1936年8月28日，第4版。

各村去”;① 1942 年 12 月 18 日和 28 日，中华体协干事关延煦赴中央训练团青年干部训练班“讲演有关体育问题”和“上课”;② 1945 年 1 月 27 日，总干事董守义应重庆新运模范区之邀，在夫子池忠义堂作题为“战时体育问题”的演讲，指导社会各界在战争时期如何继续参加或开展体育运动;③ 1945 年 6 月 7 日，总干事董守义应青年军 201 师之邀，前往该师作题为“体育与青年军”的演讲，介绍了体育对于军队的重要性及青年军如何正确开展体育运动等问题，“深受全体官兵之热烈欢迎”。④

值得注意的是，这些演讲不仅扩展了民众的体育知识，而且在实践上推动了社会体育事业的发展。1945 年年初，总干事董守义到云南自贡市考察体育，并向各界公开演讲体育之重要性，“听者动容”。自贡市社会各界人士极为赞同董守义之说，皆以为成立体育协进会为十分重要且迫不及待之事，遂迅速开始筹备成立自贡市体育协进会。⑤

除举办体育讨论会和体育演讲外，中华体协职员还时常应邀讲学。1945 年 11 月，昆明汽车训练班聘请马约翰为体育总教官，除规划全班体育课程及课外活动外，并担任理论课程“体育及运动道德”教师。⑥ 1945 年 11 月 17 日，总干事董守义应军委会政治部业务研究班之邀，

① 《沈嗣良昨在青年会演讲吾国参加世运的经过》，《申报》1936 年 9 月 17 日，第 15 版。

② 《中华全国体育协进会工作日志》（1942 年 12 月 18 日），南京国民政府教育部档案五—15043（3），中国第二历史档案馆藏；《中华全国体育协进会工作日志》（1942 年 12 月 28 日），南京国民政府教育部档案五—15043（3），中国第二历史档案馆藏。

③ 《忠义堂上话英雄》，《体育通讯》1945 年第 11 期，第 7 页。

④ 《小新闻》，《体育通讯》1945 年第 20 期，第 8 页。

⑤ 《三十三年度直属自贡支会工作报告书》，《体育通讯》1945 年第 9 期，第 3 页。

⑥ 《司机需要体育 马约翰任总教官》，《体育通讯》1945 年第 29、30 期，第 10 页。

前往讲授“体育概论”课程，“甚受学生欢迎”。①

## （三）举办体育讲习会和培训班

### 1. 举办体育讲习会

“欲求全国体育的普及，尤应广造师资指导民众。”② 中华体协总干事沈嗣良等人决定于1935年7月15日训练会举办的同时，举办暑期讲习会，以“供给中等以上学校体育教员、民众体育指导及体育行政人员之进修机会”③。消息传出后，各省市之报名参加者异常踊跃。由于校舍有限，只招收了200名学员，但亦涵盖了“各省市区及南洋侨胞”，“堪称普遍之至”。为给更多体育从业者提供进修机会，讲习会还接收42名青岛小学教员参加旁听。④

讲习会以马约翰为主任，总理一切事务，并制定了《中华全国体育协进会暑期讲习会章程》⑤。该章程就举办讲习会的缘由、组织机构、具体的学习安排等事项做了详细的规定。根据章程规定，本次讲习会以课堂教学为主，课程科目包括理论学科（含球类运动比赛法、体育原理及问题、体育测验、运动生理、卫生及健康教育、体育设备与建筑等6科）和技术学科（含游泳、田径、足球、篮球、排球、网球、垒球、棒球、体操、舞蹈、机巧运动等11科），并邀请马约翰、袁敦礼、吴蕴瑞、蔡翘、董守义、许民辉、宋君复、陈樾梅、高梓、涂文等全国著

① 《体育通讯》1945年第29、30期，第10页。

② 沈嗣良：《十年来的中国体育》，中国文化建设协会编：《抗战十年前之中国》（1927—1936），台湾文海出版社1974年版，第612页。

③ 《本会筹办暑期体育训练会、体育讲习会及体育讨论会情形》，《体育季刊》（中华体协版）1935年第1卷第3期，第440页。

④ 《暑期讲习会会务概况》，赵庶常编：《中华全国体育协进会暑期训练、讲习、讨论会专号》，青岛体育协进会1935年版，第1页。

⑤ 《中华全国体育协进会暑期讲习会章程》（1935年），LS010-001-1149，湖北省档案馆藏。

名体育理论家、体育运动家与会教学。为确保学员学习的有效性和科学性，讲习会对学习科目、学习时间做了较为严格的规定。该章程明确规定每个学科至少48小时，至多72小时。当学员于某一学科内缺课时间超过上课时间三分之一时，即以不及格论。学员所选之学科有两科以上不及格时，即不给予讲习会证明书。① 除课堂教学外，该讲习会还举行了讨论会、公开演讲、参观游览及游艺等课外活动，学员均可随意参加。②

讲习会原定于1935年8月20日结束，后因学员要求，提前到8月15日考试。考试及格者共159人，当晚张榜发给证书，以资鼓励。③ 虽然无法量化考察讲习会的成效，但可以肯定的是，来自全国各地的200名学员经过1个月左右的理论学习和技术学习，或多或少提升了自身的体育理论素养和体育技术水平。这些学员回到原籍，将讲习会中学到的体育理论和体育技术传播到当地，势必会在一定程度上促进体育知识的传播，进一步推动当地体育运动的大众化和社会化。

当然，体育讲习会也存在不少缺陷，为时人所诟病。中央大学体育教师史龙云批评道："以我国幅员之广，体育同志之多，谨此以二百人得进修机会，殊失公允。"并且，该讲习会在山东青岛举行，"不啻为华北体育同志，大开方便之门，较远各省有志进修之同志，势将抱向隅之叹矣"。因此，史龙云强烈建议中华体协"扩充名额"。但是由于校舍有限，这个建议并未被采纳。④ 在讲习会的举办过程中，由于"教材之深浅，为教学上之一大困难"以及"宿舍之设备因借用关系，未能

---

① 《中华全国体育协进会暑期讲习会章程》，《体育季刊》（中华体协版）1935年第1卷第3期，第442~443页。

② 《中华全国体育协进会暑期讲习会章程》，《体育季刊》（中华体协版）1935年第1卷第3期，第443页。

③ 《全国暑期讨论、讲习、训练会联合开幕礼志盛》，赵庶常：《中华全国体育协进会暑期训练、讲习、讨论会专号》，青岛体育协进会1935年版，第1页。

④ 史龙云：《对于本年暑期体育讲习会之贡献》，《体育杂志》1935年第1卷第2期，第103~104页。

予学员以充分之便利"，导致"不满意之感觉，为全体学员共有之表现"。因此，许多讲习会学员要求"提前于十五日考试"，使得原定于20日结束的讲习会匆匆提前结束。可见，讲习会的硬件（宿舍）和软件（课程设置）都存在一定的缺陷，难以满足广大学员的各式需求，导致讲习会提前结束，制约了讲习会的效果。①

2. 举办体育培训班

"发展中国体育，应从'普遍'二字作起。"② 为了培养民众参与体育运动的兴趣和能力，推动体育的大众化，中华体协及其分会还开办民众体育培训班，进行日常的组织与训练工作。

以中华体协重庆分会为例，1942—1943 年开办的民众体育训练班有：（1）垒球班。共举办 10 期，培训人数达 502 人。（2）板羽球班。共举办 6 期。其中，第 4 期至第 6 期，共有 151 人参加。"这些人学会了这个游戏以后，不仅自己在继续练习，听他们讲每个人都在积极地提倡，所以参加这个班的人数虽然很少，可是真正受这个班的影响的人那就不知有多少了。"③（3）机巧班。在一年多的时间里，机巧班培训机巧练习者达 1500 人左右。（4）国术班。中华体协重庆分会聘请中华国术学会的同仁指导民众练习摔角、举石担子和徒手拳。一年来共举办 4 期，参加人数达 1269 人。④

除了培训普通民众外，中华体协为适应抗战建国的需要，培养更多

① 《暑期讲习会会务概况》，赵庶常编：《中华全国体育协进会暑期训练、讲习、讨论会专号》，青岛体育协进会 1935 年版，第 1 页。

② 《张伯苓在京畅谈体育道德技术——欲求发展须从普遍作起 想得善果应由精专用功》，《大公报》1931 年 3 月 7 日，第 8 版。

③ 《重庆体育协进会工作报告书（三十二年度）》，重庆市体育运动委员会、重庆市志总编室编：《抗战时期陪都体育史料》，重庆出版社 1989 年版，第 43 页。

④ 《重庆体育协进会工作报告书（三十二年度）》，重庆市体育运动委员会、重庆市志总编室编：《抗战时期陪都体育史料》，重庆出版社 1989 年版，第 42-43 页。

的体育师资，在重庆开办了社会体育干部训练班。①

此外，中华体协还通过举办体育展览会的方式来引起民众对体育的兴趣，以达宣传体育的目的。1945 年 6 月 4 日，中华体协趁重庆市第四届运动大会开幕之机，在复兴关励志社“展览体育器材模型及图表，教人如何做各种体育用具”②。

## 三、中华体协与体育的人际传播

人际传播是个人与个人之间所进行的一种传播活动，是中华体协传播体育的重要形式。

### （一）联络社会各界名流

如前所述，中华体协领导群体中不仅有教育界名流，而且有军政界和工商界名流，还有基督教青年会干事等社会各界人士。中华体协通过与他们的联系和互动，并经由他们与社会各界建立了广泛的联系网络，不仅扩大了中华体协的影响力和资源汲取能力，而且促进了体育在社会各界中的传播，推动了体育的社会化、大众化进程。

1. 中华体协与教育界的关系

中华体协的发起人张伯苓、陈时、方克刚、曹云祥、郭秉文、沈嗣良等皆供职于教育界，并大多担任副校长、校长等要职，为当时著名的教育家。他们借助在教育界的地位和影响力，大力宣传和鼓吹，不仅使得近代体育广泛地进入学校教育体制，而且扩大了近代体育在

---

① 董守义：《中华全国体育协进会与我国社会体育》，重庆市体育运动委员会，重庆市志总编室编：《抗战时期陪都体育史料》，重庆出版社 1989 年版，第 35 页。

② 《重庆第四届运动大会情况反映》，重庆市体育运动委员会、重庆市志总编室编：《抗战时期陪都体育史料》，重庆出版社 1989 年版，第 175~176 页。

教育界的影响，许多体育教育家纷纷加入中华体协。除了前文所述的董守义、马约翰、郝更生等著名体育教育家进入中华体协领导群体外，还有程登科、吴邦伟、吴澂、金兆均、萧国忠、徐英超、黄中孚、舒鸿等体育教授担任运动员资格审查委员会、运动规则审订委员会等专业委员会委员。中华体协吸收这些著名体育教育家担任中华体协的各项职务，一方面增加了中华体协领导群体和职员群体中的体育专业人士比重，使得中华体协“体育社团”的特性愈加凸显，会务和业务的开展亦更趋专业化，中华体协亦逐渐确立起在体育界的权威地位和领导角色。另一方面，随着这些热心体育事业的体育教育家加入中华体协这样一个全国性社会体育团体，近代体育亦随之逐渐开始由学校推及社会，扩展了近代体育的传播空间，推动了体育的社会化进程。例如，1935 年，在程登科等人的组织下，华西体育协进会宣告成立。① 1935 年 10 月 23 日，在方克刚、陈时等人的积极努力下，华中体育协进会召开成立大会。②

由第二章的表 2-5 可知，上述这些教育界名流除了在中华体协兼任职务外，还在许多其他社会团体供职。中华体协通过他们与社会各界建立了一定的联系，形成了一定的社会网络，促进了中华体协及社会体育事业的发展。例如，中华体协开始在重庆恢复办公之初，由于绝大多数董事、职员四散，人手严重不足。董守义只好利用自己曾任国立北平师范大学教授的身份，延揽曾经的学生为中华体协服务。根据董守义夫人邝亚英回忆，“体协工作人员共计十余人，都是董守义过去的学生，现在是教师或干部”。虽然到中华体协帮助工作“兼职不兼薪，是义务性质”。但是，他们“工作情绪高昂”，“会计、总务等业务也完全由他的学生担任。他们自己刻蜡版，自己油印，定时出体育刊物，分别寄送各单位。白天敌机轰炸的时候停止工作，晚上自动前来，自觉地积极地工

① 王振亚编：《旧中国体育见闻》，人民体育出版社 1987 年版，第 7 页。

② 《华中体育协进会正式成立》，《勤奋体育月报》1935 年第 3 卷第 3 期，第 284 页。

作。从此，体协的业务逐渐开展起来”。① 再如，1941 年，中华体协向教育部申请每年 5 万元补助经费，迟迟未能得到批准。最后，张伯苓、董守义通过与南开大学有关系的行政院秘书长蒋廷黻及主管教育部门的张平群，才获得补助。②

2. 中华体协与军政界的关系

中华体协成立之初，领导群体中大多为教育界、工商界人物，极少有军政界人物。北京政府时期，中华体协的领导群体之中只有王正廷一人属于军政界人物。直到南京国民政府建立，尤其是南京国民政府基本统一全国后，中华体协领导群体中的军政界人物才开始逐渐增加。这种变化，一方面是由于南京国民政府建立后，开始整顿民间组织，试图通过人员渗透、经费支持等方式逐渐加强对社会团体的控制。另一方面，中华体协领导人也逐渐认识到，要想在政治动荡、经济凋零的时局中维持生存与发展，不得不与军政界人物上下联通。因此，南京国民政府时期，中华体协充分利用各种关系，与军政界人物保持一定的联系，以获得其生存和发展所必需的各种资源。

通过与军政界要人的私人关系，并邀请军政界人物担任中华体协的各类职务是中华体协传播体育、汲取社会资源及扩大社会影响力的主要方式。作为中华体协主要领导人的张伯苓虽然以教育事业为主，但他的社会活动并没有局限于教育领域，而是涉及政治、外交、军事、文化、宗教等诸多领域，与民国时期的军政界要人黎元洪、冯国璋、段祺瑞、徐世昌、蒋介石、张学良、孔祥熙、冯玉祥等多有交往，拥有广泛的社

① 邝亚英：《解放前的中华全国体育协进会》，中国人民政治协商会议全国委员会文史资料委员会编：《文史资料存稿选编》（第 23 辑　文化），中国文史出版社 2002 年版，第 754 页。

② 董守义：《奥林匹克旧事》，中国人民政治协商会议全国委员会文史资料研究委员会编：《文史资料选辑》（第 18 卷　第 53 辑），中国文史出版社 1964 年版，第 108 页。

会关系网络。① 1938 年以后，张伯苓先后担任国民参政会副议长、中央监察委员、考试院院长等职，并于 1941 年加入国民党，进一步密切了与军政界的联系，并借此社会关系网络，提倡社会体育事业。中华体协的另外一位主要领导人王正廷是民国时期的著名政治家，曾在北京政府和南京国民政府担任外交部长等要职。他素来热心体育，并积极利用与军政界的密切关系，沟通中华体协与军政界的联系，以获得各种社会资源。1939 年，王正廷考虑到“体协是个民众团体，其经费以及中国参加奥运会的经费来源都是依靠政府补助、社会捐助和门票收入三项。因此，国际奥委会中国委员会必须找一个能向政府说话的人，有找钱能力的人才行”，遂推荐时任行政院院长的孔祥熙担任国际奥委会的中国委员。② 孔祥熙也确实在经费方面给予中华体协一定的帮助。例如，1943—1944 年，时任行政院院长的孔祥熙补助中华体协 20 万元经费。③ 为筹募参加第十四届世运会经费，中华体协于 1948 年 2 月 18 日向政府申请美金 5 万元，但发函之后一直杳无回音。经过“张伯苓和王正廷多次向行政院院长张群催促”，行政院方于 5 月 10 日批准了半数。④ 可以想见，如果没有张、王与军政界的密切关系，恐怕连这“半数”也难以获得。

---

① 龚克：《代序》，龚克主编：《张伯苓全集》（第一卷 著述言论一），南开大学出版社 2015 年版，第 7 页。

② 董守义：《奥林匹克旧事》，中国人民政治协商会议全国委员会文史资料研究委员会：《文史资料选辑》（第 18 卷 第 53 辑），中国文史出版社 1964 年版，第 104 页。虽然董守义在文中认为王正廷推举孔祥熙担任国家奥委会中国委员的主要目的是为了拉拢势力强大的孔祥熙，但不可否认的是，中华体协确实有网络军政界名流、为中国体育服务的先例。因此，笔者认为，王正廷此举虽然不可避免地带有私心，但亦有为中华体协谋发展的考虑。

③ 《中华全国体育协进会常务董事张伯苓为申请补助费致孔祥熙函》（1943—1944），中国第二历史档案馆编：《中华民国史档案资料汇编》（第 5 辑第 2 编 文化 2），江苏古籍出版社 1998 年版，第 758~759 页。

④ 董守义：《奥林匹克旧事》，中国人民政治协商会议全国委员会文史资料研究委员会编：《文史资料选辑》（第 18 卷 第 53 辑），中国文史出版社 1964 年版，第 116 页。

中华体协不仅邀请褚民谊、朱家骅、吴铁城、杨森、戴传贤、陈立夫等军政界人士担任董事、理事等职务，而且还邀请军政界人士组成筹募经费委员会，以利用他们的广泛社会资源和社会关系网络，募集经费。1944 年，推举重庆市长贺耀祖、市党部主任委员方治、议长康心如、教育局长雷啸岑等政府官员为筹募体育事业基金委员；① 1948 年，中华体协推举吴铁城（立法院长）、朱家骅（教育部长）、吴国桢（上海市长）、谷正纲（社会部长）等政要为参加第十四届世运会经费筹募委员会委员。② 有的军政界要人虽然没有担任经费筹募委员，但也积极捐助中华体协。第十一届世运会时，时任三十二军军长的商震应中华体协请求，资助 4 名拳击运动员赴德参赛；杨森、吴铁城等亦纷纷解囊赞助。③

遇有重大体育赛事，中华体协还邀请军政要人担任体育赛事的领导职务，以扩大影响。第八届远运会时，中华体协会长王正廷面谒蒋介石，请示办法。蒋总司令“慨允担任大会总裁”，“并允捐款赞助，以成盛举”。④ 第九届远运会时，中华体协聘请蒋介石为筹备委员会名誉会长，政府要员王宠惠、宋子文、戴传贤、张学良、陈果夫、孙科、何应钦、林森、唐绍仪、冯庸、赵戴文、蒋梦麟、谭延闿等为名誉董事，王正廷、孔祥熙、张静江、朱家骅、张群、陈绍宽、陈铭枢、褚民谊等为竞赛董事。⑤ 这些军政届要人的参与，势必会扩大体育赛事及体育在军政界等社会各界的传播和影响力，而且有助于扩大中华体协的社会影响力和中华体协在体育社团中领导地位的确立。

① 《筹募体育事业基金》，《体育通讯》1944 年第 2 期，第 6 页。

② 《我国应该怎样参加世运？中华全国体育协进会的三次会议》，《东南日报》体育版编：《伦敦世运前夕》，东南出版社 1948 年版，第 15~16 页。

③ 教育部教育年鉴编纂委员会编：《第二次中国教育年鉴》，商务印书馆 1948 年版，第 1312 页。

④ 《蒋总司令任远东运动会总裁》，《申报》1927 年 7 月 7 日，第 10 版。

⑤ 《筹备参加第九届远东运动会大会职员》，中华全国体育协进会编：《中国参加第九届远东运动会特刊》，中华全国体育协进会 1930 年版，第 1 页。

此外，中华体协还常常通过邀请军政界要人参加本会会议、宴会等方式，借以联络感情，获取政府赞助和增强合法性。1934 年 8 月 3 日，中华体协召开临时董事会议，邀请教育部长王世杰等莅会指导，“请赐教言”，“企盼政府之拨助与领导”。王世杰在称许“协会悠久之历史，对于我国体育界已获相当成绩”的同时，亦明确表示：“敝人在教育部方面亦愿在旁臂助。”① 事实上，政府也确实对中华体协主持参加第十一届世运会工作给予了大力支持。抗战胜利后，中华体协积极筹备复员工作，无奈经费困难，中华体协迟迟未能迁往南京。为争取政府的支持，1945 年 12 月 13 日，总干事董守义宴请内政部长张厉生。经过一番交流，张厉生不仅表示，内政部要借助中华体协分支会的工作人员来共同推进体育事业，而且明确表态，对于中华体协的复员问题，“无论在经费方面、人力方面均愿极力协助”②。事实证明，政府确实在经费、会址等方面给中华体协提供了一定的帮助。

中华体协通过与军政界的联系，不仅有助于中华体协政治合法性和行政合法性的获得和确立，而且有助于扩大中华体协的社会合法性和社会影响力，增强中华体协的社会资源汲取能力，从而促进社会体育事业的发展。同时，还为中华体协与政府的沟通、互动搭建了顺畅、宽广的平台，为中华体协和政府的良性互动奠定了坚实的基础。

2. 中华体协与工商界的联系

中华体协作为民间体育社团，其运作资金除了来自政府的补助外，还必须通过社会捐赠以获得发展的经费。为解决资金问题，中华体协成立之初就邀请热心体育事业的工商界名流担任中华体协董事。在中华体协的 9 名发起人董事中，就有卢炜昌、聂云台、冯少山、穆藕初等 4 位

---

① 《本会临时董事会议记录》（1934 年 8 月 3 日），《体育季刊》（中华体协版）1936 年第 1 卷第 1 期，第 143 页。

② 《本会宴请张厉生部长畅谈体育与内政》，《体育通讯》1945 年第 31、32 合期，第 7 页。

工商界名流。此后，还陆续邀请了陈光甫、刘鸿生、钱永铭、黄明道、周寿臣、林珠光、胡文虎、赵锡恩等海内外工商界名流担任董事、名誉董事、经济董事等职。这不仅拓宽了中华体协的资金筹集渠道，扩大了中华体协在工商界的影响，而且促进了近代体育在工商界中的传播，推动了工商界人物参与体育运动的热情。遇有需款孔急之时，这些工商界名流大多会慷慨解囊。第九届远运会时，陈光甫、刘鸿生、林珠光就分别捐款 200 元、750 元及 1000 元。①

这些工商界名流除了自己捐款外，还积极利用自身的社会网络代为募捐，并通过自身的社会影响力推动工商界赞助体育事业。第七届远运会时，商务印书馆为鼓励中国赴菲选手代表精神起见，设宴饯行，以壮行色。并拟“于日内赶印赴菲选手纪念物多种”，准备在启程之日，赠予选手;② ABC 内衣店总理允诺赠送赴菲选手自制精美之运动衣裤 140 余件;③ 三友实业社赠送本届预选大会游泳池最佳选手“自制之精美浴衣全套”④。第九届远运会时，国内工商界部分捐款情况如下：上海交通银行 500 元、上海中国银行 500 元、华安保险公司 138. 89 元、浙江兴业银行 100 元、钱业公会 1000 元、纱布交易所 1000 元、荣宗敬 500 元、张慰如 500 元等。⑤

值得注意的是，在中华体协以及华侨巨商冯少山、胡文虎、周寿臣、林珠光等人的宣传和热心劝募下，海外侨胞亦踊跃捐款。例如，第九届远运会时，海外侨胞及工商界团体部分捐款情况如下：荷兰华侨联合会 140. 89 元、横滨华侨商会 1800 元、咪埠中华商会 223. 13 元、神

---

① 《中华全国体育协进会参加第九届远东运动大会收支总结表》，中华全国体育协进会编：《中国参加第九届远东运动会特刊》，中华全国体育协进会 1930 年版，第 38 页。

② 《商务印书馆饯送选手代发》，《申报》1925 年 5 月 7 日，第 11 版。

③ 《ABC 内衣店赠送运动衣》，《申报》1925 年 5 月 7 日，第 11 版。

④ 《三友业实社之赠品》，《申报》1925 年 5 月 9 日，第 11 版。

⑤ 中华全国体育协进会编：《中国参加第九届远东运动会特刊》，中华全国体育协进会 1930 年版，第 37~40 页。

阪华侨赞助会 9116. 77 元、横滨华侨商会 1800 元、东京华侨商会 450 元、横滨华侨后援会 673. 76 元、朗吗倪地中华商会 74. 17 元、李清泉① 300 元等②。第十届远运会时，菲律宾华侨商会团体捐款 7000 元。③

此外，海外侨胞还在许多其他方面支持中华体协及祖国的体育事业：其一，加入中国体育代表团，参加国际体育赛事，为祖国赢得不少荣誉。如檀香山华侨棒球队在第八届、第九届远运会中均为中国夺得棒球赛亚军；④ 华侨运动员林宝华、邱飞海在第八届远运会上一举囊括网球项目单双及团体冠军，为中国首次夺得远运会网球项目锦标。其二，热忱欢迎和招待中国体育代表团。中国体育代表团远赴菲律宾、日本等地参加比赛时，该地华侨均热情招待。第九届远运会时，“留日同胞之各团体，除热烈欢迎外，且派代表轮值服务，临别复荷佽助巨资，为吾选手团壮行色。隆情厚谊，尤足感佩”。⑤ 第十届远运会时，菲律宾华侨各界“极诚招待，实予代表团以旅中便利不浅”，“设宴招待，几无虚夕”，“竟不觉身在异国”。⑥ 此外，华侨还通过组织后援团、发表申

① 李清泉（1889—1940），菲律宾华商，是促成南侨总会成立的关键人物，并且担任该会副主席。1919 年至 1924 年连任马尼拉中华商会会长六届，1936 年再次当选第 33 届会长。抗战爆发后，菲律宾华侨组成华侨援助抗敌委员会，李清泉担任主席，领导 10 万菲律宾华侨开展募款工作，自己带头购买 40 万元公债。详见任贵祥、李盈慧：《中华民国专题史 第十四卷　华侨与国家建设》，南京大学出版社 2015 年版，第 302 页。

② 中华全国体育协进会编：《中国参加第九届远东运动会特刊》，中华全国体育协进会 1930 年版，第 37~40 页。

③ 《参加第十届远东运动会报告》，《体育季刊》（中华体协版）1935 年第 1 卷第 1 期，第 8 页。

④ 罗时铭、赵讙华主编：《中国体育通史》（第 4 卷），人民体育出版社 2008 年版，第 362 页。

⑤ 郝伯阳：《参加第九届远东运动会筹备经过之大概》，中华全国体育协进会编：《中国参加第九届远东运动会特刊》，中华全国体育协进会 1930 年版，第 13 页。

⑥ 《参加第十届远东运动会报告》，《体育季刊》（中华体协版）1935 年第 1 卷第 1 期，第 13 页。

明等方式与中华体协一道，坚决反对“伪满洲国”加入远运会的阴谋。① 这在扩大中华体协在海外华人圈影响的同时，也推动了中国近代体育在海外华人圈的传播和扩散，并由此加强了华侨与祖国的联系，增强了中华民族的向心力和凝聚力。

3. 中华体协与社会团体的关系

中华体协不仅通过其职员与社会各界建立了广泛的联系，而且与众多社会团体形成了较为积极的互动关系，极大地促进了体育的传播和发展。其中，中华体协与基督教青年会的关系尤为密切。

（1）与基督教青年会。

中华体协脱胎于基督教青年会，并通过与基督教青年会关系密切的职员，借助基督教青年会的社会资源，发展社会体育事业。主要表现在以下三个方面：

其一，基督教青年会促进了中华体协的成立。如前所述，业联会是由基督教青年会主导的体育社团，而业联会又是中华体协成立的组织基础和发起机构之一。由此而论，基督教青年会通过业联会促进了中华体协的成立。不仅如此，供职于基督教青年会和业联会的麦克乐还参加了中华体协的成立大会，并发挥了重要作用。中华体协开成立大会时，筹备委员们对于社团名称久议不决，最后“由麦克乐提议将（定名）移后讨论，以省时间”，会议得以继续进行。② 麦克乐还提议“由与会代表选出临时董事九人”负责会务，“推举三人，修正已议决各条条文”，皆获通过。这一方面表明麦克乐在中国体育界具有较高的声望，同时也

---

① 蒋顺兴：《第十届远东运动会与中国》，《学海》1995 年第 2 期；李琪：《远东运动会与近代中国》，华中师范大学硕士学位论文，2008 年。

② 《中华全国体育协进会成立大会纪录》，中国第二历史档案馆编：《中华民国史档案资料汇编》（第 3 辑　教育），江苏古籍出版社 1991 年版，第 873 页。

说明麦克乐对中华体协的成立确实起到过积极的作用。① 正如蒋湘青所认为的，中华体协的成立，除了张伯苓和卢炜昌外，“麦克乐先生也有相当的帮助……我们不能不表示十二分的感谢”。② 此外，推动中华体协成立的张伯苓、沈嗣良、聂云台、郝伯阳、郭秉文等人都是基督徒，且均与基督教青年会关系密切。

其二，中华体协通过各种途径沟通基督教青年会与中国体育界的联系，并利用基督教青年会的社会关系，为中华体协及中国近代体育的发展作出了一定的贡献。中华体协成立之初就曾邀请基督教青年会中的外籍干事担任中华体协职务，以利用他们的社会关系网络，推动会务发展。1925 年 8 月 12 日，中华体协临时董事会决议，“敦请麦克乐先生为运动规则委员会之名誉顾问”，“聘请葛雷博士为本会名誉顾问”。③ 1926 年，葛雷还以中华体协名誉顾问的身份，奔赴广州与广东省教育会长汪兆铭筹商举办第四届全运会事宜。④ 此外，张伯苓、王正廷等人还充分利用与基督教青年会的密切关系，调动基督教青年会的各种资源服务于中国体育的发展。例如，1925 年第七届远运会时，马尼拉华侨青年会联合其他侨胞为中国体育代表团提供“膳宿”;⑤ 1930 年，为筹备参加第九届远运会，中华体协竞赛董事会决定聘请西人青年会指导史密斯担任中国田径代表队义务教练;⑥ 1932 年洛杉矶世运会时，上海西侨青年会体育主任美国人托平，放弃休假，主动帮助沈嗣良筹备参赛

---

① 《中华全国体育协进会成立大会纪录》，中国第二历史档案馆编：《中华民国史档案资料汇编》（第 3 辑　教育），江苏古籍出版社 1991 年版，第 874 页。

② 蒋湘青：《国人对于中华全国体育协进会应具有的态度》，《教育与人生》1924 年第 39 期，第 496 页。

③ 《中华全国体育协进会临时董事会开会（1925 年 8 月 12 日）》，《中华全国体育协进会年刊》1927 年第 1 期，第 12 页。

④ 《全国运动会粤主改十一二月举行》，《申报》1926 年 4 月 20 日，第 7 版。

⑤ 《赴第七届远东运动会之经过及成绩纪详》，《中华全国体育协进会年刊》1927 年第 1 期，第 55 页。

⑥ 《远东运动会吾国筹备讯》，《申报》1930 年 4 月 18 日，第 12 版。

事宜;① 1936 年，西青会拳击教练英人丁格尔应邀担任中国参加世运会拳击队教练②。

尤为值得一提的是，基督教青年会为解决中华体协的场地问题做出了巨大的贡献。1925 年，为解决没有场地的窘境，中华体协请名誉顾问葛雷“协助解决场地的续租或捐地给本会的问题”。③ 在葛雷的交涉下，洛克菲勒基金团终于同意将中华棒球场转租给中华体协，为中华体协的发展奠定了场地基础。1927 年，面对洛克菲勒基金团不再续约的情况，王正廷还利用其私人关系恳请时任青年会全国协会委员的梅华铨夫人④代为向洛氏疏通。后经多方努力，洛克菲勒基金团终于同意续约。1930 年 6 月，洛克菲勒基金团通知中华体协，期满后不再续租。中华体协多次与洛克菲勒基金团商议续借事宜，均未能成功。⑤ 后来，中华体协又委托与洛克菲勒基金团关系密切的全国青年协会总干事兼中华全国基督教协进会会长余日章博士前往交涉，最终征得洛克菲勒基金团同意，短期内仍可继续租用。⑥ 纵观中华体协租借中华运动场土地之历史，不难发现，全国青年协会是中华体协屡次续租成功的主要原因。这主要是由于一方面全国青年协会不仅是最初向洛克菲勒基金团租借该地皮者，而且与洛克菲勒基金团直接签订租约者，亦是全国青年协会，而不是中华体协。另一方面，全国青年协会与洛克菲勒基金团关系密

① 张鲁雅、周庆:《世纪情——中国与奥林匹克》，人民体育出版社 1993 年版，第 65 页。

② 《参加第十一届世界运动大会筹备情形》，《体育季刊》（中华体协版）1936 年第 2 卷第 2 期，第 314 页。

③ 《中华全国体育协进会临时董事会开会（1925 年 8 月 12 日）》，《中华全国体育协进会年刊》1927 年第 1 期，第 12 页。

④ 梅华铨夫人，香港人，基督徒。曾于 1916—1937 年担任青年会全国协会委员和其他职务，并兼任多种社会职务。详见章开沅主编：《社会转型与教会大学》，湖北教育出版社 1998 年版，第 389 页。

⑤ 《体育协进会场地期满》，《申报》1930 年 7 月 2 日，第 11 版。

⑥ 《体育协进会场地暂不致收回 洛克非洛合同虽满仍可短时间应用 董事会为谋永久之计 积极另觅场所》，《申报》1930 年 7 月 5 日，第 17 版。

切，而中华体协会长王正廷亦曾任全国青年协会总干事，与全国青年协会颇有渊源。因此，中华体协历次“向洛氏基金团请愿及接洽等事，亦皆借重于全国青年协会”。①

其三，基督教青年会还通过向中华体协输送体育人才来推动中国体育事业发展。通过与基督教青年会关系密切的张伯苓、王正廷等人推荐，一批热心体育事业且由基督教青年会培养出来的体育教育家陆续加入中华体协，如郝更生、郝伯阳、吴蕴瑞、许民辉、高梓、袁敦礼、马约翰、宋君复、宋如海、章辑五等，他们在主办和筹备体育赛事、审订运动记录、制定运动规则、编译体育书刊等方面发挥了不可或缺的重要作用。

上述情况说明中华体协充分利用与基督教青年会的密切关系，并通过基督教青年会的社会资源来赞助、推动体育事业的发展。同时，也说明了中华体协虽然是中国人自办自管的体育社团，但也无法完全离开基督教青年会的支持和帮助。可见，在有着半殖民地性质的中国，在国家主权遭到严重破坏的情况下，体育事业很难真正实现国人自办。

（2）与其他社会团体。

除了与基督教青年会关系较为密切外，中华体协还通过会内成员与中华教育改进社、精武体育会、中华竞走会、南华体育会、香港华人体育协进会等社会团体保持一定的关系，并通过与他们的合作，促进体育的传播和发展。

从中华体协的产生过程来看，中华教育改进社和精武体育会的主要领导人都参与了中华体协的筹建工作。精武体育会的主要负责人卢炜昌、陈公哲、聂云台等人发起的中华体育协会筹备处不仅参与了筹建中华体协的全部过程，而且是主要的筹建者之一。② 其中，卢炜昌和聂云

① 上海市年鉴委员会编：《上海市年鉴》（1935 年），上海市通志馆 1935 年版，第 1122 页。

② 《中华体育协会昨开筹备会》，《申报》1923 年 7 月 8 日，第 14 版；《中华体育协会之筹备》，《申报》1923 年 7 月 6 日，第 18 版。

台还被选为首任董事。中华教育改进社的主要成员张伯苓、郭秉文、曹云祥等人亦参与了中华体协的筹建工作，并且张伯苓、郭秉文、曹云祥皆被选为首任董事。正是由于中华体协与中华教育改进社人员交叉较多，因此，中华体协趁会内成员大多前往南京参加中华教育改进社1924年年会之机，在南京召开了成立大会。

不仅如此，中华体协的正常运转和体育事业的开展亦曾得到其他社会团体的支持和赞助。以精武体育会为例，第八届远运会时，上海精武体育会不仅接受中华体协委托，代为办理华东男子排球队预选事宜①，而且还设宴招待中日菲三国选手，略谓“精武体育会系注重体育，而远东运动会亦完全体育，可称同志”，并认为“三国选手在会场上均能显其尚武精神，努力工作，表现亚洲民族精神”。② 第九届远运会前夕（1930年5月13日），精武体育会联合上海市教育局、各报馆、学校等24个团体欢送参加第九届远运会的中国运动员，鼓励选手为国争光。③ 1933年10月，时任上海精武体育会会长的褚民谊被推选为中华体协常务董事，进一步密切了中华体协与精武体育会的关系。为提高参加世运会拳击选手的技术水平起见，中华体协拟聘精武体育会拳击教练陈汉强为教练，精武体育会欣然同意，派遣陈汉强在上海训练中国拳击选手。在陈汉强等人的精心指导下，中国拳击选手的技术水平都得到不同程度的提高。④ 1936年6月14日，精武体育会还联合中华体育会等团体欢送参加第十一届世运会的中国运动员，以壮行色。⑤

除了精武体育会，其他社会团体也通过各种方式赞助中华体协及体

---

① 《远东运动会筹备讯新加坡游泳家谢保宗将加入比赛》，《申报》1927年7月9日，第11版。

② 《昨晚精武体育会欢迎选手》，《体育》1927年第3期，第22页。

③ 《上海二十四团体欢送远东选手》，《申报》1930年5月14日，第11版。

④ 吴邦杰：《参加第十一届世界运动大会筹备情形》，《体育季刊》（中华体协版）1936年第2卷第2期，第314~315页。

⑤ 《田径选拔为舆论不满 体协会今加讨论　郝更生昨偕吴蕴瑞赴沪出席，沪市长等今日招待世运代表》，《中央日报》1936年6月14日，第4版。

育事业。1934 年，中国体育代表团赴菲参加第十届远运会，途经香港。香港华人体育协进会“特派小船来迎接”，并在南华体育会欢宴代表团。同时，南华体育会还提供球场供代表团练习。① 为筹备参加第十一届世运会，上海中华竞走会、香港华人体育协进会分别协助中华体协办理竞走、游泳选拔事宜。②

## （二）派遣体育指导员

“体育之提倡，务求普遍，以全体国民为对象，单独造就少数选手，固不能视为体育之进步也。”③ 中华体协及其分会为求体育普遍发展，常常派遣体育指导员深入机关团体，宣传“体育的意义、价值、和范畴”，并指导他们进行体育活动。1943 年，中华体协重庆分会派遣体育指导员到交通银行总管理处、军需署、军政部、第廿一兵工厂、大公报、组织部、电力公司、中央电工器材厂、第一兵工厂、外交部、江联队等 12 处宣传体育的价值，并进行体育指导。④

此外，中华体协重庆分会还经常派体育指导员“指导到本会体育场练习的爱好体育活动的个人，除给予技术的训练外，也时常对他们谈些关于体育上极为重要的问题”。⑤

中华体协除了通过大众传播、群体传播、人际传播等方式宣传体育外，还通过组建体育组织的方式来传播体育。

中华体协成立后，一方面积极组建各种体育组织，并通过这些体育

---

① 《参加第十届远东运动会报告》，《体育季刊》（中华体协版）1935 年第 1 卷第 1 期，第 12~13 页。

② 《体育卫生军训及童子军》，教育部教育年鉴编纂委员会编：《第二次中国教育年鉴》，商务印书馆 1948 年版，第 36 页。

③ 《体育不能脱离教育：确定体育目标 须普遍施行 缺乏研究工作 政府应加提倡》（张伯苓演说），《大公报》1935 年 8 月 4 日，第 8 版。

④ 《重庆市体育协进会工作报告（三十二年度）》，重庆市体育运动委员会、重庆市志总编室编：《抗战时期陪都体育史料》，重庆出版社 1989 年版，第 44 页。

⑤ 《重庆市体育协进会工作报告（三十二年度）》，重庆市体育运动委员会、重庆市志总编室编：《抗战时期陪都体育史料》，重庆出版社 1989 年版，第 44 页。

组织传播体育，发展体育事业。另一方面，还联合其他社团组建体育组织，如上海国际田径协会等，并积极加入其他体育组织，参与它们的活动，以扩大体育的传播和社会影响。中华体协组建的上海中华足球联合会等单项体育运动联合会及各地分支会将在第四章做详细论述，这里仅简要介绍中华裁判运动联合会和上海国际田径协会。

鉴于因裁判问题而导致赛场纠纷频发，中华体协于1926年成立中华运动裁判会，以保证各种体育赛事的有序进行。中华运动裁判会设有足球、篮球、排球、棒球四个组，以“造就各种运动裁判人才，为体育界服务，增进竞赛之效果”为宗旨①，是民国时期第一个全国性裁判员组织。从此，国内大型体育赛事的裁判大多由中华运动裁判会派遣，不仅改变了原来由外国人控制上海裁判工作的状况，而且为其他各地的体育赛事提供了具有较高理论水平和丰富实践经验的裁判员，为各地体育赛事的有序举办提供了保障。同时，也促进了裁判知识等体育知识的传播。

1937年，上海中西各团体田径运动会鉴于“各会员因感于办事及组织之不固定”，决定“将该会之进行事宜，提请中华全国体育协进会计划主办之，以求完善”。中华体协亦十分赞同，并函邀上海各国体育团体组织，召开代表会议。西青、麦令斯、上海体育会、上海市体育场、同文、白虹、法商会、美童、中华体协等体育团体参加了会议，并正式联合成立上海田径运动委员会，“协助推进本埠各团体田径事业及主办上海春季田径运动会事”。会上，众推沈嗣良、麦金那、容启兆、白拉脱、延克勃等人组成组织委员会，负责“计划章则及指派筹备事宜”。② 在中华体协的主持下，上海田径运动委员会召开多次田径运动会，成为中华体协与上海其他体育团体，尤其是西侨体育团体之间沟通

① 《中华运动裁判会章程之通过》，《申报》1926年10月21日，第7版。

② 《上海中西各团体运动会——委员会组织成立》，《上海体育》1937年第1卷第3期，第59页；《本会协办之上海国际田径协会成立经过》，《体育季刊》（中华体协版）1937年第3卷第2期，第261页。

的主要渠道，在推动中西体育交流、提高我国运动技术水平和传播体育等方面发挥着积极作用。

## 四、中华体协的体育观

中华体协的多数职员，或是热衷体育事业，或是本身就受过专业、系统的体育教育，他们对体育有着自己独到的理解，这一理解来源于他们自身丰富的体育实践以及对西方先进体育思想的借鉴，并深受民国时期时势的影响。正是此一体育观指引着他们筚路蓝缕，披荆斩棘，推动中华体协和体育事业的发展。因而，考察中华体协对体育的全面认识即其体育观也就显得颇有必要。

### （一）对体育内涵的理解

“体育”一词大约于1897年，由中国留学生翻译并从日本传入我国。清末民初，中国人对于体育的认识主要局限于外在形式，认为“体育即身体教育”。随着科学的发展，尤其是美国自然体育思想和实用主义思想的传入，这种建立在“身心二元论”基础上的体育认知遭到了猛烈的批判。中华体协领导成员大多认为身心一体，不能割裂开来，并且“已经被西方最新科学证明”，① 必须从“身心合一”的角度来认识体育。吴蕴瑞和袁敦礼在他们合作撰写的《体育原理》一书中写道：“所谓‘身体之教育’者，即传统的二元之遗毒，亦即以人之身体视为解剖台上尸体之见解也。吾人既知凡属教育即不能分之为人之何部分之教育，因人系一整个的机体不能解剖式的划分之也，同时吾人既知人之机体为生动的，且有无穷之适应，无穷之机能，非一静止纯物质之机器。”在他们看来，“体育者，乃为人之整个的机体之教育。其所

① 王冠华：《近代中国体育——范畴类别与体制归属》，王希、姚平主编：《在美国发现历史：留学、历史学人反思录》，北京大学出版社2010年版，第291~292页。

以有别于教育二字者，乃表明其用特殊之方式而已”。具体而言，“体育是以身体大肌肉活动和适应环境为工具，而谋达到教育目的的一种教育”。因此，吴蕴瑞和袁敦礼认为体育的根本目的在于教育人，即“体育之意义乃以身体活动为方式之教育也”①。

曾留学美国春田学院的郝更生亦认为体育不仅仅是身体的教育，还应该包括德育、知识、群育等方面。同时，他还主张从更加广阔的视角来看待体育，认为除了锻炼身体之外，其他如运动营养、心理健康、环境卫生、身体检查等均应一并重视为要。②

### （二）对体育精神的阐扬

体育精神是体育运动中所产生和积淀的人类意志和人文精神。中国近代体育是由西方传入的，并深受以奥林匹克运动为代表的西方体育文化的影响。在中华体协存在的1924—1949年，业余主义始终在国际奥委会占据主导地位。作为国际奥委会的会员，中华体协深受业余主义的影响，并且始终坚持业余运动原则。因此，中华体协对体育精神的理解实际上是建立在业余运动基础上的，主要表现为业余运动精神。1930年8月，中华体协在《远东运动会议决之业余运动规则及秩序》的基础上，根据中国的实际情况进行适当的修订，较为详细地阐扬了体育精神的内涵，即“业余运动之精神”：“（甲）此项精神，表示比赛者、主、客、职员及观众之重视名誉、公道与礼貌，并不屑以卑劣之手段，曲解规则或趋避规则，或以不公道胜敌。（乙）此项精神，隐含承认运动员于发展精神、体格、智能、道德及社交习惯方面，有显著之势力，其目的在提高各项运动之标准，以增加其价值。（丙）此项精神反对有害于个人或业余运动员之一切事件，而承认对于运动员需有明智的组织

---

① 吴蕴瑞、袁敦礼：《体育原理》，上海勤奋书局1933年版，第11~12页。

② 郝更生：《十年来之中国体育》，《文化建设月刊》1937年第3卷第10期，第111~124页。

及监督并互相合作，以促进其效能。”① 可见，中华体协认为体育精神包括遵守运动竞赛规则、公平竞争、参与、友谊等方面。

除了业余体育精神外，中华体协的主要职员亦在多种场合论及体育精神，主要包括公平竞争精神、参与精神及注重友谊三个方面。

第一，公平竞争精神。公平竞争是体育运动的基石，是竞技运动赖以生存的基本前提。其中，运动竞赛规则是体育运动尤其是体育竞赛得以标准规范、井然有序开展的重要保障。中华体协十分强调利用体育来训练和培养国民的竞争精神，但同时又强调必须在遵守规则、服从裁判的前提下进行正当竞争。王正廷认为“凡故以提倡体育为己任者，应养成光明之态度，坦白之胸襟，可用战略方法而致胜，不应违章取巧而取利”。② 他在展望第六届全运会时，较为详细地阐述了“团体运动之精神”的内涵：“自广义言之，即参加运动者，须有高尚之气度，自尊之精神及为运动而运动之习惯。自狭义言之，即运动员之重视名誉、公道与礼貌，不屑以卑劣之手段，曲解规则或趋避规则，或以不公道胜敌。此外，须以诚实、努力、服从为要义，合乎此义，方能收运动之价值。”同时，据此对运动员提出殷切希望：“须具光明之态度，坦白之胸怀，可藉技术优于人而获胜，不当违犯规则而取利，是为切要之点。”③ 董守义在提倡竞争的同时，亦强调“要遵守一切规则上的规定以及裁判的裁决”。④ 在他制定的运动员应该遵守的三个信条中，第一条就是“在任何的运动中，当绝对遵守那种运动规则”。⑤

---

① 《远东运动会业余运动规则》（1930 年 8 月），《中国参加第九届远东运动会特刊》，中华全国体育协进会 1930 年版，第 18 页。

② 王正廷：《体育救国》，《时事月报》1933 年第 9 卷第 4 期，第 222 页。

③ 王正廷：《对于第六届全国运动大会之展望》，《勤奋体育月报》1935 年第 3 卷第 1 期，第 6 页。

④ 董守义：《“竞赛”与友谊》，《体育周报》（天津）1932 年第 1 卷第 10 期，第 1 页。

⑤ 董守义：《运动员应守约三个信条》，《体育周报》（天津）1932 年第 1 卷第 1 期，第 2 页。

第二，参与精神。参与原则是奥林匹克精神的第一项原则。中华体协主要从以下两个方面来理解：一是“参与比取胜更重要”。中华体协号召国人，尤其是运动员要树立正确的胜负观，反对“锦标主义”，注重参与的意义，不要过于在意胜败。董守义旗帜鲜明地要求运动员信守“不以胜败为荣辱，只用全力求技术的精进，身心的健全”的信条。①张伯苓亦曾多次告诫运动员，“不在胜负，盖胜固可喜，败亦有荣”②，“运动一项，以运动员人格及精神至关重要，胜负两字，尚在其次”③。二是体育的普遍化和大众化。参与是“大众”的参与，如果没有大众的参与，体育精神的实现和体育运动水平的提高就无从谈起。中华体协非常强调体育的大众化，反对体育的“贵族化”和职业化。张伯苓在谈及体育意义时，说的第一个意义就是“求其普遍化”。因为在他看来，唯有普遍化，才“可免去运动职业化，运动员自大自尊等现象，而运动成绩，并能自然增高”④。可见，张伯苓试图借助体育的普遍化来对抗体育的职业化现象和运动员道德滑坡的问题。针对社会体育发展缓慢的状况，郝更生认为：“体育实施不仅应配合于整个教育中，且应分别配入于各层社会及个人生活中。”⑤ 沈嗣良亦认为：“我们应该注意中学体育的普及，更希望能普及到社会的内层。”⑥ 可见，中华体协希望社会大众参与体育运动，试图推动体育从学校走向社会，实现体育的社会化和大众化。

① 董守义：《运动员应守约三个信条》，《体育周报》（天津）1932 年第 1 卷第 1 期，第 2 页。

② 《中华选手团航海东征记（一）》，《申报》1930 年 5 月 22 日，第 10 版。

③ 《预祝中华队赴日胜利（第九届）》，《申报》1930 年 5 月 15 日，第 10 版。

④ 《张伯苓谈提倡体育之意义 增进民族国家观念 强健体魄 希望普遍化并注重体育道德》，《中央日报》1934 年 3 月 13 日，第 4 版。

⑤ 郝更生：《我国体育之回顾与前瞻》，重庆市体育运动委员会、重庆市志总编室编：《抗战时期陪都体育史料》，重庆出版社 1989 年版，第 279 页。

⑥ 叶琛：《民众体育与民族复兴》，《勤奋体育月报》1937 年 第 4 卷 第 9 期，第 699 页。

第三，注重友谊。奥林匹克运动不仅仅是一项单纯的体育活动，其最高目标是要通过体育活动的手段，使各国人民相互交往，增进了解和友谊，进而达到世界团结、和平、进步的目的。中华体协在参与国际体育活动的过程中亦极为注重发展国家之间的友谊。张伯苓在第八届远运会第一次职员会议上指出，远运会“以提倡体育为宗旨，即欲使三国人民身体健康，道德增加，友谊密切。争夺锦标，并不重要”。① 在远运会欢宴会上，张伯苓再度指出远运会的目的“在推展远东三国青年之体育与德育，及三国间好感之建设”，希望“诸君归去本国时，勿忘却远东三国间之友谊与好感”。② 董守义还将奥林匹克精神强调的注重各国友谊的原则迁移到国内体育界，并撰写《竞赛与友谊》一文，详细阐述其对于友谊的理解，并例举了表现友谊的具体做法：“针对各学校或团体在做各种主、客场球赛时，主、客队应分别表现出应有的态度。例如，主队应给予客队热烈的欢迎仪式、方便与舒适的环境和位置、君子风度的掌声与勉励，而非侮辱式的嘘声而引人反感。至于客队，要尽量入境随俗，彬彬有礼，不任意批评怠慢。”③

### （三）对体育功能的解读

中华体协成员虽然对于体育功能的认知并不完全一致，但基本上包括了以下几个方面：

其一，健全体格，强种强国。健身功能作为体育的本质功能，得到中华体协成员的普遍认可。张伯苓认为体育可以“增进体力”。“国人多孱弱，若人人习于运动，可跻健强。”因此，他极力呼吁社会各界

① 《远东运动会之会议》（1927 年 8 月 29 日），《申报》1927 年 9 月 1 日，第 11 版 。

② 张伯苓：《诸君归国时，勿忘三国间之友谊和好感》，《申报》1927 年 9 月 3 日，第 11 版。

③ 董守义：《“竞赛”与友谊》，《体育周报》（天津）1932 年第 1 卷第 10 期，第 1 页。

“注重体育，锻炼健强之国民”①。马约翰亦认为普及体育训练，可以“直接培养国民体格”，并且进一步指出，“所谓健全体格，系指整个机体之健康，器官之效能及活动机能而言”②。

根据黄金麟的研究，19 世纪末以来，随着中国国势的衰落以及之前各项政治、经济及军事改革的失败，身体的改造逐渐被视为国家改造的前提，并与国族存亡相关联，这就使得刚刚脱离家庭和礼教体系的身体，迅速走向另一个牢笼——国家。③ 作为改造身体重要途径的体育，也不可避免地与国族存亡相关联。中华体协职员对体育健身功能的认识，亦没有停留在个体层面，而是上升到种族、民族的高度。正如王正廷所说，“体育者，个人之生命也，亦即民族之生命也”④，故“今欲救国必先强种，既欲强种，非男女体育同时提倡，不克奏效”⑤。张伯苓亦持此论，并多有论述：“体育为造就健全国民要素。欲谋强种救国，端宜注重于此”“我们要强国强种，只是提倡体育，使现有人口个个都强健起来就行”“提倡体育，寓‘团结’、‘紧张’、‘守秩序’之精神，以朝夕熏陶之，俾国民能日趋健全坚强之途，则国家何患不强”等。⑥ 可见，张伯苓、王正廷等均希望通过体育来锻炼国民体魄，“视体育为振兴民族之正轨，体育之成绩愈大，则民族之势力愈雄”，最终

① 梁吉生：《张伯苓的大学理念》，北京大学出版社 2006 年版，第 32 页。

② 马约翰 ：《论我国体育应采取之途径》，《体育通讯》1945 年第 25 期，第 3 页。

③ 黄金麟：《历史、身体、国家——近代身体的形成（1895—1937）》，新星出版社 2006 年版，第 1~26 页。

④ 王正廷：《发刊词》，《体育季刊》（中华体协版）1935 年第 1 卷第 1 期，第 1 页。

⑤ 王正廷：《观第二次远东运动会之感言》，《进步》1915 年第 8 卷第 3 期，第 14 页。

⑥ 龚克主编：《张伯苓全集》（第一卷　著述言论一），南开大学出版社 2015 年版，第 258 页；龚克主编：《张伯苓全集》（第二卷　著述言论二），南开大学出版社 2015 年版，第 83、163 页。

达到“强种强国”的目的。①

其二，培养精神，完善道德。中华体协的多数职员大多赞同“身心一元论”，认为体育除了具有增强体质的功能外，还具有培养人的优秀品质和良好道德情操的功能。张伯苓在批评“以体育为专门锻炼肌肉之发展为意义”观点的同时，认为体育的意义有二：一为“养成坚韧耐苦之心”，二为培养“合作之精神”。② 可见，在张伯苓看来，体育具有培养“坚韧耐苦”之品格和团结合作精神等教育功能。此外，张伯苓还将“智育”纳入体育的功能范畴，提出“体育实包括智德两育”，并将“养道德、富学识”与“健体魄”视为“最后的体育目的”。③ 吴蕴瑞、袁敦礼从“身心一元论”出发，认为体育“不仅在操练个人的身体，更要藉此养成团体合作的精神”。④ 因此，他们认为体育不仅可以增强体质，而且可以培养个人品格、社交品格、公民品格、民主精神及社会行为等，最终达到身体健康和精神完善融为一体，促进人的身心和谐发展。由此亦可见，吴蕴瑞、袁敦礼的体育思想贯穿着对人的关怀，蕴含着以人为本的思想内涵，具有浓厚的人文精神色彩。郝更生深受美国实用主义思想的影响，认为教育化是体育的基础，不仅应视体育为锻炼个人体格之工具，更应以体育原理及其活动方式培养一般团体精神与道德。⑤

具体到运动会，张伯苓认为运动会的意义，不仅可以“振作青年的精神”，而且也可以“医愈我们中国人思想上两大病症——自私和自

---

① 王正廷：《发刊词》，《体育季刊》（中华体协版）1935 年第 1 卷第 1 期，第 1 页。

② 龚克主编：《张伯苓全集》（第二卷　著述言论二），南开大学出版社 2015 年版，第 79~80 页。

③ 龚克主编：《张伯苓全集》（第二卷　著述言论二），南开大学出版社 2015 年版，第 157 页。

④ 吴蕴瑞、袁敦礼：《体育原理》，上海勤奋书局 1933 年版，第 114 页。

⑤ 郝更生：《我国体育之回顾与前瞻》，重庆市体育运动委员会、重庆市志总编室编：《抗战时期陪都体育史料》，重庆出版社 1989 年版，第 279 页。

满”，值得大力提倡。① 董守义亦认为运动会不但可以提高民众的体育兴趣，推动体育的全民化，同时也可以陶冶美德，培养奋斗精神。尤其“在国家遭侮之际，亟须以运动来健全国民的体魄，培养尚武的精神”②。

其三，改良社会生活。体育运动可以丰富人们的休闲生活，愉悦身心，取代不良生活习惯，促进良好生活习惯的形成。郝更生认为体育“不特可以调剂从业人员之生活，增进工作效能，抑亦为减少烦闷”，故呼吁社会各界“促进社会体育，改良社会生活”。③

面对“国人沉湎之恶习，人人好逸恶劳，或耽于鸦片，或务于晏安，终日沉嬉于酒色烟毒之中者，不知凡几”的国家萎靡不振之病源，王正廷亦认为，“惟运动一项，足以替代此种不良之游戏及行为”，改良民众的不良生活习惯，进而“铲除民族劣根性”，“此为救亡之要道也”。④

其四，增进国家观念，促进全国统一。张伯苓认为：“体育上运动多为团体行动，由团结观念而增进国家民族观念，实为重要。”⑤ 王正廷则从参与国际体育赛事的角度出发，认为“体育足以激励国家观念，尤为立国之要策”。⑥ 诚然，国家观念的增强有助于增强民众对国家的向心力和凝聚力，促进社会的团结，推动国家的统一进程。

基于“国内纷扰不已，外侮迭来，推其原因，不外国人私心太大，

① 龚克主编：《张伯苓全集》（第二卷　著述言论二），南开大学出版社 2015 年版，第 264~265 页。

② 董守义：《第十八届华北运动会的成功》，《勤奋体育月报》1934 年第 2 卷第 2 期，第 141 页。

③ 郝更生：《救国建国中之体育》，《申报》1938 年 12 月 12 日，第 4 版。

④ 王正廷：《体育救国》，《时事月报》1933 年第 9 卷第 4 期，第 222 页。

⑤ 《张伯苓谈提倡体育之意义 增进民族国家观念 强健体魄 希望普遍化并注重体育道德》，《中央日报》1934 年 3 月 13 日，第 4 版。

⑥ 《我世运代表团抵沪 共到男女团员等八十五人 下午出席各团体欢迎茶会》，《申报》1936 年 10 月 4 日，第 14 版。

毫无团结力量，以致如此"① 及"我国政府之不统一，亦由于争执私见"② 的认知，张伯苓试图通过发展体育，举办全运会，以促进全国的团结，乃至统一。1924 年 5 月 22 日，张伯苓以总裁判长身份在第三届全运会开幕礼上慷慨致辞："全国运动员，不分南北，来鄂举行大会。希望本此精神，促进全国统一。"③

其五，救国建国，复兴民族。近代以降，国势衰微，民族危机日亟。国人为挽救民族危亡，喊出了"外交救国""航空救国""经济救国""摩托救国""体育救国"等口号。其中，"体育救国"的呼声弥漫全国，影响深远。正如王正廷所言："救国之道，经纬多端，而行健自强，体育为亟。"④ 张伯苓素以教育救国为志愿，义无反顾地践行教育救国之宏志，并视体育为教育救国的重要组成部分。他强调要通过体育来锻炼学生养成"强健的体魄"及培养学生形成"浓厚的国家观念"，惟有此"二者兼具，然后方能担负起救国救民、复兴御侮的重任"。⑤

亲眼目睹九一八事变导致国破家亡的经历以及留学美国的教育经历使得郝更生赋予体育以救国建国的重任。他说："我由同胞体质普遍孱弱的中国来到运动精神蓬勃发展的美国，'体育救国'乃在我心目中形成一个强烈的愿望和坚定的念。"郝更生指出，"体育教育……有关于国家元气及民族精神者极大"，造成我国国势日益微弱的主要原因之一

① 《南大校长张伯苓欢宴津市体育界详商合作办法期有长足进步》，《益世报》1933 年 12 月 20 日，第 13 版。

② 《体育协进会在鄂开会之经过　为与业余会合并事》，《申报》1924 年 5 月 30 日，第 10 版。

③ 《国内专电》（张伯苓在第三届全运会开幕式上致辞），《申报》1924 年 5 月 23 日，第 4 版。

④ 王正廷：《发刊词》，《体育季刊》（中华体协版）1935 年第 1 卷第 1 期，第 1 页。

⑤ 张伯苓：《从世界大势说到南开前途——在南开同仁聚餐会的讲话》（1945 年 1 月 20 日），梁吉生：《张伯苓的大学理念》，北京大学出版社 2006 年版，第 71 页。

即为“一般人民之体力不足，精神不振”。因此，郝更生认为“国步愈艰，则体育之待兴愈亟”，“惟有训练全民，增加合力及耐劳力量，方可捍灾应变”。相反，“若不早日体育救国，在行程见及的若干年后，中国人不但要亡国，而且更有灭种之虞”①。循此逻辑，郝更生在《救国建国中之体育》一文中，提出“军队加紧体育训练”“壮丁施行体育训练”“民众组织中扩行体育活动”“提倡公余运动”等主张，以充分发挥体育在救国建国中的作用。② 可见，在郝更生看来，体育具有救亡图存、建国复兴之功能。

如前所述，抗战时期，体育在抗战建国中的重要性和迫切性已成为中华体协职员的共识。并且，体育的军事功能和国防功能亦逐渐为中华体协重视。张伯苓说：“夫兵力、经济为抗战之根本力量，国民体格而不强，影响若是其大，则我国民人人具有健强之体格，进可以效命于疆场，退可以致力于生产，使兵力与经济处绝对之优越地位，以早收抗战之胜利，实今日体育教育前途所必须实现之理想标的也。”③ 马约翰亦曾言：“普及体育训练……间接提高工作效能，增加国防生产力量。大战予吾人之启示及教训，唯有体格健康之民族，始能制胜于疆场之上，其例甚明！”④ 曾担任中华体协运动员资格审查委员会委员的程登科更是极力鼓吹民族体育思想，号召“体育军事化”和“军事体育化”，以期充分发挥体育在抗战中的作用。⑤

此外，中华体协还积极响应政府抗战建国的号召，并以之为工作方

① 郝更生：《辛酸话留美——我学体育的经过》，《传记文学》1967年第12卷第4期，第28~30页。

② 郝更生：《救国建国中之体育》，《申报》1938年12月12日，第4版。

③ 《教育部体育委员会第七届会议全体委员宣誓》（1940年2月5日），龚克主编：《张伯苓全集》（第三卷　著述言论三），南开大学出版社2015年版，第98页。

④ 马约翰：《论我国体育应采取之途径》，《体育通讯》1945年第25期，第3页。

⑤ 崔乐泉、罗时铭：《中国体育思想史（近代卷）》，首都师范大学出版社2008年版，第294~309页。

针，在锻炼国民体魄、振奋民族精神、凝聚民族力量、推动体育界知识青年从军以及敦睦邦交等方面作出了应有的贡献。

值得注意的是，中华体协存在的 25 年，亦是中国内争不止、外患频仍之时代。出于救亡图存的爱国情怀，中华体协领导成员在谈及体育功能时，普遍存在将体育与民族国家命运相结合的现象，体育成为民族主义旗帜下挽救民族危亡、强种强国的载体和工具，并以救国御侮、建国复兴为旨归，显示出非常明显的政治话语痕迹，带有强烈的体育政治化和国家化倾向。可见，在民族危机的历史语境中，虽然不乏体育生活化、体育教育化、体育娱乐化等声音，但民族主义却压倒性地成为中华体协体育观的思想内核。

# 第四章　中华体协与体育空间的拓展

西方近代体育运动传入中国之初，主要集中在学校领域，社会体育发展十分缓慢。中华体协成立后，国人积极成立篮球等专项运动体育联合会，组建各地分支会，以之为推动社会体育发展之机构。同时，中华体协还联合国内体育团体，举办多层次、多类型的体育赛事，使得体育空间日渐扩展，逐渐由学校推及社会，由局部地区走向全国各地。抗战军兴，东部地区大片领土沦陷，大量体育人才和体育组织内迁，为大后方的体育发展提供了人才基础和组织基础，西部地区的体育事业由此开始逐渐崛起，改变了战前东部地区体育较为发达、西部地区体育落后的状况，使得中国体育地理空间由东部地区扩展至西部地区，拓宽了体育运动尤其是西方近代体育运动的覆盖范围，进一步推动了体育在中华大地的传播和普及。

## 一、体育空间扩散：由学校推及社会

“自科举废学校兴之时代，即由传教之西人将新式体育传入中国，起始行于青年会或教会学校，后渐推及全国各学校。循此传统而来，体育遂成为青年学生之专有物。”① 确实，20 世纪 20 年代以前，中国体

① 黄震：《我国体育畸形发展之原因及其补救方法》，《上海体育》1937 年第 1 卷第 3 期，第 8 页。

育主要表现为学校体育，社会体育发展十分缓慢。主要表现在以下三个方面：其一，主要体育社团的发起者和参加者均以学校为主。例如，1912 年成立的北京体育竞进会是由清华学校、协和书院、燕京大学等学校联合发起的，其成员也全部都是学校。① 1913 年成立的华北体育联合会是由北京体育竞进会联合各学校发起的，并且在成立之后长达 18 年的时间里仍然是以学校为主要参加单位。② 其二，当时举办的运动会大多以学校运动会、校际运动会为主。近代中国最早的省运会是 1905 年召开的四川省运动会。而在这之前，各类学校运动会、校级运动早已纷纷涌现。如 1890 年召开的上海圣约翰书院田径运动会、1898 年召开的天津市学校联合运动会及 1899 年召开的上海南洋公学运动会等。其三，各种运动会的参赛单位均以学校为主，参赛者也以学生为主。1910 年举办的"全国学校区分队第一次体育同盟会"虽然被追认为近代中国的第一届全运会，但其实质上是"全国学界运动会"，参加者以学校和学生为主，如上海圣约翰书院、南洋公学、天津青年会日校、天津工业学校、河北通县协和文书院及武昌文华书院等学校及其学生均参与其中。③ 1913 年召开的第一届华北运动会，实为校际运动会，因为参赛单位皆为学校。④ 后面几届虽有其他社会团体参加，但依然以学校为主。1917 年第三届远运会，中国失败而归。张伯苓指出败因在于"彼以其全国全付精神为之，而我则不过寥寥数校而已"⑤。

面对这种情况，张伯苓明确表示："运动的范围不宜限于学校，应

---

① 张宪文、方庆秋、黄美真：《中华民国史大辞典》，江苏古籍出版社 2001 年版，第 538 页。

② 中华人民共和国体育运动委员会运动技术委员会：《中国体育史参考资料》（第三辑），人民体育出版社 1958 年版，第 100 页。

③ 杨桦：《体育史》，北京体育大学出版社 2014 年版，第 163 页。

④ 中华人民共和国体育运动委员会运动技术委员会：《中国体育史参考资料》（第三辑），人民体育出版社 1958 年版，第 100 页。

⑤ 张伯苓：《修身班校长演说记略》，龚克主编：《张伯苓全集》（第一卷 著述言论一），南开大学出版社 2015 年版，第 78 页。

该推而广之，须普遍于全社会，使它有社会性才对。换句话说，即是社会的农工商各界……皆凑合人才来，组织业余团体，常比赛，多练习。”① 王正廷也认为必须改变“吾国运动事业，辄偏于各级学校，而未能普及于全社会”的状况。②

因此，张伯苓、王正廷等中华体协领导群体成员大力鼓吹发展社会体育事业。1931 年 3 月 30 日，张伯苓在华北足篮球赛大会闭幕式上发表演说，认为促进中国体育发展的治本之办法为“全民注重体育事”，“不应只限制学校体育，应注意校外，学校之范围太趋狭义。学生在校有一定期间，出校后，即不能再谋进步，故必须提倡业余运动”。③ 1944 年 10 月 17 日，张伯苓在回顾其四十余年教育生涯时总结道：“伯苓提倡运动目的，不仅在学校而在社会。”④

有鉴于此，中华体协成立后，积极组建社会体育组织，并联合国内体育组织，开展各种体育活动，努力将体育由学校推及社会，以实现体育的普及化、大众化。

### （一）成立各种体育联合会

为推动社会体育的发展，中华体协成立后，首先在会所所在地——上海，陆续成立了上海中华足球联合会、上海中华篮球联合会、上海中华网球联合会、上海中华棒球联合会等 4 个单项体育组织，为我国主办及参与各种体育赛事奠定了组织基础，打破了学校主导上海华人体育竞赛的局面，有力地推动了体育运动由学校走向社会，促进了上海及华东地区体育活动的开展。

---

① 龚克主编：《张伯苓全集》（第二卷 著述言论二），南开大学出版社 2015 年版，第 125 页。

② 王正廷：《体育救国》，《时事月报》1933 年第 9 卷第 4 期，第 222 页。

③ 《闭幕发奖大会》，《大公报》1931 年 3 月 31 日，第 8 版。

④ 龚克：《代序》，龚克主编：《张伯苓全集》（第一卷 著述言论一），南开大学出版社 2015 年版，第 3 页。

1. 上海中华足球联合会

中国“足球的竞赛活动也是从学校里开始的……在旧中国很长一段时间里，各地区的足球竞赛都是以学校为参加单位的”①。直到上海中华足球联合会的出现才改变了这种状况。上海中华足球联合会成立于1924年11月7日，隶属于中华体协，是上海最主要的地方性足球运动组织。上海中华足球联合会以“提倡业余运动，增进足球技术”为宗旨，② 凡上海业余体育团体均有资格申请成为会员，打破了“华东各大学体育联合会”的学校资格限制，吸引了数量众多的社会业余球队参加，极大地推动了体育由学校走向社会。自1924年起，上海中华足球联合会每年举办一次中华足球联赛，直到1937年八一三事变发生才停止，一共举办了13届联赛和若干届杯赛。该联赛是国人自办自组的第一个足球联赛，率先打破了由西方侨民独霸上海足球比赛的格局。③

上海中华足球联赛发展十分迅速。第一届足球联赛只有4支队伍参加，但第二届时，参赛队伍剧增至29支球队，最多时达63支球队（第10届），其他几届少则20余支球队，多则60余支球队参加。第五届时，由于参赛球队众多，联赛分成中、华、足、球、会5个组分别进行。第七、八届时，由于场地限制，分别只允许56支队伍和62支队伍参加，尚有10余支队伍被拒之门外。④ 由于参加比赛的球队较多，所以比赛的场数也相应颇多，赛季也较长。每届联赛少则数十场，多则上百场。如第六届时，“正式比赛一百九十八次，连本年暂设之协会杯

① 董守义、关延煦：《中国近代足球运动的发展概况》，体育文史资料编审委员会编：《体育史料》（第4辑），人民体育出版社1981年版，第2页。

② 《上海中华足球联合会章程》，《体育季刊》（中华体协版）1936年第2卷第1期，第329~330页。

③ 上海图书馆编：《老上海风情录（四）体坛回眸卷》，上海文化出版社1998年版，第88页。

④ 沈文彬：《中国的足球摇篮——上海足球运动半世纪（1896—1949）》，上海文化出版社1995年版，第60~67页。

赛，共计约有二百二十次之多”；比赛时间自“十月二十六日开始比赛，须至明春三月中旬，方可完毕”。① 1933年以后，中华运动场被收回，会址迁往申园球场，因场地数量有限，中华体协不得不规定自备球场者方可参加比赛，导致参赛队伍急剧下降，联赛发展受到严重影响。

上海中华足球联赛举办之前，上海学校的足球发展较快，不仅成立了华东各学校体育联合会，而且举办了多次足球联赛，而社会上的业余球队则大多处于萌芽状态。直到上海中华足球联合会成立及其足球联赛的举办，社会业余球队才日渐增多，参加足球联赛的球队也与年俱增，不仅活跃了上海足坛，培养、锻炼了众多优秀的足球人才，而且推动了足球运动由学校走向社会，促进了中国足球运动的普及，使其逐渐成为民国时期最受大众欢迎的运动项目。

### 2. 上海中华篮球联合会

上海中华篮球联合会成立于1924年，是上海地区主要的篮球运动组织。参加者既有大学球队，也有许多社会业余球队，如三育、乐群、全黑等，篮球运动逐渐走向社会 。

上海中华篮球联合会成立后，原拟自1924年起，每年举办一次全市性篮球联赛。但由于诸多因素的影响，1924—1937年，只举办了10届上海篮球联赛。② 其中，第二届上海篮球联赛（1925—1926）共有复旦、乐群、全黑、全蓝、三育、光华、流星、大夏、南洋等14支学校球队和社会业余球队参加，并分甲、乙两组进行比赛。该届联赛分为两节举行，第一节于1925年寒假前结束，第二节于1926年春季开学后举行。经过激烈角逐，最终乐群获得甲组锦标，全黑获得乙组锦标。③ 该

① 《上海中华足球会报告》，《申报》1929年11月20日，第11版。

② 《第十届上海篮球会联赛经过及成绩》，《体育季刊》（中华体协版）1937年第3卷第1期，第123页。

③ 《第二届上海篮球联合会成绩》，《中华全国体育协进会年刊》1927年第1期，第203~206页。

联赛发展十分迅速，第九届（1935—1936）已有78支中外球队报名参加，“足征国人对于篮球兴趣之浓厚，与年剧增”。这78支球队中除了震旦等少数几支学校球队外，其余均为社会业余球队。① 第十届上海篮球会联赛于1936年12月16日—1937年2月19日举行，共有68支中外队伍参加，除了美国3队、法军1队、菲律宾1队外，其余皆是中国球队。第十届参赛队伍数量虽然不如上届，但该届联赛除了有男子比赛外，还有女子比赛，进一步推动了篮球运动的社会化。②

1924年至1937年，上海篮球会联赛的参赛队伍越来越多，尤其是社会业余球队急剧增加，逐渐占据了绝对的主体地位。同时，该联赛还断断续续举办了几届女篮联赛，推动了女子球队的组建和女子篮球技术的提高。可见，上海篮球会联赛的举办不仅逐渐取代了学校球队在篮球运动中的主体地位，而且促进了女子篮球运动的发展，增进了中外体育交流，极大地推动了上海地区篮球运动的社会化和大众化进程。

3. 上海中华网球联合会

上海中华网球联合会成立于1925年，是上海地区主要的网球运动组织。该会实行会员制，分正会员、学生会员、女会员和附属会员四种，并对会员的权利和义务作了详细的规定。由于赛事频繁，会务繁杂，该会除了设有会长、名誉书记、队长、干事及常务委员外，还设有选择委员、球场委员及征求委员若干人，以负责专项事务。③ 较为完善的组织机构的设立，推动了上海中华网球联合会会务的开展和上海网球运动的发展。

---

① 《上海篮球会比赛经过及成绩》，《体育季刊》（中华体协版）1936年第2卷第1期，第129页。

② 《第十届上海篮球会联赛经过及成绩》，《体育季刊》（中华体协版）1937年第3卷第1期，第123页。

③ 《一九二六年上海中华网球会简章及会员比赛成绩》，《中华全国体育协进会年刊》1927年第1期，第207~206页。

上海中华网球联合会成立之后，举办了多种类型的网球赛。其一，上海华人网球公开锦标赛。这是上海地区首个华人网球赛，打破了外国人独霸上海网球运动的局面。1925 年，首届上海华人网球公开锦标赛召开，但仅设双打比赛。第二届上海华人网球公开锦标赛于 1926 年 9 月 20 日—10 月 28 日召开。本届比赛除了双打比赛外，还增设了单打比赛。其中，单打选手有 20 人，双打有 14 组。经过一个多月的较量，颜荣生获得单打锦标，欧阳旭辉、余志忠获得双打锦标。① 其二，会员赛。1926 年，上海中华网球联合会举办了“会员单打让步比赛”和“会员双打比赛”。其中，“会员单打让步比赛”将参加比赛的 15 人，按照技术程度，分甲乙两组进行比赛，最终，甲组张子震夺得锦标。“会员双打比赛”共有 10 组参加，锦标由周孳田、马德泰夺得。② 其三，上海网球联赛。1925 年，上海中华网球联合会举办了第一届上海网球联赛，共有中华网球会、青年会网球会、戈登路网球会、愉快网球会、万国网球会 5 队参加，结果中华网球会夺得锦标。1926 年，召开第二届上海网球联赛，共有中华网球会、青年会网球会、戈登路网球会、愉快网球会、三育体育会 5 队参加。③ 从第一、二届上海网球联赛的参加单位来看，上海网球联赛的参赛球队皆为社会球队，足见网球运动已经走向社会。

1934 年，中华体协迁往申园，网球场由华侨球星邱飞海接办，改名为上海网球会。④此后，由于受到场地的限制，上海中华网球联合会举办的各种网球比赛大多夭折。

---

① 《1926 年上海华人网球单打双打公开锦标比赛结果》，《中华全国体育协进会年刊》1927 年第 1 期，第 215~217 页。

② 《一九二六年上海中华网球会简章及会员比赛成绩》，《中华全国体育协进会年刊》1927 年第 1 期，第 207~209 页。

③ 《第二届上海网球联合会成绩》，《中华全国体育协进会年刊》1927 年第 1 期，第 210~214 页。

④ 马学新、曹均伟：《上海文化源流辞典》，上海社会科学院出版社 1992 年版，第 613 页。

#### 4. 上海中华棒球联合会

上海中华棒球联合会成立于1926年4月26日，是上海地区的棒球运动组织。“国人对于棒球，素少注意，自斯会组织，颇引起相当之兴趣。”1926年5月5日—6月20日，上海中华棒球联合会举办了第一届上海棒球联合会比赛，美国公学、圣约翰大学、西人公学、中华青年体育会、沪江大学、上海棒球队、日本同文书院等7支中外棒球队参加了比赛。经过激烈角逐，日本同文书院战胜中国上海棒球队，夺得冠军。① 从第一届上海棒球联合会比赛的参赛队伍来看，学校球队共有5支，社会球队只有2支。虽然学校球队仍然占据绝对的主体地位，但亦出现了社会球队，这说明棒球运动引起了社会的关注和参与，开始走向社会。并且，作为社会球队的上海棒球队还获得了第二名的佳绩。可见，上海地区不仅成立了社会业余棒球队，而且实力颇强。

该联合会原拟每年举办一次全市性棒球比赛，但由于参赛球队过少，最终未能如愿。

### （二）组建各地分支会

中华体协以“联合全国体育团体，促进国民体育”为其成立的首要宗旨。鉴于当时国内社会体育团体数量不多并且主要集中在上海等交通便利的大城市的状况，中华体协除积极组建上海地区的体育组织外，还“发动各地体育界或热心体育事业人士，组织各地区体育协进会”②，以推动各地体育事业的发展。

---

① 《第一届上海棒球联合会成绩》，《中华全国体育协进会年刊》1927年第1期，第218页。

② 《中华全国体育协进会民国三十二年十月至三十三年十二月工作报告》，中国第二历史档案馆编：《中华民国史档案资料汇编》（第5辑　第2编　文化2），江苏古籍出版社1998年版，第764页。

经过中华体协及各地热心体育人士的共同努力，截至抗战全面爆发，先后成立了29个分支会。① 详见表4-1：

表4-1　　**中华体协分支会成立时间表（1924—1937）**

| 各地分会 | 成立时间 |
|---|---|
| 广东体育协进会 | 1925年 |
| 香港华人体育协进会 | 1927年之前 |
| 天津体育协进会 | 1927年 |
| 华北体育联合会 | 1928年 |
| 湖南体育协进会 | 1929年 |
| 山西体育协进会 | 1929年 |
| 安徽凤阳县体育协进会 | 1930年 |
| 河南体育协进会 | 1930年10月 |
| 云南省体育协进会 | 1931年 |
| 东北体育促进会 | 1932年 |
| 四川万县体育协进会 | 1932年 |
| 四川自贡体育协进会 | 1932年 |
| 浙江温州体育协进会 | 1932年 |
| 青岛市体育协进会 | 1932年11月5日 |
| 柳州体育协进会 | 1935年12月 |
| 亚眉健体育协进会 | 1934年之前 |
| 汕头体育协进会 | 1934年之前 |
| 安徽宿县体育协进会 | 1934年 |
| 湖北荆沙体育协进会 | 1934年 |
| 武汉体育协进会 | 1934年 |
| 江苏太仓体育协进会 | 1934年 |

① 《各地体育协进会》，《体育季刊》（中华体协版）1935年第1卷第1期，第147~149页。

续表

| 各地分会 | 成立时间 |
| --- | --- |
| 陇南体育协进会 | 1934 年 |
| 山西大同体育协进会 | 1934 年 |
| 北平体育协进会 | 1935 年之前 |
| 华中体育联合会 | 1935 年 |
| 上海体育协进会 | 1935 年 |
| 华西体育协进会 | 1935 年 |
| 西北体育协进会 | 1935 年 |
| 洛阳体育协进会 | 1937 年 |

资料来源：根据《体育季刊》、《中华全国体育协进会年刊》、《汉口租界志》、《中华民国史档案资料汇编》（第 5 辑 第 2 编 文化 2）、《中央日报》、《申报》及各地方体育志等资料整理所得。

1939 年 1 月，中华体育学会第一次座谈会上，中华体协职员以及其他体育家就中华体协如何推动民众体育达成一致意见，并将“建立各城市乡村体育协进分会，深入民间，组织民众体育会”列为第一条。① 1941 年，中华体协在重庆复会，恢复办公。由于抗战前中华体协建立的各种组织大多停止工作，各地体育活动虽然日渐开展，但缺乏有力的组织。因此，中华体协“自客岁由沪内移，即着手各省市县分会之组织，期与地方行政机构相配合，以推动各地方社会体育事业”。②

1941 年，中华体协召开内迁重庆后的第一次董事会议，制定了《中华全国体育协进会三十年度工作计划》。该工作计划的第一条就是“督导筹设各地分会”，并制定了具体的工作思路——“本会为使国民

① 《中华体育协进会如何推动民众体育》（1939 年 1 月），南京国民政府教育部档案五（2）—129，中国第二历史档案馆藏。

② 国家体委体育文史工作委员会、全国体育总会文史资料编审委员会编：《体育史料·中国近代体育议决案选编》（第 16 辑），人民体育出版社 1991 年版，第 266 页。

体育普遍发展起见，拟在国内各重要城市，如重庆、成都、昆明、贵阳、西安、兰州等处各设分会，以便负责推动。惟以各地体育专门人才均感缺乏，势须由本会派员分赴各处协助组织，督导进行”①。因此，中华体协“自客岁（笔者注：1941 年）工作以来，即着手推动各省市县体育协进会之组织，以期社会体育事业得以有组织、有系统、有计划之普遍发展”——“委托本会董事袁敦礼赴西安、兰州，代总干事董守义赴昆明，干事魏振武赴川贵线，干事马振銮赴川陕线，并函委湖南国立师范学院金兆均先生，江西省立体育师范学校余永祚先生分别筹组陕、甘、滇、川、黔、湘、赣各省体育协进会，并呈请中央党部组织部及社会部分令各省党部及社会处尽量协助本会完成组织分会之工作”。②

在总干事董守义的带领下，中华体协同仁不辞辛劳，奔走各地，积极联络、指导各地组建中华体协分支会。经中华体协及各地热心体育人士的多方联系和大力提倡，“各地政府机关和社会人士莫不响应，各机关首长尤多热心倡导，甚至亲自主持会务”，成绩斐然。1942 年 8 月，总干事董守义在中华体协常务董事会议上报告称，“除原有的重庆、川北、绵阳、汉中、贵州、遵义、柳州、昆明、兰州、江西、香港十一分会外，又成立西安、宝鸡分会，洛阳、湖南两地分会在筹设中”。截至 1943 年 10 月，中华体协各地分支会的组织计有“重庆、汉中、贵州、西安 、宝鸡、昆明、兰州、泰和、西康等十四所”。并且，“各地分支会的组织，由最大的都会以至很小的县镇，正在继续不断的增加中”③。详见表 4-2：

---

① 《中华全国体育协进会三十年度工作计划》，中国第二历史档案馆编：《中华民国史档案资料汇编》（第 5 辑　第 2 编　文化 2），江苏古籍出版社 1998 年版，第 756 页。

② 《中华全国体育协进会最近工作概况》（1942 年），南京国民政府教育部档案五（2）—1311，中国第二历史档案馆藏。

③ 董守义：《中华全国体育协进会与我国社会体育》，重庆市体育运动委员会、重庆市志总编室编：《抗战时期陪都体育史料》，重庆出版社 1989 年版，第 35 页。

表 4-2　　中华体协分支会成立时间表（1937—1945）

| 各地分会 | 成立时间 |
| --- | --- |
| 重庆体育协进会 | 1940 年 |
| 汉中体育协进会 | 1941 年 |
| 柳州体育协进会 | 1941 年 5 月 1 日 |
| 西安体育协进会 | 1942 年 |
| 宝鸡体育协进会 | 1942 年 |
| 昆明体育协进会 | 1942 年 3 月 11 日 |
| 川北体育协进会 | 1942 年 5 月 25 日 |
| 贵州分会 | 1942 年 7 月 26 日 |
| 兰州市体育协进会 | 1942 年 3 月 25 日 |
| 自贡支会 | 1944 年 |
| 泰和体育协进会 | 1943 年之前 |
| 西康体育协进会 | 1943 年之前 |
| 绵阳体育协进会 | 1942 年 4 月之前 |
| 遵义体育协进会 | 1942 年 8 月之前 |
| 江西体育协进会 | 1942 年 8 月之前 |
| 香港体育协进会 | 1942 年 8 月之前 |
| 綦江体育协进会 | 1942 年 4 月之前 |

资料来源：根据《新华日报》《大公报》《抗战时期陪都体育史料》及各地方体育志等资料整理所得。

抗战时期，兵荒马乱，民不聊生，中华体协的许多分支会名存实亡，甚至夭折。尤其是沦陷区内的分支会，多数早已停止工作，甚至销声匿迹。因此，抗战胜利后，中华体协积极筹备重建分支会，以为推广社会体育之基础。

如前所述，1945 年 9 月 7 日，中华体协召开常务理事会，商讨复员计划。会议制订了筹组分会的计划，筹组分会的途径主要有二：

其一，派遣中华体协职员筹组分会。抗战胜利后，中华体协“会内所有干事利用各地复员机会”，积极联络各地体育界人士及行政长官共同筹组分支会，颇有成效。① 1945年10月15日，中华体协干事李国堂奔赴上海，拜访上海市长钱大钧、教育局长顾毓琇等人，请求赞助筹组中华体协分会。② 在上海市长、教育局长等人的支持下，上海市体育协进会于1945年11月15日正式成立。③ 1945年，中华体协主任干事梁钟睿、史麟生二人利用其北平市教育局体育督学、河北省教育厅体育督学的有利身份和丰富资源，积极奔走接洽，筹组北平分会，获得当地政府官员的热心协助。1946年1月，总干事董守义赴华北视察，协同梁钟睿、史麟生二人“分访熊市长斌，张副市长伯瑾，长官部吴文贞参谋长，行营李主任宗仁及温局长等，又与体育界人士分头接洽”，获得各界人士的积极赞助。3月30日，北平分会筹备会议召开。会议推选出理事长、总干事、副总干事等主要职员，并决定北平分会“即日起开始工作”。④ 1946年2月1日，中华体协总干事董守义赴天津视察，“连日为体协分会事，向各关系机关首长，分别联络进行筹备”。在董守义的推动下，中华体协天津分会于2月13日正式宣告成立。⑤

其二，聘请社会各界名流为分会会务计划委员，协助中华体协筹组分会。1945年11月，中华体协聘请善后救济总署广东分署署长凌道扬为分会会务计划委员，并请其负责筹备广东分会及香港直属支会。为筹

① 《全国体育协进会昨开常务理事会》，《中央日报》1947年1月8日，第5版。

② 《马振銮、李国堂分赴京沪》，《体育通讯》1945年第29、30合期，第8页。

③ 《市体协成立　通过会章　推选理监事》，《体育通讯》1945年第29、30合期，第9页。

④ 《中华全国体育协进会北平市分会成立》，《体育通讯》1946年第33—36期，第11页。

⑤ 《董守义氏抵津视察》，《体育通讯》1946年第33—36期，第12页。

建广东分会，凌道扬联合广东体育界人士于11月25日、11月27日及12月13日分别召开了一次座谈会、两次筹备会，并决定于12月30日正式召开成立大会。①

截至1947年1月8日，“战后全国已成立分会支会城市共十九处，计北平，天津，河北，□□，保定，通县，沧县，唐县，河南，上海，南京，青岛，东北，沈阳，长春，台湾，新加坡，广州，香港”②。除此之外，已经组织中华体协分支会的城市还有汉口（1947年成立）、江安（1946年4月成立）、贵阳（1946年7月2日成立）、唐山（1946年5月成立）、新疆（1948年6月22日成立）、南京（1947年1月8日成立）等地。

综上可见，中华体协组建的各种社会体育组织已由成立之初的偏居上海一隅，逐渐扩散至全国各地。随着中华体协各地分支会体育活动的开展，体育亦由以上海为中心的局部地区逐渐扩散至全国各地。

进一步而言，中华体协各地分支会的陆续建立也在一定程度上促进了南京国民政府的民族国家建构。首先，中华体协及其各地分支会均是依照政府法令组建的，必须接受政府、党部的管理和监督。愈多分支会的建立，意味着接受政府管理的团体和民众愈多，意味着政府合法性基础的不断扩展。其次，正如袁敦礼所言，中华体协“对内为全国体育团体之中心机关，对外为代表全国体育之总机关，对于振奋民族精神，训练国民组织及团结能力，负有极重大不容放弃之责任”③。并且，中华体协还积极参与政府召开的国民体育会议，协助政府建立体育行政体系、制定体育政策法规、宣传政府的体育政策等，在一定程度上增强政

① 《凌道扬氏赴粤筹组广东分会》，《体育通讯》1945年第29、30合期，第8页；《分会择日成立选举理监事、接收体育场》，《体育通讯》1945年第31、32合期，第8~9页。

② 《全国体育协进会昨开常务理事会》，《中央日报》1947年1月8日，第5版。

③ 袁敦礼：《谋全国体育协进会发展所应采取的途程》，《体育季刊》（中华体协版）1935年第1卷第1期，第40页。

府的体育行政能力和管理能力，增进了政府对社会渗透能力和控制力。再次，就主观意图而言，恰如总干事董守义所言："本会的最高理想是在促进全国各种社会体育的组织健全后，使每一组织都成为民众的自动组织，无需外力的督促或协助，俾养成民众自我教育和自动团结合作的精神，并增高国家民族的意识。"① 最后，就客观效果而言，中华体协依据政府行政区划建立起来的带有地域层级色彩的各地分支会及海外分支会及其各种活动的开展，确实在一定程度上起到了凝聚民心、提高国家认同及增强国家民族意识的作用，同时还增强了华侨对祖国的向心力。

## 二、体育空间迁移：由东部走向西部

1937年以前，受中国经济文化发展不平衡及地理环境等因素的影响，西方近代体育在传入中国之后的很长一段时间里，主要局限在东南沿海一带及少数交通便利的内陆城市，内地多数地区大多保持故我，沿袭传统的发展路径在演进。早在1931年，张伯苓就注意到"体育的进步，还是在几个大地方，尚未普及全国"，希望"热心体育的人和报界，还是加紧热心的提倡和宣传，使内地各处，都急起猛进，则救国救种，其庶几矣"。② 遗憾的是，内地体育长时间没有起色。抗战全面爆发后，随着南京国民政府机关、工厂、学校等组织纷纷迁往西部地区，体育专家、学者、运动员亦陆续内迁，云集以重庆中心的西部地区，使得中国体育地理空间的格局迅速发生改变。数量众多且经验丰富的体育专业人才以及以中华体协为代表的各种体育组

① 董守义：《中华全国体育协进会与我国社会体育》，重庆市体育运动委员会、重庆市志总编室编：《抗战时期陪都体育史料》，重庆出版社1989年版，第36~37页。

② 《张伯苓在京畅谈体育道德技术——欲求发展须从普遍作起，想得善果应由精专用功》，《大公报》1931年3月7日，第8版。

织的到来，为西部地区，尤其是以重庆为中心的西南地区体育的发展注入了新的活力，奠定了坚实的人才基础和组织基础。

在此背景下，抗战时期西部地区的体育事业得到了快速发展，以重庆为中心的西南地区更是一跃成为战时中国的体育中心。中华体协对此贡献颇多，主要表现在以下两个方面。

## （一）西部地区分支会陆续建立

如前所述，组建各地区分支会是中华体协迁往重庆后的首要工作。中华体协“鉴于各地体育日益发达，但缺乏组织。抗战前原有各种组织都已停顿，所以第一步的工作是辅导各地的体育活动”①。1942 年 5 月，中华体协董事会将“派员分赴各地筹设分会”确定为年度中心工作的第一条。1943 年，更是将“组织并健全各省市县分支会，使成坚强系统，借使体育普及全国，深入民间”列为工作方针之首条。②

抗战时期，中华体协主要通过两个途径来组建分支会：其一，呈请政府机关协助组建分支会。中华体协在教育部国民体育委员会 1942 年首次会议上提交《请确定各省市县社会体育事业应由中华全国体育协进会组织各省市县分会负责推动案》，请求“教育部通令各省市教育行政机关，协助中华体协完成各省市县分会之组织”及“规定以中华体协各省市县分会为负责推行社会体育之机构，各省市县国民体育委员会负督导责任”，以期“利用此已经成立历史悠久声举昭著之机构推广其分会之组织，以推动社会体育事业，庶免叠床架屋之烦，兼收事半功倍

① 董守义：《中华全国体育协进会与我国社会体育》，重庆市体育运动委员会、重庆市志总编室编：《抗战时期陪都体育史料》，重庆出版社 1989 年版，第 34 页。

② 《中华全国体育协进会民国三十二年十月至三十三年十二月工作报告》，中国第二历史档案馆编：《中华民国史档案资料汇编》（第 5 辑　第 2 编　文化 2），江苏古籍出版社 1998 年版，第 766 页。

之效”。① 该议案在 1942 年 2 月 6 日教育部国民体育委员会闭幕式会议上获得通过，使得中华体协组建各地分支会的工作获得了行政合法性，从而能够获得各地政府机关及政府官员的有力支持，有力地推动了组建各地分支会的进程。1942 年 12 月 3 日，中华体协干事梁钟睿赴社会部“查询、呈请筹组内江等八处直属支会事”。② 中华体协此举得到社会部的积极支持。社会部于同年 12 月 10 日致函中华体协：“据呈请拟派员组织内江等八处直属支会，请令饬四川省社会处转饬各该县市主管机关予以协助等情，令仰知照由。”③

其二，派遣中华体协职工指导、协助各地组建分支会。董守义以身作则，“奔走各地，联络当地社会人士和体育界成立社会体育的组织”。1942 年 6 月 11 日，董守义不顾纷飞战火，奔赴西安，筹建分会，并于 28 日正式成立中华体协西安分会。④ 1942 年 7 月 2 日，董守义又冒着炮火奔赴郑州，筹建河南分会。⑤ 鉴于四川省自贡市多次筹组中华体协分会皆未能成功的状况，中华体协于 1944 年 1 月特派干事马振銮前往自贡，指导筹建工作。董守义随后亦亲自前往自贡指导体育，并“向各界公开演讲体育之重要，听者动容”。自贡市各界均深感“本会之成立遂为迫不及待”。在董守义、马振銮及自贡市热心体育人士的共同努

① 《请确定各省市县社会体育事业应由中华全国体育协进会组织各省市县分会负责推动案》（1942 年 2 月），南京国民政府教育部档案五（2）—1295（2），中国第二历史档案馆藏。

② 《中华全国体育协进会工作日志》（1942 年 12 月 3 日），南京国民政府教育部档案五—15043（3），中国第二历史档案馆藏。

③ 《中华全国体育协进会工作日志》（1942 年 12 月 10 日），南京国民政府教育部档案五—15043（3），中国第二历史档案馆藏。

④ 顾明远：《北京师范大学名人志 · 大师篇》，北京师范大学出版社 2010 年版，第 163 页。

⑤ 顾明远：《北京师范大学名人志 · 大师篇》，北京师范大学出版社 2010 年版，第 163 页。

力下，中华体协自贡支会终于在 1944 年 2 月正式成立。①

由表 4-1、表 4-2 可知，1937 年以前，中华体协 29 个分支会中地处西部地区的只有洛阳、陇南、万县、自贡、云南等 7 个分支会，仅占中华体协分支会总数的 24%。而 1937—1945 年，17 个分支会中有 13 个地处西部地区，约占中华体协分支会总数的 82%。其中，西部地区的 14 个分支会中，有 10 个在西南地区，4 个在西北地区。可见，抗战时期，西部地区的中华体协分支会不仅在数量上急剧增加，而且远远超过了东部地区的分支会数量，一跃成为中华体协分支会的主力军。其中，又以西南地区的中华体协分支会数量尤其多。这主要是中华体协内迁重庆，积极组建分支会的结果。西部地区众多分支会的建立为西部地区，尤其是西南地区体育活动的开展奠定了坚实的组织基础，有力地推动了近代体育在西部地区的传播和普及。

### （二）西部地区体育赛事兴起

1941 年以前，西部地区由于地处偏僻、交通不便、信息闭塞，再加上军阀割据、连年战事、政局不稳、经济落后等原因，近代体育发展十分缓慢。全国五区之中，以体育活动情况而言，华北最佳，华中次之，“华东，华南未曾举行过大区运动会，活动范围限于省市一级，华西区则更为差些”②。为提倡社会体育，促进西部地区体育的传播和普及，中华体协及其分支会联合各地体育组织，举办了丰富多彩的体育活动，推动了西部地区体育赛事的兴起和发展。

#### 1. 国内体育赛事

重庆作为战时陪都和中华体协会所所在地，各种体育赛事尤为频

① 《三十三年度直属自贡支会工作报告书》，《体育通讯》1945 年第 9 期，第 3 页；自贡市地方志编纂委员会编：《自贡市志》（下册），自贡市方志出版社 1997 年版，第 1026 页。

② 王振亚：《旧中国体育见闻》，人民体育出版社 1987 年版，第 9 页。

繁。“只此半年（笔者注：1943 年上半年）中之体育表演等活动，已逾百数十次，观众近百万人。”① 以中华体协重庆分会为例，1943 年较大规模的体育表演有：（1）庆祝中美、中英平等新约成立篮球表演赛。中美、中英新约签订后，“本会以我国百年束缚一旦取消，除欣喜狂欢外，更应积极努力，以谋我中华民族未来之光荣”。因此，决定于 3 月 6—18 日举行篮球表演赛，“以期鼓舞市民趁此获得自由之时，火速锻炼自己，以求永远之自由与康乐”。篮球表演赛期间，“观众近五万人，一时山城震荡，战况空前，真称得起万民沸腾也”。②（2）救济豫鲁皖灾篮球表演赛。为赈济豫鲁皖灾黎，豫鲁皖灾筹赈会联合中华体协重庆分会于 3 月 22—23 日举行篮球赈灾赛，收入皆作救济灾民之用。（3）慰劳鄂西大捷前方将士篮球表演赛。中华体协重庆分会为发动民众扩大庆祝鄂西大捷以及慰劳前方将士，特地联合陪都体育界于 7 月 1—17 日举办劳军篮球表演赛。（4）民族健康运动体育表演。为锻炼国民体魄，推广社会体育，中华体协重庆分会于 9 月 9—26 日举办了为期近 1 个月的民族健康运动体育表演。（5）欢迎桂林东方体育会足球表演赛。此次表演赛共六场，以东方队大获全胜而告终，“可谓陪都首次精彩之足球赛”。③

同时，为促进各项运动技能及联络各机关团体间的情感起见，中华体协重庆分会“特按季节分期举行各项比赛。计本年（笔者注：1943

① 张伯苓：《中华全国体育协进会常务董事张伯苓为申请补助费致电孔祥熙》，中国第二历史档案馆编：《中华民国史档案资料汇编》（第 5 辑　第 2 编　文化 2），江苏古籍出版社 1998 年版，第 759 页。

② 《重庆市体育协进会工作报告书（三十二年度）》，重庆市体育运动委员会、重庆市志总编室编：《抗战时期陪都体育史料》，重庆出版社 1989 年版，第 45 页。

③ 《重庆市体育协进会工作报告书（三十二年度）》，重庆市体育运动委员会、重庆市志总编室编：《抗战时期陪都体育史料》，重庆出版社 1989 年版，第 47 页。

年）先后举办垒球、排球、足球、篮球、游泳、爬山各项公开比赛”①。

此外，其他地区的体协也组织了丰富多彩的体育活动。自1942年成立以来，西安分会作为1949年以前陕西省唯一的全省性群众体育组织，在董守义等的领导下，团结体育界同仁和热心体育人士，积极倡导体育，举办各种类型的体育竞赛活动。如“救济朝邑、平民二县水灾篮球赛、慰劳抗日将士募捐篮球赛……省际球类赛、多种锦标赛、节假日友谊赛、陕西首次女子篮球赛、火炬赛、马术表演以及代省市和单位筹办运动会，共计二百多场次”②，掀起了体育运动的热潮，有力地推动了陕西尤其是西安体育的大众化进程。1943年2月8日，中华体协贵州分会举办征募吴德懋、张东屏两位体育家遗族教育基金慈善篮球赛。③ 1944年3月29日，兰州市体育协进会举办甘肃省第一次越野赛跑，来自机关、学校等单位的百余名运动员参加了比赛。沿途观者云集，社会影响很大。④

2. 国际性体育赛事

联络国际体育、主办或参加国际体育赛事是中华体协的宗旨之一。中华体协曾经主持参加了远运会、世运会、“戴维斯杯”网球赛等国际赛事。然而，受第二次世界大战的影响，国际体育赛事纷纷停办，国际体育运动陷入低潮，国际体育交流亦几近停滞。随着中国加入世界反法

① 《重庆市体育协进会工作报告书（三十二年度）》，重庆市体育运动委员会、重庆市志总编室编：《抗战时期陪都体育史料》，重庆出版社1989年版，第48页。

② 刘世明等：《回忆我国著名体育家董守义教授》，北京体育文史工作委员会编：《北京体育文史》（第4辑），北京体育文史工作委员会1989年版，第250页。

③ 中国人民政治协商会议贵州省贵阳市委员会文史资料研究委员会编：《贵阳文史资料选辑》（第15辑），中国人民政治协商会议贵州省贵阳市委员会文史资料研究委员会1985年版，第114页。

④ 甘肃省地方史志编纂委员会编：《甘肃省志　第六十八卷　体育志》，甘肃人民出版社1997年版，第198页。

西斯同盟，来华盟友日渐增多，且多好运动。有鉴于此，中华体协积极联络盟友，“举办国际体育竞赛，以联络友谊，增进邦交，鼓舞奋发之精神，达成同盟国早日之胜利”①。

抗战时期，中华体协及其分支会主持的国际体育活动主要有：(1) 中英足球赛。中华体协及中华体协重庆分会曾多次邀请英国军事代表团足球队与沪星、市警、东方、闽健等队比赛。(2) 中美排球赛。1944年，中华体协重庆分会举办“三十三年度渝市排球锦标赛”，邀请美国陆军队和通讯队参加男子普通组比赛。“中外队员极为欢洽，观众尤为欣赏。”②(3) 中美垒球赛。1944年，中华体协重庆分会举办重庆市垒球锦标赛，美国陆军及通讯两队应邀参加男子普通组，并获得锦标。(4) 举办国际游泳对抗大会。鉴于重庆为盟国使节驻扎地，中外体育活动频繁，中华体协重庆分会特于1944年8月25日设立国际体育竞赛委员会以负其责。1944年9月10日，国际体育竞赛委员会举办由中美苏参加的国际游泳对抗大会，中外观众数百人，冒雨助兴，现场气氛极为热烈。(5) 中美篮球友谊赛。重庆中美篮球赛于1944年7月16日下午在川东师范体协分会球场举行，“总计观众不下三万人，热烈空前，几使比赛无法进行”。③经过激烈角逐，中华队以84：38大胜美国队。赛毕，中华体协欢宴中美队员。双方举杯高歌，友谊交流，万分欢洽。(6) 中美田径对抗赛。中华体协云南分会于1944年和1945年连续举办两届中美田径赛友谊对抗大会。④

---

① 《中华全国体育协进会民国三十二年十月至三十三年十二月工作报告》，中国第二历史档案馆编：《中华民国史档案资料汇编》（第5辑　第2编　文化2），江苏古籍出版社1998年版，第767页。

② 《中华全国体育协进会民国三十二年十月至三十三年十二月工作报告》，中国第二历史档案馆编：《中华民国史档案资料汇编》（第5辑　第2编　文化2），江苏古籍出版社1998年版，第767页。

③ 《中华全国体育协进会民国三十二年十月至三十三年十二月工作报告》，中国第二历史档案馆编：《中华民国史档案资料汇编》（第5辑　第2编　文化2），江苏古籍出版社1998年版，第768页。

④ 《中美田径对抗　篮球表演赛》，《体育通讯》1944年第5期，第7页。

这些国际体育活动不仅丰富了人们的战时文化生活，增强了比赛的观赏性和竞争性，吸引了广大民众前来观看，扩大了体育的影响力和吸引力，促进了体育在西部地区的传播，而且起到了凝聚民心、振奋民族精神、增强国家民族认同的作用。同时，还为中国的公共外交搭建了平台和桥梁，扩大和加强了中国与英美苏等盟国的交流与互动。以中美篮球友谊赛为例，中美篮球赛的盛况令美军代表麦克唐纳万分感慨："今天球赛观众之多，是一生第一次所见。这更使我相信中国人的士气正旺盛而良好，以这种民众的士气来抗日，就是再打上八年的仗——当然是假设的话——也毫不成问题。"① 可见，篮球赛中中国队员呈现出的顽强拼搏精神和高昂斗志以及热情的中国观众所表现出来的高昂士气和民族精神赢得了盟军的赞赏，为中国人民的抗日战争赢得了国际声誉。中华体协的民间外交价值显露无遗。

中华体协及其分支会通过举办国内、国际体育赛事，将各种体育运动真实、具体、动态地展现于大众眼前，使大众获得更加直观、更加深刻的印象与认识，并"由认识而感觉兴趣，由兴趣之驱使，而养成习惯，而变为同情，赞助，好尚，然后才可望一唱百和，普及发展"②。1943 年 7 月 25 日，张伯苓在给孔祥熙的信中称："迩来本会工作日趋开展，仅年余之倡导，分会已遍全国。举凡国内各地之大小体育活动，类由本会领导主持。"③ 此语虽有一定的夸大成分，但也充分说明中华体协在组建各地分支会及主持体育赛事方面颇有建树。

可以说，正是中华体协迁渝及其分支会在西南、西北地区的成立和发展，改变了西部地区体育落后的状况，使得原本限于地方性体育文化

① 星原：《中美篮球友谊赛》，《体育通讯》1944 年第 1 卷第 1 期，第 7 页。

② 余永祚：《运动会在教育上之意义与价值》，《江西教育》1934 年第 1 期，第 54 页。

③ 《中华全国体育协进会常务董事张伯苓为申请补助费致电孔祥熙》，中国第二历史档案馆编：《中华民国史档案资料汇编》（第 5 辑　第 2 编　文化 2），江苏古籍出版社 1998 年版，第 759 页。

的西部地区，尤其是重庆，一跃成为全国体育活动的重镇，促使中国体育地理空间发生了重大变迁，即由抗战前的华北、华东地区转向抗战时期的西南、西北地区，全国体育中心亦由上海转向重庆，拓宽了体育运动尤其是西方近代体育运动的覆盖范围，进一步推动了体育在中华大地的传播和普及。张伯苓曾言："我提倡体育，由学校而社会，由社会而全国。"① 这既是张伯苓个人体育追求的写照，也是中华体协发展国民体育事业轨迹之反映。两者的高度契合，也反映出张伯苓对于中华体协及民国体育事业的影响之深、贡献之大。

必须指出的是，抗战时期，中华体协并非仅仅为了发展体育事业而开展体育活动，它以"体育救国"为旗帜，将体育的发展与挽救民族危亡相结合，服务于"抗战建国"这个时代主题。中华体协在重庆恢复办公的动力之一即为抗战建国。1941 年，在重庆的中华体协董事们"以体育事业关系抗战建国之前途至重，会务不可久辍"，遂在张伯苓的主持下召开董事会议，筹划恢复工作。② 张伯苓明确指出："国民体育之推进，关乎民族强弱綦巨。值此抗建时期，尤为增强国力之要图。本会本诸斯旨继续努力。"③ 郝更生亦认为，"体育之功效，小而关系个人身心之锻炼修养，大而关系国族之生存进化"，并详细阐述了体育之意义："曰传授运动技术，曰注意生活规律，曰养成卫生习惯，曰增进耐劳本能，曰发扬运动道德，曰培养民族精神。"而这些"皆抗战中之前后方在同样重要，而可得之于体育者也"。因此，郝更生呼吁国人在抗战时期"不特不应视体育为不急之务，抑且尤应举国上下，急起

① 《我的办学动机和体育追求》，《南开高中》1936 年第 12 期。

② 《中华全国体育协进会民国三十二年十月至三十三年十二月工作报告》，中国第二历史档案馆编：《中华民国史档案资料汇编》（第 5 辑　第 2 编　文化 2），江苏古籍出版社 1998 年版，第 755~756 页。

③ 《中华全国体育协进会民国三十二年十月至三十三年十二月工作报告》，中国第二历史档案馆编：《中华民国史档案资料汇编》（第 5 辑　第 2 编　文化 2），江苏古籍出版社 1998 年版，第 759 页。

直追……固当前之所极需”。① 可见，“体育在此抗战建国期中已成为急迫之需要”已经成为中华体协职员的共识。

在实际的工作中，中华体协亦围绕“抗战建国”的主题来开展活动，“积极负责筹划策进，期能在这大时代中，对于抗战建国有所贡献”②。中华体协在《中华全国体育协进会民国三十二年十月至三十三年十二月工作报告》中总结道：“近数年来工作方针：一在配合目前抗战之需要，二在准备战后建国之设施。”③ 并且，中华体协还以“抗战建国”为工作方针，制定了协会的中心业务：

(1) 组织并健全各省市县分支会，使成坚强系统，借使体育普及全国，深入民间，战时充实兵源，战后改良人民生活。

(2) 大量训练储备民众体育人才，以供战时战后之需要。

(3) 译著发行介绍体育图书刊物，供应教材教法，提高及普及国人对于体育之认识与活动之兴趣。

(4) 联络国际间体育活动，以敦睦盟友交谊。

(5) 指导各地筹辟运动场所，使广大民众有运动地方。

(6) 组织体育巡回访问团，分赴各地表演示范宣传，以提高各地运动兴趣。

(7) 完成各级裁判会，执行各地裁判工作，训练裁判人才。

(8) 审订各项运动规则，以备各种竞赛之用。

(9) 整理风土活动，研究体育学理，试验发明新颖进步之运动方法与用品，以扩大运动范围。

① 郝更生：《救国建国中之体育》，《申报》1938年12月12日，第4版。

② 《中华全国体育协进会举行茶会》，重庆市体育运动委员会、重庆市志总编室编：《抗战时期陪都体育史料》，重庆出版社1989年版，第25页。

③ 《中华全国体育协进会民国三十二年十月至三十三年十二月工作报告》，中国第二历史档案馆编：《中华民国史档案资料汇编》（第5辑　第2编　文化2），江苏古籍出版社1998年版，第766页。

（10）举办分区或埠际运动会，以观摩技术，互励精进，并以选拔人才备于战后参加世界运动大会。①

可见，抗战时期中华体协及其分支会的这些工作均是以抗战建国的需要为出发点，而又以服务于抗战建国为最终目的。具体而言，其目的就在于通过培养"民众体育人才"促进体育的大众化和普及化，从而增强国民体力，振奋民族精神，凝聚民族力量，为抗日战争提供源源不断且体魄强健的人力支持，为战后建国复兴提供身心健康的建设者。

① 《中华全国体育协进会民国三十二年十月至三十三年十二月工作报告》，中国第二历史档案馆编：《中华民国史档案资料汇编》（第5辑　第2编　文化2），江苏古籍出版社1998年版，第766~767页。

# 第五章　中华体协与体育赛事制度的确立与规范

为适应日渐频繁的国内外体育赛事发展的需要及促进体育发展，中华体协积极探索，逐渐建立起包括统一的赛事规范、多层次的赛事格局、多元化的赛事目的、中西合璧的赛事内容及现代体育设施等在内的较为完善的体育赛事制度，推动了中国近代体育的制度化、规范化进程。

## 一、制定统一的赛事规范

### （一）编订运动竞赛规则

较早研究近代中国运动竞赛规则①的是君由。他在《我国近代运动竞赛规则》一文中概述了我国近代运动竞赛规则的来源、翻译、审定及发行等情况，并将近代中国的运动竞赛规则分为口传规则阶段（1915 年以前）、翻译规则阶段（1915—1925）及中华体协审定规则阶段（1924—1949）三个阶段。该文在研究近代运动竞赛规则方面确实具有开创之功，但其关于运动竞赛规则“三个阶段”的划分则有待商

① 中华体协往往称“运动竞赛规则”为“运动规则”。为忠实原始资料，行文中基本沿用“运动规则”之说。

権。该文所谓“中华全国体育协进会审定规则阶段”实际上依然是以翻译西方运动规则为主，只不过翻译的主体有所变化而已，本质上仍属于“翻译规则阶段”。

中华体协成立以前，运动规则的翻译、审定大多各自为政，没有一个专门的、统一的机构负责，导致体育界各种版本的运动规则鱼龙混杂，而又自说自话，无法形成统一的运动规则，严重阻碍了体育赛事的开展。直到1924年中国国家奥委会——中华体协成立后，才逐渐改变了这一混乱状况。

就世界范围而言，国际体育比赛大多以国际奥林匹克运动委员会下设的各项运动规则审订委员会审订的规则为准绳。中华体协是中国的国家奥委会，是国际奥林匹克委员会的会员，“对于各项运动规则自负翻译审订与发行之责”。① 再则，由于运动项目自身的发展和运动环境的变迁，运动规则总是处在不断修改和更新的进程中。为保证国内运动规则与国际运动规则的同步性和统一性，作为国际奥林匹克运动委员会会员和全国体育总枢纽的中华体协亦负有当然之责任和义务，及时修订、公布各项运动的最新规则。因此，中华体协在其章程、工作计划及会议中都明确规定以制定、审定运动规则为己任。中华体协在其1924年版章程中，即以“制订各项运动规则”为其五大宗旨之一。② 1935年版章程中仍然以“审定各项运动规则”为其五大宗旨之一。③

---

① 《中华全国体育协进会三十年度工作计划》，中国第二历史档案馆编：《中华民国史档案资料汇编》（第5辑　第2编　文化2），江苏古籍出版社1998年版，第756页。

② 《中华全国体育协进会章程》（1924年），王增明编：《近代中国体育法规》，中国体育史学会河北分会1988年版，第27页。

③ 《中华全国体育协进会章程》，《体育季刊》（中华体协版）1935年第1卷第1期，第132页。

1941年，中华体协在重庆恢复办公，亦将“翻译并审订发行各项最新运动规则”列为该年工作计划。① 该项工作计划在中华体协1943年版章程中以工作任务的名义被确定下来——“审定各项运动规则事项”位列中华体协六大任务之一。② 遗憾的是，“因战争关系，世界运动会无法举行，因之各项运动规则亦未能加以修订”。鉴于“吾人现采用之规则，似较陈旧”及“为适应战时需要及我国国情”，中华体协认为现有规则“有修改之必要”。③ 1945年6月1日，抗战胜利在望，中华体协召开理监事联席会，修正通过今后五年工作计划，其工作要点之一即为“审印各种运动规则，以谋各种运动及乡土游戏能作多方面之正规开展”。④ 次日，中华体协运动规则审订委员会召开会议，就“今后我国应采用何种规则，抑或自定规则”以及修改现有规则等问题展开讨论。会上，各委员对现有之游泳、举重、网球、男子篮球、女子篮球、足球、排球、田径赛及全能运动、垒球、乒乓球、水球、法式手球、曲棍球、板羽球及国术等运动规则展开谈论，提出修订意见，并聘定审查委员，加以审查。同时，会议决定，“以上规则审查完竣”，“交编审组整理，早日复印”。⑤

中华体协迁往南京新址后不久，立即着手审定各项运动规则。1947年5月3日，中华体协运动规则审订委员会召开临时会议，决定以

① 《中华全国体育协进会三十年度工作计划》，中国第二历史档案馆编：《中华民国史档案资料汇编》（第5辑　第2编　文化2），江苏古籍出版社1998年版，第756页。

② 《中华全国体育协进会章程草案》（1943年），重庆市体育运动委员会、重庆市志总编室编：《抗战时期陪都体育史料》，重庆出版社1989年版，第85页。

③ 《中华全国体育协进会运动规则审订委员会第一次会议》（1945年6月2日），南京国民政府教育部档案五—15029，中国第二历史档案馆藏。

④ 《中华全国体育协进会举行理监事联席会》，重庆市体育运动委员会、重庆市志总编室编：《抗战时期陪都体育史料》，重庆出版社1989年版，第32页。

⑤ 《中华全国体育协进会运动规则审订委员会第一次会议》（1945年6月2日），南京国民政府教育部档案五—15029，中国第二历史档案馆藏。

“1939年芬兰世运会所公布之原文本”为依据，在1947年5月30日以前审定足球、羽球、拳击、射击等17种运动规则。① 可见，从制度安排上看，翻译、审订、发行运动规则自始至终都是中华体协的重要工作。就具体实践而言，这些制度安排亦得到了切实的实施：中华体协成立后，组织了专门的运动规则委员会，不仅引进、翻译、审订及出版各项运动规则，而且积极参与运动规则的制定与改进。

### 1. 成立运动规则委员会

为保证翻译、审订及发行运动规则工作的顺利开展，中华体协成立了运动规则委员会。

1924年，中华体协在会章中明确提出设立“运动规则委员会”，以“编订或修改或解释各种运动规则”。② 这一规定在中华体协1925年8月12日召开的临时董事会上得以实现：会议正式通过了组织“目下急需之各种委员会”——运动规则委员会的决议，并从体育专家及各区领袖中推举出张信孚、张煦光、章辑五、郝更生、宋如海、蒋湘青6人担任运动规则委员会委员。同时，规定“各项运动规则之编译，盖由干事负责完成草稿，送呈各委员校阅，然后出版”③。

抗战全面爆发之初，运动规则委员会委员四散，运动规则委员会工作几陷停顿。直至1941年2月，中华体协才重新成立运动规则委员会。同年4月7日，中华体协召开第一次常务董事会，聘请袁敦礼（主任委员）、宋君复、吴德懋、高梓、江良规、黄中孚、吴邦伟7人为运动规

① 《中华全国体育协进会运动规则审订委员会临时会议记录》（1947年5月3日），南京国民政府教育部档案五（2）—1311，中国第二历史档案馆藏。

② 《中华全国体育协进会章程》（1924年公布），王增明编：《近代中国体育法规》，中国体育史学会河北分会1988年版，第29页。

③ 《中华全国体育协进会临时董事会开会记录》（1925年8月12日），《中华全国体育协进会年刊》1927年第1期，第7页。

则审订委员会委员，负责审定运动规则事宜。①运动规则委员会的成立为运动规则的编订、修改、解释等工作的开展，提供了有力的组织保障。

2. 编订运动规则

（1）翻译舶来运动规则。

民国初年，国内运动会所采取的运动规则几乎都是英文版本。直到1916年华北运动会，“才先后开始翻译运动规则”，这才逐渐有了中文的运动规则。② 但是，真正系统地、有计划地翻译运动规则则始于中华体协。中华体协翻译运动规则的途径有二：其一，由中华体协下设的运动规则委员会独立翻译，这是中华体协翻译运动规则的主要方式。例如，1927年编译《全能田径赛运动规则》《游泳规则》《排球规则》等；1935年编译《男子篮球规则（1934—1935）》《女子篮球规则（1934—1935）》等；1946年编译《男子篮球规则》《排球规则（附六人制排球规则）》《垒球规则》《网球规则》《足球规则》《乒乓球板羽球圈网球规则》等。③ 其二，与其他组织合作翻译运动规则。这种方式并非常规性的，只是临时性举措，一般出现在全运会时期。例如，1935年第六届全运会召开前夕，中华体协联合第六届全运会共同编译《男子篮球规则》《排球规则》《网球规则》《棒球规则》《田径及全能运动比赛规则》等规则，以供第六届全运会使用。④ 中华体协与第六届全运

① 《中华全国体育协进会召开常务董事会》（1941年4月），重庆市体育运动委员会、重庆市志总编室编：《抗战时期陪都体育史料》，重庆出版社1989年版，第24页。

② 董守义：《华北体育联合会的沿革》，成都体育学院体育史研究所：《中国近代体育史资料》，四川教育出版社1988年版，第445页。

③ 刘彩霞主编：《百年中文体育图书总汇》，北京体育大学出版社2003年版，第213~282页。

④ 刘彩霞主编：《百年中文体育图书总汇》，北京体育大学出版社2003年版，第213~282页。

会的合作实为中华体协与政府的合作，为第六届全运会的有序举办提供了制度保证，是中华体协利用自身的专业优势为政府提供公共服务、协助政府举办全运会的表现之一，体现了中华体协与政府良好的合作关系。

（2）制定中国特有运动之规则。

除了翻译舶来体育的运动规则外，中华体协还参照西方近代体育运动规则，制定我国特有体育运动的规则。

受西方近代体育运动的影响，中华传统体育也逐渐走向近代化。以传统武术为例，向来是一家之言，没有统一规则可言，难以开展公开比赛，自然也就无法推广普及。为发扬中国传统武术，中华体协联合国术专家，参照西方近代运动规则，研究制定了《国术规则》，并于1936年4月出版发行，使得国术比赛的开展有了统一的权威的规则，推动了国术的传播和普及。抗战时期，中华体协干事魏振武等三人发明了我国独有的体育运动——板羽球运动。为规范和推广板羽球运动，中华体协制定了《板羽球规则》，并于1943年3月由中华体协出版发行，进一步推动了板羽球运动的大众化，使之成为战时深受民众喜爱的一项体育运动。

可见，中华体协对源自西方的运动规则并没有一味地模仿，而是结合中国国情进行改进、创新。某种程度而言，中华体协的成立逐步推动了近代中国体育运动规则由全盘引进向适当改造、由全盘西化向逐渐本土化、由被动接受向主动选择的转变过程。更加难能可贵的是，中华体协以西方近代运动规则为蓝本，结合中国特有的体育运动的特点，创造性地制定了板羽球、国术等运动规则，推动了中国特有体育运动，尤其是中华传统体育的迅速传播和规范发展，促进了中华传统体育的近代化。

3. 审定运动规则

无论是翻译舶来的运动规则，还是自主制定的运动规则，中华体协的运动规则委员会都要组织运动规则委员及相关体育专家对之进行细致审核和适当的修订，以确保运动规则的科学性和可操作性，尤其是确保舶来运动规则在中国的实用性。1945 年 6 月 2 日，中华体协运动规则审订委员会举行会议，审订委员会委员袁敦礼、高梓、宋君复、江良规及总干事董守义等出席会议。与会者对现行规则一一研究，决定依据国际最新运动规则与中国的实际情况对女子篮球、游泳、排球、板羽球、德式手球、曲棍球及国术等 7 项运动规则进行修订，并详细注明规则变更之处。同时，将各项运动规则中有关高度及距离之丈量单位统一为公尺制。①

概而言之，中华体协审定运动规则的方式有二：其一，由运动规则委员会独立审定；其二，与其他组织联合审定。其中，前者是主要的、常规性的方式，后者是辅助性的、临时性的做法。

（1）中华体协独立审定运动规则。

如前所述，审定运动规则的工作主要由中华体协运动规则审订委员会负责。根据中华体协的工作报告，截至 1937 年，运动规则审订委员会“先后审定业余运动及各项运动规则十四种”。② 1941 年，为解决西部地区采用最新运动规则困难的问题，中华体协计划“先译订后列各种最新规则，并组织运动规则审查委员会，审查发行。一最新男子篮球规则；二最新女子篮球规则；三最新田径赛及全能运动规则；四最新业余运动规则；五最新排球规则；六最新足球规则；七最新棒球规则；八最新垒球规则；九最新网球规则；十最新国术规则；十一最新游泳规

① 《本会运动规则审订委员会开会——少数规则将有变更》，《体育通讯》1945 年第 20 期，第 15 页。1947 年 7 月 25 日，中华体协运动规则审订委员会召开第二次临时会议，再次确定“各项规则上之度量一律改用公制（公尺公斤等）”。《中华全国体育协进会运动规则审订委员会第二次临时会议记录》（1947 年 7 月 25 日），南京国民政府教育部档案五（2）—1311，中国第二历史档案馆藏。

② 《中华全国体育协进会民国三十二年十月至三十三年十二月工作报告》，中国第二历史档案馆编：《中华民国史档案资料汇编》（第 5 辑　第 2 编　文化 2），江苏古籍出版社 1998 年版，第 765 页。

则；十二最新德国手球规则；十三最新手球规则；十四最新曲棍球规则；十五最新圈网球规则；十六最新乒乓球规则；十七最新鸡毛球规则；十八最新举重规则”①。这些计划大多得到实施。

这些由中华体协翻译的运动规则自然是由中华体协审定，这也是中华体协审定工作的主要对象。此外，还有一些组织或个人将翻译的运动规则交由中华体协审定无误后，方才出版发行。1933 年 10 月，第五届全运会将世运会订定的《最新棒球规则》进行翻译，提交中华体协审定后，方才交由上海勤奋书局出版发行。②再如吴志钢于 1947 年编译的《田径赛及全能规则问答》和《男子篮球规则问答》亦是经中华体协审定后，方才出版发行。③ 由此可见，无论是政府还是个人都在事实上承认中华体协在审定运动规则方面的专业性和权威性，这也体现了中华体协在社会体育事业中的领导地位。

（2）中华体协与其他组织联合审定。

中华体协联合其他组织审定运动规则的情况并不多见，但在全运会或远运会召开时期时有发生。1927 年，中华体协为筹备同年在上海召开的第八届远运会，编译发行了由远运会审定的《全能田径赛运动规则》《游泳规则》《排球规则》《田径赛全能运动规则》等运动规则。④就表面而言，这些运动规则的审定与中华体协无关，但究其实质，中华体协的确是参与其中了的。远运会是由中国、日本、菲律宾等国共同发

① 《中华全国体育协进会报送三十年度工作计划致行政院备案呈》，中国第二历史档案馆编：《中华民国史档案资料汇编》（第 5 辑　第 2 编　文化 2），江苏古籍出版社 1998 年版，第 756~757 页。

② 中华全国体育协进会审定：《最新棒球规则》，勤奋书局 1933 年版。

③ 张大为编：《一九〇三年——一九八四年中文体育书目》，西安体育学院学报编辑部 1985 年版，第 302、420 页。

④ 远东运动会审定，中华全国体育协进会编译发行：《全能田径赛运动规则》（1927 年）；远东运动会审定，中华全国体育协进会编译发行：《游泳规则》（1927 年）；远东运动会审定，中华全国体育协进会编译发行：《排球规则》（1927 年）；远东运动会订定，中华全国体育协进会编译：《田径赛全能运动规则》，中华全国体育协进会 1931 年版。

起、成立的。其开会时所采用的运动规则首先由远运会各国代表会议讨论修订，再由举办国的组委会拟定草程，送交其他会员国审定通过，方可为远运会使用。第八届远运会是由中华体协主办的，其运动规则草案亦由中华体协拟定后，送交日本、菲律宾审定通过后而最终确定。由此可见，第八届远运会的运动规则貌似非由中华体协审核，而实际上确为中华体协联合日本、菲律宾代表共同审定的结果。

再如，1935 年全运会召开前夕，第六届全运会筹备委员会联合中华体协共同审定了《排球规则》《网球规则》等运动规则。①

4. 公布运动规则

经运动规则委员会审定无误后，中华体协即将最新运动规则公之于众。中华体协主要采用以下两种途径公布运动规则：

（1）出版运动规则图书。这也是中华体协公布运动规则的主要方式，具体又包括中华体协自行发行和中华体协委托其他组织发行两种方式。

其一，自行发行运动规则。中华体协运动规则的出版事宜大多由中华体协的编审宣传组或编辑委员会负责。1945 年 6 月 2 日，中华体协运动规则审订委员会召开会议，讨论决定运动规则的变更之处后，即将所有修改后的运动规则“交由本会编审宣传组整理赶速付印”。② 就形式而言，中华体协出版的运动规则图书既有单行本又有合订本；就数量而言，由于运动规则经常更新，中华体协出版的运动规则图书数量众多；就种类而言，主要有田径赛及全能运动规则、女子户外垒球规则、棒球规则、举重规则、拳击规则、网球规则、羽毛球规则、板羽球规则、足球规则、男子篮球规则、女子篮球规则、男子排球规则、女子排

① 远东体育协会原订，中华全国体育协进会编译审定：《排球规则》，第六届全国运动会 1935 年版。

② 《本会运动规则审订委员会开会——少数规则将有变更》，《体育通讯》1945 年第 20 期，第 1 页。

球规则、男子垒球规则、国术规则、水球规则、游泳规则等，几乎涵盖了所有当时较为普及的运动项目。至于曲棍球、冰球、高尔夫球等小众体育项目，中华体协并未出版相关规则。这也反映了中华体协发展大众体育的价值取向，着力于推动体育的普及化和大众化。

其二，委托其他机构发行运动规则图书。出于节约人力成本和资金成本，中华体协有时也将审定后的运动规则交由上海勤奋书局、上海商务印书馆、体育书局等机构出版发行。例如，1933 年，中华体协将审定无误的《最新万国乒乓规则》《最新田径赛全能运动规则》《最新游泳规则》《最新垒球规则》等 10 种最新运动规则交由上海勤奋书局出版发行。①

中华体协出版运动规则图书，一方面是为了传播运动规则，满足国内外体育赛事发展的需要，另一方面则是为了通过出售运动规则图书，获取经济收入，增加中华体协的经费来源。因此，中华体协经常在各种报刊上为其出版的运动规则图书做广告。1936 年，中华体协在《体育季刊》发布《请速购买本会出版之各种运动规则》的广告，大力宣传中华体协出版的 11 种运动规则。②

（2）通过报刊媒介公布运动规则。由于出版体育运动规则图书的程序较为复杂，耗时较长，所需的资金和人手亦较多，各种成本较高。因而，中华体协也常常通过报纸、体育期刊、体育杂志等媒介公布运动规则。1936 年，鉴于最新《男子篮球新规则》的正式条文书本“须俟规则委员会修正后，再行付印出版”，需时较长，中华体协“为应国内需要起见”，先行将《一九三六—三七年男子篮球新规则》译文发表在

① 《中华全国体育协进会审定各种运动新规则》，《勤奋体育月报》1933 年第 1 卷第 1 期，第 30 页。

② 《请速购买本会出版之各种运动规则》，《体育季刊》（中华体协版）1936 年第 2 卷第 2 期。

《勤奋体育月报》上，以供体育界参考。① 1945年，中华体协鉴于社会各界纷纷来函索要板羽球规则，“特在各项规则单行本尚未印出之前，在本刊（笔者注：《体育通讯》）第十五期先行复印板羽球规则一种”②。可见，在中华体协看来，通过报刊媒介的公布，可以较为快速地传播运动规则。其中，报纸由于拥有广泛的读者群体和即时传播的优点，更是成为中华体协公布运动规则的常用途径。例如，中华体协曾在《申报》公布《一九三二——一九三三年女子篮球规则更改》《一九三四——一九三五年男子篮球规则更改（上）》《一九三四——一九三五年全国体协会公布男子篮球规则更改（下）》《一九三四——一九三五年女子篮球规则更改》《一九三五——一九三六年女子篮球规则更改》《一九三六——一九三七年男子篮球规则更改》《一九三六——一九三七年男子篮球规则更改》等运动规则。③

体育运动规则是各项体育运动的基本规范和基本准则，是各项体育运动尤其是竞技体育运动有序进行的基本前提和基本保证。“当年体育界常打架。现在有了规则，不许欺人，要公正，所以比当年进步多了”即是明证。④ 中华体协以中国国家奥委会和全国社会体育总枢纽的地位，成立了专门的运动规则委员会，积极承担起运动规则的翻

① 《一九三六—三七年男子篮球新规则》，《勤奋体育月报》1937年第4卷第6期，第479页。

② 《发行部启事》，《体育通讯》1945年第18期，第2页。

③ 《一九三二——一九三三年女子篮球规则更改》，《申报》1932年11月8日，第9版；《一九三四——一九三五年男子篮球规则更改（上）》，《申报》1934年11月18日，第14版；《一九三四——一九三五年全国体协会公布男子篮球规则更改（下）》，《申报》1934年11月19日，第12版；《一九三四——一九三五年女子篮球规则更改》，《申报》1934年12月11日，第14版；《一九三五——一九三六年女子篮球规则更改》，《申报》1935年11月29日，第12版；《一九三六——一九三七年男子篮球规则更改》，《申报》1937年2月2日，第12版；《一九三六——一九三七年男子篮球规则更改》，《申报》1937年2月3日，第11版。

④ 《扩大津市体育运动　张伯苓昨宴教育界 席间畅谈举国上下散漫自私 要引用体育精神谋公正团结》，《大公报》1934年1月12日，第6版。

译、制定、审定、出版等工作，推动了中国体育的规范化、制度化进程，促进了体育活动的有序开展，加速了中国体育的大众化、普及化进程。

进一步而言，运动规则不仅仅是比赛规则，更是对运动者身体的规训和改造。中华体协引进西方运动规则，事实上是运用西方运动规则来规训中国运动者的身体，以西方标准来改造中国人的身体，最终形成“世界态身体”。如此一来，在推动中国体育与世界接轨的同时，也促使了中国人的身体训练、身体形态乃至身体观的日渐西方化。这是中国体育落后而又试图融入世界体坛的必然结果，也是落后时代的中国学习西方文明、试图融入世界的反映和必然结果。

### （二）编订业余运动原则

现代奥运会从建立之初就确立了业余运动原则。1894 年 7 月，国际奥委会明文界定了业余运动员的身份。同时，还规定除赛马、射击和赛艇运动外，其他奥运会项目都只允许业余运动员参加。①

作为国际奥委会会员的中华体协自然遵循国际奥委会的规定，积极提倡和坚守业余运动原则。中华体协 1924 年版章程中明确规定以“提倡全国之业余运动”为宗旨之一，将“订定业余运动员之资格”作为主要会务之一。② 并且，中华体协先后成立“运动员资格审查委员会”和“业余运动规则委员会”，翻译、审定、公布业余运动原则，并以此为依据，严格审查运动员资格，制裁违反业余运动规则的运动员。

---

① 任海：《奥林匹克运动业余性与职业性之争》，《天津体育学院》1992 年第 3 期。

② 《中华全国体育协进会章程》（1924 年），王增明编：《近代中国体育法规》，中国体育史学会河北分会 1988 年版，第 27 页；《本会章程》（1934 年中华体协董事常会修正通过），《体育季刊》（中华体协版）1935 年第 1 卷第 1 期，第 134 页。

### 1. 成立运动员资格审查委员会和业余运动规则委员会

中华体协在 1924 年版章程中即提出设立“运动员资格审查委员会”，以“审查运动员有无业余资格，并解决一切因该项问题而发生之争议”，同时还规定了业余运动员之规则。① 不久，中华体协依照会章规定，成立了运动员资格审查委员会。相比而言，业余运动规则委员会成立的时间则晚了许多——直到 1936 年才正式成立。1936 年 6 月 14 日，中华体协第五次常务董事会讨论决定，聘请张伯苓（召集人）、郝更生、蒋湘青为修正业余运动规则委员会委员，并指定名誉总干事沈嗣良为当然委员。②

遗憾的是，抗战军兴，业余运动规则委员会及运动员资格审查委员会名存实亡，工作几近停滞。直到 1941 年 4 月 7 日，中华体协在迁渝后第一次常务董事会会议上，重新聘请程登科（主任委员）、金兆均、徐英超、吴澂、肖忠国 5 人为运动员资格审查委员会委员，聘请张伯苓（主任委员）、郝更生、蒋湘青 3 人为修正业余运动规则委员会委员，并指定副总干事董守义为当然委员，业余运动规则和运动员资格审查的相关工作才渐次恢复和展开。③

就组织性质和功能而言，业余运动规则委员会和运动员资格审查委员会有所区别。前者是中华体协修订、审定及公布业余运动规则的组织，属于“立法机关”，后者是负责运动员业余资格的审查、取消或恢复等事务的组织，属于“执行机关”。当然，两者又都是中华体协提倡、执行业余运动规则的主要机构。它们的成立为实施和贯彻业余运动

① 《中华全国体育协进会章程》（1924 年），王增明编：《近代中国体育法规》，中国体育史学会河北分会 1988 年版，第 29~30 页。

② 《协进会审查业余资格》，《勤奋体育月报》1936 年第 3 卷第 10 期，第 947 页。

③ 《全国体协迁渝办公 七日开常务董事会议》，《新华日报》1941 年 4 月 10 日，第 1 版。

规则提供了坚实的组织基础。中华体协一方面通过（修正）业余运动规则委员会完成业余运动规则的制度设计，另一方面，通过运动员审查委员会审查各项运动比赛之运动员以落实业余运动规则。两者相互配合，相得益彰，共同维持业余运动，增进体育精神。

2. 修订业余运动规则

中华体协最早关于业余运动规则的阐释是在 1924 年版章程中。该章程的第九条“业余运动员之规则”（简称“第九条规定”）虽未从概念上界定“业余运动”或“业余运动员”，但列举了 8 项业余运动员的禁止行为来区别职业运动员与业余运动员，并规定了对违反业余运动规则者的处理措施。值得注意的是，“第九条规定”明确了“运动资格审查委员会，仅得准许业余运动团体或个人作表演或非夺标性质之比赛”①。显然，这是违背体育运动发展规律的，并且也不符合各种锦标赛愈来愈多的实情。因此，其后的业余运动规则均删除了此项规定。②

其时，我国运动员对业余运动规则“多不甚明了”。在第八届远运会期间，“往往有已失其业余资格者，仍希再显身手”。为使得更多运动员了解业余运动规则，中华体协“将业余运动员之规例，订立草案”，准备提交董事会通过后公之于众。与此同时，中华体协提前将“业余运动员规例草案”公诸《申报》，以周知众人。③ 1930 年 7 月 5 日，中华体协在《申报》正式发表了由第九届远运会业余运动委员会议定的《远东运动会业余运动规则及秩序》。该业余运动规则包括业余运动定义和业余运动真义两大部分。其中，将业余运动定义为“为娱乐、为体格上、道德上及智力上之训练而参加比赛”，并列举了业余运

① 《远东运动会运动员之资格问题》，《申报》1927 年 6 月 25 日，第 11 版。

② 《中华全国体育协进会章程》（1924 年），王增明编：《近代中国体育法规》，中国体育史学会河北分会 1988 年版，第 30~31 页。

③ 《远东运动会运动员之资格问题》，《申报》1927 年 6 月 25 日，第 11 版。

动员的12项禁止行为。同时，还概述了业余运动的精神、优点及作用。① 值得注意的是，中华体协并没有完全照搬《远东运动会业余运动规则及秩序》，而是以此为蓝本，结合中国的国情，进行了适当的修订。虽然只是小修小补，但亦形成了有别于《远东运动会业余运动规则及秩序》的《远东运动会业余运动规则》，并于1930年8月刊发在《中国参加第九届远东运动会特刊》。该规则包括业余运动员之定义和业余运动之精神两部分。其中，将业余运动员定义为“凡从事于运动而其目的专为娱乐，及在身体上、精神上、交际上所得之利益，且只以运动为一种职业以外之消遣者”，并依此规定了业余运动员之10项禁止行为。相比于《远东运动会议决之业余运动规则及秩序》，该规则不仅从业余运动员的角度界定了业余运动之精神，而且扩展至观众、赛事工作人员——“此项精神，表示比赛者、主、客、职员及观众之重视名誉、公道与礼貌，并不屑以卑劣之手段，曲解规则或趋避规则，或以不公道胜敌”②。

上述这些业余运动规则都是建立在国际业余运动经验或远东业余运动经验的基础上而形成的，并不能完全符合中国的实情，自然也难以解决中国业余运动中出现的问题。并且，随着国内外体育赛事的日益增多，突破业余运动规则的新行为和新事件层出不穷，导致现有的《远东运动会业余运动规则》已经无法清晰地区别业余运动与职业运动，更无法缓解业余运动和职业运动的冲突，迫切要求对现有的业余运动规则进行修订和完善。1931年4月，为予审查参加第五届全运会运动员之业余资格提供制度依据，中华体协与全运会筹备处联合制定了《业余运动规则》。该规则不仅从宏观上规定了业余运动的宗旨：“某项运动之职业运动员或明知故犯而已成为职业运动员者，不得参加该项或任

① 《远东运动会议决之业余运动规则及秩序》，《申报》1930年7月6日，第11版。

② 《远东运动会业余运动规则》，中华全国体育协进会编：《第九届远东运动会特刊》，中华全国体育协进会1930年版，第17~18页。

何一项运动；业余运动员不得因参加运动比赛损失其薪水而收受金钱之贴补或酬报。”而且从微观上分22条具体界定了业余运动，较为详细地规定了业余运动员的禁止行为、允许行为以及违反规则行为的处理措施。值得注意的是，该规则在“第九条规定”、《远东运动会业余运动规则及秩序》及《远东运动会业余运动规则》的基础上，不仅增加了中华体协对业余运动规则的监察权，如“随时受中华体协之稽查”“随时交付中华体协检查”等，而且增加了中华体协对于业余运动中出现的各种问题的自由裁量权，诸如“中华体协之特许者，不在此列”“经中华体协之特许”等。无疑，这些规定扩展了中华体协的监管范围和管理职能，加强了对业余运动的管理，同时也赋予了中华体协更大的自由裁量权，有助于中华体协更加灵活地处理业余运动中出现的问题，充分体现了该规则的原则性和灵活性。如果说“第九条规定”、《远东运动会业余运动规则及秩序》及《远东运动会业余运动规则》等业余运动规则是以引进、模仿为主，那么中华体协制定的《业余运动规则》则是结合中国实情的创新之举。可以说，这是当时最本土化、最为适合中国实情且最具可操作性的业余运动规则，也是中华体协制定的第一个业余运动规则。1931年6月10日，中华体协将之公布于《申报》。①同年召开的第五届全运会亦采用了此业余运动规则。此后，“国内所有的运动会，亦莫不奉行此规则，以为运动员参加比赛的标准”②。1932年7月，该规则经中华体协审定后，由上海勤奋书局正式出版发行。③

1937年3月10日，中华体协第七次常务董事会议决定请修正业余运动规则委员会委员张伯苓、郝更生修订业余运动规则。④ 同年5月，

---

① 《中华全国体育协进会业余运动规则订定》，《申报》1931年6月10日，第10版。

② 方万邦：《全国运动会的使命》，《新中华杂志》1935年第3卷第19期。

③ 北京图书馆编：《民国时期总书目（1911—1949）》（教育·体育），书目文献出版社1995年版，第668页。

④ 《全国体育协进会常务董事会议》（1937年3月1日），《上海体育》1937年第1卷第3期，第52页。

业余运动规则修订完毕，并公布于《申报》，是为 1937 年版《业余运动规则》。相较于中华体协 1931 年制定的《业余运动规则》，1937 年版《业余运动规则》只是在前者基础上进行了细微修订，其相异之处主要有以下几个方面：第一，1937 年版《业余运动规则》吸收了近些年中华体协关于业余运动规则的一些重要决议。如对 1936 年 6 月 14 日中华体协董事会会议决定的“凡是参加各种比赛及表演者，需得经中华体协之特许，方准参加”进行适当修改，纳入最新运动规则中——“凡运动员参加国际及国内竞赛，必须备具无悖于本规则意义及精神之业余运动资格，并随时受本会之管理与审查”①。第二，在业余运动定义方面，1937 年版《业余运动规则》较 1931 年版《业余运动规则》的 22 条，少了一条，即删除了不符合体育运动实情的第七条规定：“业余运动员不得参加争取无法镌刻相当字样之奖品或纪念品之任何运动比赛。”第三，1937 年版《业余运动规则》根据体育界的新情况和新变化，对 1931 年版《业余运动规则》中的一些条款进行了细化，使得该规定更加具有可操作性，更加适应业余运动的发展现状和发展趋势。如将 1931 年版《业余运动规则》中的第三条“运动员未经主管之高级机关许可，而明知故犯与职业运动员做同队或对抗比赛者，即为职业运动员”细化为“运动员未受本会或本会指定之主管高级机关许可，而明知故犯与职业运动员做同队或对抗比赛者，即为职业运动员”，并增加规定了例外情况——“但寻常之练习比赛并不出售门票者，不在此限”。如此一来，既体现了中华体协加强对运动员参与赛事监管的原则性和坚定性，又体现了中华体协面对业余运动与职业运动交流日渐增多的状况而采取应变措施的灵活性。再如，将 1931 年版《业余运动规则》中的第十条“业余运动员不得顶替或冒用他人姓名而加入任何比赛”修订为“业余运动员不得顶替或假造姓名或冒用他人姓名而加入任何比赛”，增加了“假造姓名”这一业余运动中出现的新情况，增强

① 《业余运动规则修正》，《申报》1937 年 5 月 12 日，第 15 版。

了规则的解释力，扩大了规则的适用范围。① 此后，业余运动规则虽有修订，但都与1937年版《业余运动规则》类似，都是在1931年版《业余运动规则》基础上进行的小修小补，故不再赘述。

3. 审查业余运动资格

中华体协以其公布的业余运动规则为依据，审查运动员的业余资格，并对违反业余运动规则的行为进行处理。1927年，第八届远运会华东预选会期间，中华体协查出黄胜白为学校体育教职，不属于业余运动员，没有资格参加远运会。因此，取消黄胜白的参赛资格。② 1935年，业余体育会在南京并无职业网球运动员的情况下，拟组织南京业余网球选手与法国网球名将柯显脱进行网球表演。鉴于业余运动员未经许可不得有意与职业运动员比赛的业余运动规则规定，业余体育会“专呈全国体育协会请求特许”。中华体协依照业余运动规则条例，并未批准业余体育会的请求。由此可见，体育社团对业余运动规则的认可和遵守，也体现了业余运动规则对业余运动员及体育社团的约束力。同时，也凸显了中华体协在业余运动规则管理方面的领导地位和对业余运动原则的坚守。③

1936年上半年，围绕参加第十一届世运会的全国预选，体育界发生了多起业余运动资格问题。1936年4月，上海某西报转载路透社的电报称，中国世运足球队系职业性质。中华体协名誉总干事沈嗣良获悉后据理反驳，“目前中国足球员收受金钱酬劳者，为遴选为亚林比克代表之足球员，每人每日收受国币二元之零用，但此为业余规则所允许……（足球员）皆有相当工作，踢球亦须请假，此与业余规则，极对符合”，并郑重声明：“据中华体协会所知，上海及中国各地之足球

① 《业余运动规则修正》，《申报》1937年5月12日，第15版。
② 《远东运动会运动员之资格问题》，《申报》1927年6月25日，第11版。
③ 《京网球选手与法网球家表演 全国体协会来电拒绝 业余会现仍设法进行》，《中央日报》1935年9月8日，第8版。

队，无论在业余规则之定义上及精神上，皆能遵守。”同时，还要求“路透社能以证据证明其报告，否则收回更正之”。此番言论，有理有据，充分显示了沈嗣良扎实的体育专业知识和依照规则办事的专业精神，其鲜明而又坚定的业余运动规则意识跃然纸上。① 嗣后，路透社声称，未曾攻击中国足球队，其用意全为中国足球队宣传。鉴于路透社的声明及中国足球队参加第十一届世运会未受影响之事实，中华体协方才作罢。② 1936 年 5 月 29 日，又有上海某报报道中国参加世运会足球队队长李惠堂有违业余运动规则之嫌疑。中华体协干事马约翰回应声称，详细调查李惠堂的业余资格问题，“如确有违反业余规则等事，自应停止其出场比赛，以免玷污我体育界声誉”③。1936 年 6 月 14 日，中华体协常务董事会议就李惠堂涉嫌违反业余运动规则之事展开讨论，最后决定“函告李惠堂本人向会陈述事实，并函有关系之报馆说明真相，提出下次董事会讨论”。④ 经查问李惠堂及有关系之报馆，中华体协最终裁定李惠堂的业余资格并无问题，确系业余运动员。同年 6 月，有人质疑世运会田径代表张龄佳的业余运动资格。中华体协亦迅速展开调查，了解到张龄佳虽在清华大学体育部图书馆服务，但其聘书误填为体育助教，职位名称与业余规则有不符之处。为维持业余规则起见，中华体协决定“停派张龄佳代表田径出席世运会十项运动”。⑤ 鉴于筹备参加第十一届世运会期间运动员业余资格问题频发，中华体协为避免类似

---

① 《否认路透社无端攻击　沈嗣良重要声明　否认中国足球队系职业性质》，《申报》1936 年 4 月 29 日，第 13 版。

② 《路透社声称并未攻击中国足球队》，《申报》1936 年 5 月 5 日，第 14 版。

③ 《马约翰昨抵沪　谈田径选手选拔标准　对于李惠堂之业余资格问题主张应由体协加以详细调查》，《中央日报》1936 年 6 月 6 日，第 4 版。

④ 《体协常务董事会议　世运田径代表龄佳取消资格　决定田径代表候补员三人　李惠堂资格问题进行查问　周长星自费赴德参加田径》，《申报》1936 年 6 月 15 日，第 15 版。

⑤ 《体协常务董事会议　世运田径代表龄佳取消资格　决定田径代表候补员三人　李惠堂资格问题进行查问 周长星自费赴德参加田径》，《申报》1936 年 6 月 15 日，第 15 版。

事情再次发生，于1936年6月14日召开董事会议，决定今后有欲参加各种比赛及表演者，需得经中华体协之特许，方准参加。①

中华体协除了依照业余运动规则审查运动员的业余资格，并对违反业余运动规则者采取相关处罚措施外，还根据业余运动规则，恢复那些被取消业余运动资格的运动员之业余资格。1936年12月24日，中华体协第三次常务董事会议批准恢复查瑞龙的业余资格。本着“惩前毖后，治病救人”的精神，中华体协还拟致函提醒查瑞龙注意业余规则：“第二次失去业余资格后，不能恢复。”②

此外，中华体协还将业余运动规则刊登在《申报》《勤奋体育月报》《中国参加第九届远东运动会特刊》等报刊上，不仅广泛宣传了业余运动规则，还有利于争取社会的舆论支持和监督，约束个别运动员的违规行为，引导中华体协分支会，乃至体育界自觉遵守和维护业余运动原则。

### （三）审订各项运动记录

正如时人所论：“运动会的目的，在乎身体的健康及精神的修养，并不在乎优胜的最高纪录，然而优胜的最高纪录，却是提高运动兴趣的最有效的方法。故一国之纪录如何，可以断定该国国民之体格的强弱及精神的旺衰。”③ 中华体协亦认为“比赛记录之审查宣布，足以鼓励运动技术之竞进”。④ 因此，中华体协自成立之日起就积极审订、公布各

① 《体协常务董事会议世运田径代表龄佳取消资格 决定田径代表候补员三人李惠堂资格问题进行查问 周长星自费赴德参加田径》，《申报》1936年6月15日，第15版。

② 《聘请孔沈为世运委员》，《中央日报》1936年12月24日，第8版。

③ 叶世芙：《举世注目的世界运动大会》，《磐石杂志》1936年第4卷第7期，第495页。

④ 《中华全国体育协进会报送三十年度工作计划致行政院备案呈》（1941年6月），中国第二历史档案馆编：《中华民国史档案资料汇编》（第5辑　第2编文化2），江苏古籍出版社1998年版，第758页。

项运动记录，以激励国人奋勇拼搏，不断进取，追求“更快、更高、更强”。

### 1. 成立运动记录审查委员会

中华体协在1924年版章程和1935年版章程中均明确规定设立“田径赛记录审查委员会”，并界定其职责为“审查全国田径赛记录，并规定各项最高纪录”。① 可见，田径项目是中华体协最早公布比赛成绩记录的项目，这也反映了田径项目在中国已经比较普遍地开展起来了，田径赛事较为频繁，并在中国体育运动中占据重要地位。随着游泳、举重等赛事的日益发达，中华体协增加了游泳、举重等运动项目记录的审查和公布工作。1936年6月14日，中华体协举行第五次常务董事会议，决定聘请马约翰、许民辉、褚民谊、吴邦伟、宋如海5人为全国各项运动最高纪录审查委员会委员。无疑，这极大地扩大了运动记录的审查项目，不再局限于田径赛一项了。② 1937年3月10日，中华体协第七次常务董事会议决议，请记录审查委员会审定本年度田径、游泳、举重三项运动最高纪录。③ 抗战军兴，记录审查委员会工作被迫中断。直到1941年4月，中华体协召开常务董事会议，聘请马约翰（主任委员）、许民辉、宋如海为全国各项运动最高纪录审定委员，审定各项运动记录的工作才逐渐开始恢复。④

随着民族危机的日益加深和民族意识的日渐觉醒，国术渐受国人推

① 《中华全国体育协进会章程》（1924年公布），王增明编：《近代中国体育法规》，中国体育史学会河北分会1988年版，第29页。

② 《体协常务董事会议　世运田径代表龄佳取消资格　决定田径代表候补员三人　李惠堂资格问题进行查问　周长星自费赴德参加田径》，《申报》1936年6月15日，第15版。

③ 《全国体育协进会常务董事会议》，《上海体育》1937年第1卷第3期，第52页。

④ 《中华全国体育协进会召开常务董事会》（1941年4月）［重庆市档案馆藏］，重庆市体育运动委员会、重庆市志总编室编：《抗战时期陪都体育史料》，重庆出版社1989年版，第24页。

崇，国术比赛日渐增多。为提倡国术运动，促进国术水平的提高，中华体协因应形势的发展，将国术比赛记录纳入运动记录审查范围。中华体协1943版章程中明确规定，“得”（笔者注：必须之意）设置“田径游泳国术及其他记录审查委员会”，并且将“审定暨公布全国各项运动之最高纪录事项”列为中华体协的五大任务之一，足可见中华体协对该项工作之重视。①

在审定运动记录的过程中，中华体协亦及时修正错误的运动记录，以保证运动记录的准确性和权威性。1931年，运动记录审查委员会审查发现，先前公布的八百米接力全国纪录的时间和创造者皆有误，当即于《申报》发表通告，并更正全国纪录如下：“八百米接力时间一分三十五又五分之一秒：中华队于十九年五月十日，上海中美对抗运动会中所创造。”② 再如，1934年3月30日，中华体协发现其于3月29日公布的《田径全能最高纪录》有4项差误，当即于31日在《申报》发表声明，及时更正。③

2. 公布全国运动纪录

“我国田径赛运动，向来没有正式记录。”直到1925年8月12日，中华体协召开临时董事会决定，“将我国改用米制后的成绩（以正式运动会成绩为限），汇集编订，形成全国之新记录”。④ 此后，中华体协陆续公布了一系列全国运动纪录。以运动项目而言，既有陆上项目：田

① 《中华全国体育协进会章程草案》（1943年），重庆市体育运动委员会、重庆市志总编室编：《抗战时期陪都体育史料》，重庆出版社1989年版，第85~86页。

② 《中华全国体育协进会更正全国纪录》，《申报》1931年9月10日，第12版。

③ 《全国体协会公布田径全能最高纪录 伪国参加远东事件全系某方捏造 将在沪开之三国会议系普通常会 我严拒讨论即自动退出亦所不惜》，《中央日报》1934年3月30日，第4版。

④ 《全国田径赛米制新纪录》，《中华全国体育协进会年刊》1927年第1期，第53~54页。

径赛、举重等，又有水上项目：游泳；以公布方式而言，既有图书出版的方式，如 1934 年 3 月，中华体协出版了《远东世界全国田径及游泳纪录一览》，涵括全国田径最高纪录（截至 1933 年 12 月）及全国游泳最高纪录（截至 1933 年 12 月）等 2 项全国最高纪录；① 1936 年 3 月，中华体协编辑、出版了《全国世界游泳田径举重最高纪录一览》，收录了全国田径纪录（截至 1935 年 12 月）和全国举重纪录（截至 1935 年 12 月），② 也有通过《申报》《中央日报》《体育季刊》《勤奋体育月报》等媒介来公布的。如 1934 年 3 月 29 日，中华体协在《申报》公布了《全国游泳最高纪录》（截至 1933 年 12 月）；③ 1936 年，中华体协在《体育季刊》公布了《全国田径及全国世界游泳举重最高纪录》（截至 1935 年 12 月）。④

揆诸史料，中华体协公布的全国运动纪录大多集中在 1937 年以前。这主要是因为 1937 年日本全面侵华，中国尤其是东部地区大片领土沦陷，全国性体育赛事无法举行，全国运动纪录自然也就戛然而止了。1945 年抗战胜利后，中华体协虽然积极开展重建工作。但是，解放战争随之爆发，各地体育赛事受到影响而较少举行，时局动荡、经费困难及人手短缺等因素又使得中华体协举步维艰。再加上教育部国民体育委员会强制要求中华体协将原有分会改组为体育会，并不再设立分会，使得中华体协失去了在各地的基层组织，收集全国运动纪录更加不易。

### 3. 公布远东及世界运动纪录

正如时人所言："吾人不特时时以远东纪录相激励。尤应时时记录

① 北京图书馆编：《民国时期总书目 · 教育 · 体育》（1911—1949），书目文献出版社 1995 年版，第 668 页。

② 北京图书馆编：《民国时期总书目 · 教育 · 体育》（1911—1949），书目文献出版社 1995 年版，第 668 页。

③ 《全国游泳最高纪录》，《申报》1934 年 3 月 29 日，第 13 版。

④ 《全国田径及全国世界游泳举重最高纪录》，《体育季刊》（中华体协版）1936 年第 2 卷第 2 期，第 306 页。

世界纪录于脑海，俾将来为国争光。”① 因此，中华体协也时常公布远东及世界运动纪录。1931 年，中华体协出版了由万国体育协会审定的《田径赛及游泳纪录》；② 1934 年 3 月出版发行了《远东世界全国田径及游泳纪录一览》，收录了世界田径最高纪录（截至 1932 年 8 月）、世界女子田径最高纪录（截至 1932 年）、远东运动大会田径最高纪录（截至 1930 年第九届远运会）、远东运动大会游泳最高纪录（截至 1930 年第九届远运会）及世界男女游泳最高纪录（截至 1933 年 9 月 1 日）等 5 项纪录；③ 1936 年 3 月出版了《远东世界全国游泳田径举重最高纪录一览》，收录了世界田径纪录（截至 1934 年 8 月）和世界举重纪录（截至 1936 年 4 月）；④ 1937 年 3 月编辑、出版了《全国世界游泳田径举重最高纪录一览》（截至 1936 年 12 月）。⑤

由上可见，中华体协所公布的远运会纪录都是 1934 年之前的，公布的世界运动纪录大多是 1937 年前的。这主要是由于远运会 1934 年就解散了，远东纪录自然也就戛然而止。而 1934 年之后，世运会还在德国的柏林举行了一届。此后，由于德意日发动第二次世界大战，世运会等国际体育赛事不仅未能起到定纷止戈的效果，反而因为战争而停止举办，所谓世界运动纪录自然也就无从谈起。战争结束后，以第十四届世界运动会召开为标志的国际体育赛事渐次开展，中国也曾派遣代表团参加。遗憾的是，由于时局动荡、经费困难等原因，中华体协只能零散地，而无法再像之前那样较为系统、全面地公布世界运动纪录。

---

① 《远运开幕后》，《体育周报》（上海）1930 年第 25 期，第 3 页。

② 刘彩霞主编：《百年中文体育图书总汇》，北京体育大学出版社 2003 年版，第 171 页。

③ 北京图书馆编：《民国时期总书目・教育・体育》（1911—1949），书目文献出版社 1995 年版，第 668 页。

④ 北京图书馆编：《民国时期总书目・教育・体育》（1911—1949），书目文献出版社 1995 年版，第 668 页。

⑤ 北京图书馆编：《民国时期总书目・教育・体育》（1911—1949），书目文献出版社 1995 年版，第 668 页。

# 二、推动体育设施建设

体育设施主要包括体育场地和体育器材。它不仅是开展体育活动的基本条件，而且是体育发展的主要标志和象征。体育设施健全与否、数量的多寡及质量的优劣直接关系到体育事业的发展是否顺利。因此，为促进体育的传播与普及，中华体协在经济匮乏的环境下，依然千方百计地推动体育设施建设，力图为民国时期体育的发展提供必备的物质基础。

## （一）建设体育场地

### 1. 建设中华体协体育场地

（1）建设中华体协会所。

中华体协成立之初，由于经费匮乏，无处办公。后经中华体协干事蒋湘青①从中沟通，商得《申报》老板史量才等人的同意，借用该馆第三层楼的一间公事房为中华体协临时办公处。②

1925 年末，中华体协租下洛克菲勒基金团的上海法租界运动场后，会所随之迁往上海的中华运动场。1934 年，中华运动场到期，不再续租。中华体协会址再度无着。经商议，中华体协租下沪西延平路申园足球场之一部分为办公会所，并于 1934 年 7 月起，开始在该处办公。③

八一三事变发生，中华体协停止工作。会址所在的申园足球场初由

① 蒋湘青时任圣约翰大学体育指导和《申报》体育编辑。

② 《中华全国体育协进会民国三十二年十月至三十三年十二月工作报告》，中国第二历史档案馆编：《中华民国史档案资料汇编》，（第 5 辑　第 2 编　文化 2），江苏古籍出版社 1998 年版，第 761 页。

③ 《本会之成立及场地之经营》，《体育季刊》（中华体协版）1935 年第 1 卷第 1 期，第 130 页。

国际救济会办理伤兵医院，后又改为难民收容所，最后场地为业主收回，建造房屋。中华体协只好在申园对面的太平坊租房数间，以为放置运动器材、书籍等物品及办公之所。①

1937年，除沈嗣良等少数职员留守上海外，中华体协多数职员均内迁。初到重庆，中华体协会所无着，只好暂借重庆夫子池新生活运动模范区135号盖为临时会址。

1942年，行政院批准每年补助中华体协5万元。中华体协取得行政院补助和征得教育部长陈立夫的同意后，计划在川东师范学院空地建立会所。不料，动工不到一个星期，便被教育部勒令停止施工。原因竟是陈立夫夫人觉得在这里建房子，会影响她将来要建筑的私人住宅的风景。② 中华体协只好另觅他处。几经波折，中华体协最终于1942年底在重庆大田湾建起了两间西式平房。1942年12月30日，中华体协干事关延煦赴大田湾办理新会所工程验收事宜。③ 1943年初，中华体协迁往新会所。大田湾会所遂成为抗战时期中华体协的办公地点。随着业务的日渐恢复和开展，工作人员日益增多，中华体协分别于1943年、1945年，添建大田湾会舍11间、3间，大大改善了中华体协的办公条件，为中华体协业务的开展提供了必要的物质基础。④

抗日战争胜利，中华体协拟迁往首都南京。然而，一时之间，难以找到会址。董守义等中华体协职员多方奔走呼吁，积极联系政府及社会热心体育人士，寻找会址，筹募经费。经一年多的奔走，于1946年底，

---

① 《抗战后之孤岛体育》，《体育与健康教育》1941年第1卷第1期，第38页。

② 董守义：《奥林匹克旧事》，中国人民政治协商会议全国委员会文史资料研究委员会编：《文史资料选辑》（第18卷　第53辑），中国文史出版社1964年版，第109页。

③ 《中华全国体育协进会工作日志》（1942年12月30日），南京国民政府教育部档案五—15043（3），中国第二历史档案馆藏。

④ 《中华全国体育协进会财产间接损失汇报表》（1945年12月12日），姜良芹、郭必强、吕晶编：《南京大屠杀史料集41：中央机构财产损失调查》，江苏人民出版社2007年版，第588页。

以社会各界捐助的经费在南京剑阁路买下 3 亩公地，“用作建筑活动房屋”，兴建小型办公室和职员宿舍，“充为本会会址”。① 为“兴建会所及将来运动场之设计、建筑以及各地方分会类似之事项”计，1947 年 1 月 7 日召开的中华体协常务理事会决定成立以关颂声为主任委员，张信孚、黄少良为委员的建筑委员会。② 在建筑委员会的主持下，中华体协会所顺利建成，并于 1947 年上半年正式投入使用。

由上可见，由于经费有限，中华体协在其存在的 25 年里，主要是租房作为会所，并且数度搬迁，颠沛流离。就是在这样的环境下，中华体协职员仍然不忘初心，坚持发展国民体育事业，着实令人敬佩。

（2）建设中华体协运动场馆。

担任中华体协名誉主任干事十余年之久的沈嗣良曾言：“多设运动场为普及运动之初步，亦为基本要务。”③ 事实上，中华体协为推动体育的传播和普及，亦曾积极建设运动场馆。

如前所述，中华体协成立之初，连个办公场所都没有，更别说运动场馆了。遇有运动竞赛，只好临时借用场地。例如，1924 年，中华体协举办的第一届中华足球联赛就是在租借的中华棒球场举行的。1925 年 5 月，为选拔运动员参加第七届远运会，中华体协亦不得不假借圣约翰大学为全国预选会地点。④

直到 1925 年底，这种依靠租借运动场馆开展体育赛事的状况才得

① 《中华全国体育协进会进化简史》，中华全国体育协进会干事部编：《第十四届世界运动会中华代表团手册》，中华全国体育协进会 1948 年版，第 5 页；《中华全国体育协进会三十六年度建筑委员会第一次会议》（1947 年 2 月 3 日），南京国民政府教育部档案五（2）—1311，中国第二历史档案馆藏。

② 《中华全国体育协进会常务理事会三十六年度第一次会议记录》（1947 年 1 月 7 日），南京国民政府教育部档案五（2）—1311，中国第二历史档案馆藏。

③ 沈嗣良：《中华全国体育协进会略史》，《体育季刊》（中华体协版）1935 年第 1 卷第 1 期，第 178 页。

④ 《中华全国体育协进会民国三十二年十月至三十三年十二月工作报告》，中国第二历史档案馆编：《中华民国史档案资料汇编》（第 5 辑　第 2 编　文化 2），江苏古籍出版社 1998 年版，第 761 页。

以改变。1925 年 10 月，中华体协得到热心体育的著名商人兼三育体育会会长程贻泽所捐一万两白银，买下当时由葛雷经营的劳神父路运动场的全部地面建筑，并向洛克菲勒基金会租得占地 137 亩的劳神父路运动场，获得了该运动场的使用权，更名为“中华运动场”。至此，中华体协第一次拥有了自己的运动场馆。在中华运动场建成以前，虽然这一时期由华人兴建的体育场有近十个，但较大规模的体育场仅有建于 1909 年的江湾跑马厅（后改称“万国体育场”）和建于 1924 年的远东体育场。由于经营不善等原因，这两家体育场使用率较低，仅能勉强维持。① 而中华运动场在 1925 年以后又陆续建成了田径场、足球场、篮球房、网球场、棒球场等场地，一跃成为当时上海地区“中国人能使用的、最有规模的”综合性运动场，② 并逐渐成为“国人提倡体育之大本营”③。中华运动场建成后，全国足球分区赛、全国棒球分区赛、中葡足球赛、第一届万国运动会、万国篮球赛、万国足球赛等赛事都曾在此举行。“本会事业所及，得力于该场之助良多。”④ 此外，中华体协还出租运动场，供其他团体开展体育赛事。如 1926 年的华东公开运动会和第一届江南大学体育协会运动会等都在此举行。尤为值得注意的是，在上海举行的第八届远运会不仅全部由中国人自主筹办，而且除了游泳比赛外，其他所有项目都是在中国人自己建造的体育场里举行，标志着依靠外国人和西侨场地举办远运会历史的结束以及中国人独立自主参与远运会的开始。

从此种意义而言，在中华运动场建成以前，“中华全国体育协进会尚无运动场之设备，致历届在上海举行大会时，多假地于虹口公园

---

① 《上海体育志》编纂委员会编：《上海市专志系列丛刊·上海体育志》，上海社会科学院出版社 1996 年版，第 609 页。

② 薛理勇主编：《上海掌故辞典》，上海辞书出版社 1999 年版，第 351 页。

③ 上海市年鉴委员会编：《上海市年鉴》（1935 年），上海市通志馆 1935 年版，第 1122 页。

④ 《本会之成立及场地之经营》，《体育季刊》（中华体协版）1935 年第 1 卷第 1 期，第 130 页。

（笔者注：租界内的体育公园）"①。以远运会为例，由于中国人没有能力修建自己的运动场，上海地区较大规模的体育场大多是由外国人兴建的。第二、五届远运会在上海举行时，我国于“无可如何之中，借虹口公园为会场”。“筹办的设备，会后即非我有，实为最不经济之方式。”并且，由于中国的半殖民地地位，“外人公园（笔者注：虹口公园），平时我国人民，不能随意出入。临时借用，诸多不便”。② 这种排斥中国人进入西侨运动场的现象在当时非常普遍。后来，在上海基督教青年会体育部主任葛雷的交涉下，虹口公园管理方才勉强同意中国运动员凭券入场，但亦规定，只能在特定的时间进入田径场训练。这一方面说明了中国体育运动设施严重落后，另一方面也反映了中国半殖民地的丧失主权的悲惨境地——在中国的土地上开展体育运动，居然要借用外国人的体育场。并且，还是在外国人的交涉下，才勉强获得场地的临时使用权。黄东治、张宁等认为，在华西侨在体育领域的此类“排华”行为是西人维系社群自我认同与殖民者展示自身特权的重要策略，通过与华人这个“他者”的区隔，以展示西人在华的超然权力及迥异于华人的价值观，体育、运动场也成了展示帝国主义文化的重要象征和渠道。③ 民国时期中国体育领域的半殖民地色彩可见一斑。

从此种意义而言，中华运动场的建立不仅反映了国人试图改变依赖外国势力开展体育运动的愿望和追求独立自主开展体育运动的强烈诉求，而且体现了国人追求体育主权独立乃至民族独立的立场和努力，促进了中国体育主权的逐渐收回，并与当时轰轰烈烈的收回利权

① 王正廷：《欢迎辞》，《申报》1927年8月27日，第11版。

② 《八届远东运动会着手筹款》，《申报》1927年1月16日，第10版。

③ 黄东治：《体育运动、帝国主义和中华帝国的衰亡（1860—1911）》，《身体文化研究》第2期；张宁：《在华英人间的文化冲突：上海“运动家”对抗“鸟类屠杀者”》，《“中央研究院”近代史研究所集刊》2000年第34期；熊月之等选编：《上海的外国人（1842—1949）》，上海古籍出版社2003年版。

等反帝爱国运动一道，共同推进了中国争取民族独立的历史进程。

随着中华体协、中华足球会、中华网球会和中华棒球会等体育组织陆续以此为会所以及各种体育赛事的频繁举办，中华运动场逐渐成为上海华人体育竞赛的中心。但是，由于中华运动场的土地所有权归美国洛克菲勒基金团所有，“欲争夺此地皮者，颇不乏人”。因此，中华体协租借中华体育场也并非一帆风顺，而是风波不断，“常在风雨飘摇之中，空时有被收回之可能性”①。围绕续租问题，中华体协与美国洛克菲勒基金团展开多次交涉。1927 年，洛克菲勒基金团通知中华体协，1927 年底租期到后，将不再续租。面对这种情况，中华体协专门召开董事会议，商讨对策。最终决定“拟用各公团及有声望之个人出面，去函请地主，将地皮捐赠建筑运动院”，并“拟另托与煤油大王有交谊之私人，去函挽商”。② 中华体协会长王正廷“邀集上海各公司如银行界、市商会等九有力团体，具名联署，用书面请求煤油大王洛氏捐助地皮之全部或一部，以建筑大规模的运动场，而树发展华人体育之永久计划”。同时，还恳请“梅华铨夫人以私人友谊关系，用书面向洛氏疏通”。经过多方努力，洛克菲勒基金团终于同意续约。两年租期满后，洛氏基金团并未按照合同于 6 个月前通知停止租用，故又得无形延长期限，至 1930 年 6 月 30 日满期。③ 后在与洛克菲勒基金团关系密切的余日章的交涉下，继续租用该地皮。同时，为谋永久之计划，中华体协亦积极另觅场所。④ 岂料，1931 年秋，波澜再起。关于洛氏基金团捐赠该地皮于医学会、建筑中山医院及医学院的消息，甚嚣尘上。“一时空气浓厚，大有成为事实之可能。”直至一・二八事变发生，此议销声匿

① 上海市年鉴委员会编：《上海市年鉴》（1935 年），上海市通志馆 1935 年版，第 1122 页。

② 《八届远东运动会着手筹款》，《申报》1927 年 1 月 16 日，第 10 版。

③ 上海市年鉴委员会编：《上海市年鉴》（1935 年），上海市通志馆 1935 年版，第 1122 页。

④ 《体育协进会场地暂不致收回　洛克菲勒合同虽满 仍可短时间应用 董事会为谋永久之计 积极另觅场所》，《申报》1930 年 7 月 5 日，第 17 版。

迹，中华体协虚惊一场。① 难能可贵的是，即便在如此风声鹤唳的时局中，中华运动场依然举办了许多大型运动会。例如，1931 年 9 月 12 日，“为促进市民体育养成市民健全体格，并选拔民国二十年全国运动大会本市代表起见”，上海市教育局借用中华运动场举办了规模宏大的第二届全市运动会。②

1934 年 4 月，洛克菲勒基金团正式向中华体协发出于 6 月底前迁出的搬迁通知书。中华体协再度陷入“会址无着”的尴尬境地。无奈之下，中华体协常务董事会决定，将会所及中华运动场上的各种建筑、体育器材等暂迁于沪西延平路申园足球场内。③ 同年 7 月，中华体协租下申园足球场之一部分为会所，正式开始办公。④

为谋长久之发展，中华体协于 1934 年 12 月 5 日召开常务董事会议，决议通过“盘购西人足球会所置申园足球场内产业及租借延平地产公司所有申园足球场地亩两案”⑤。随后，中华体协积极联系延平地产公司，几经讨价还价，最终达成协议：由中华体协租下整个申园，为期 1 年，年付租费 1 万元，并抽取每次比赛门券收入数 1 成，添作租金。⑥ 1935 年 7 月，租约期满。中华体协解除与西人足球会的合作关系，租下占地 40 余亩的申园足球场，“以沪地地价之高昂，得适当地亩，已是难能”。为满足开展体育赛事的需要，中华体协陆续改造了跑

① 上海市年鉴委员会编：《上海市年鉴》（1935 年），上海市通志馆 1935 年版，第 1122 页。

② 《上海全市运动会今日开幕》，《申报》1931 年 9 月 12 日，第 12 版。

③ 该足球场系 1933 年由中华体协与上海西人足球会合资建造。

④ 《本会之成立及场地之经营》，《体育季刊》（中华体协版）1935 年第 1 卷第 1 期，第 130 页。

⑤ 《全国体育协进会常务董事会决议》，《申报》1934 年 12 月 10 日，第 13 版。

⑥ 《本会之成立及场地之经营》，《体育季刊》（中华体协版）1935 年第 1 卷第 1 期，第 130 页。

道，建设了篮球房、健身房等运动场馆。①

从1924年成立到1937年八一三事变，中华体协的体育设施建设经历了从无到有、从临时租借到集资自建，由依靠西侨的体育场到拥有自建的体育场，不仅为中华体协开展各项体育运动提供了物质基础，而且为各地体育运动的开展提供了积极的示范效应，推动了国内体育运动的传播和普及。并且，中华体协建设的体育设施大多力图依据国际奥委会认可的标准和规范来建设，为中国参与世界体育运动、接轨国际体坛奠定了物质基础。这既是中国体育国际化的表现之一，也充分体现了中华体协推动中国体育国际化的努力。

八一三事变发生，日本开始大规模进攻上海。由于战火侵扰，中华体协被迫停止工作。随着战事发展，申园会所场地“原有看台、健身房、办公室、更衣室等，在战时损失无存”。② 1937年，中华体协迁往重庆。由于经费紧张，中华体协只建立了办公会所，而无力建设体育场馆。举办体育活动时，大多是借用中华体协重庆分会、新生活运动总会或青年会等组织的体育场。

抗日战争胜利后，中华体协迁往南京。鉴于“儿童每嬉戏街心路旁，既属危险且易染种种恶习”及“幼稚儿童身心之锻炼，实为养成健全国民之基础”，中华体协“特向美国援华会募得巨款”1400万元，用于建设儿童游戏场。中华体协将其中一部分捐于天津，“先行设立较为完善之游戏场一所，以为倡导”，并于1947年2月19日在天津教育局召开由中华体协驻天津干事郭荫轩、蒋介石委派专员孙曾培及天津教育局体育股主任等参加的磋商筹建天津儿童游戏场会议。经商定，中华体协选定天津复兴公园设立儿童游戏场，计划在原有设备基础上安装“联合运动器具八份”，购置“机巧运动器具”，并“就原有场地添建房

① 《本会之成立及场地之经营》，《体育季刊》（中华体协版）1935年第1卷第1期，第130页。

② 《全国体育协进会昨开常务理事会》，《中央日报》1947年1月8日，第5版。

屋，筹设儿童图书馆、俱乐部、室内运动场、健康检查室等”。同时，中华体协还计划“聘请专任指导一名，负责指导儿童各种活动”。① 在中华体协等各方的共同努力下，天津第一个公益儿童游戏场终于建成，成为天津儿童游戏的中心地区。

事实上，中华体协还打算在全国广建儿童游戏场、体育场。但是，由于经济危机加剧，政局动荡不安，尤其是国内战争愈演愈烈等因素的影响，中华体协的计划大多流产，在建设体育场馆方面无多建树。

2. 推动各地体育场地的建设

正如王正廷所言：“以我国之大，若言提倡体育，非多多建筑运动场不可，盖工欲善其事，必先利其器也。”② 中华体协不仅积极建设本会会所和运动场馆，而且通过各种方式推动社会体育场地和学校体育场地的建设。

如前所述，中华体协成立后，以上海为中心，开展了多层次的体育赛事，不仅推动了上海地区体育赛事的发展，而且推动了其他地区体育赛事的发展。而各地区体育赛事的开展，势必推动作为体育运动基本条件的体育场地的建设。从这个意义而言，中华体协在一定程度上推动了各地区体育场地的建设。中华体协还积极向政府建言，多建体育场地。第十届远运会结束后，时任行政院长的汪精卫对王正廷、郝更生所持的“提倡运动宜先备场地，场地之设立，取乎多不在乎大，以期普及之意”等言论“深表同情”，并表示“政府在旁协助之，义当不容辞”。③

---

① 《市政府训令准中华全国体育协进会函请将第十一区皇后花园拨借改立儿童游戏场等由令由会核洽商具报》，天津市政府档案 401206800-J0110-2-002005，天津档案馆藏；《中华全国体育协进会附设天津儿童游戏场计划书》，http：//www.tjdag.gov.cn/tjdag/wszt/zdzs/bjdazsdjz/5982439/index.html。

② 王正廷：《体育救国》，《时事月报》1933 年第 9 卷第 4 期，第 222 页。

③ 《本会临时董事会议记录》（1934 年 8 月 3 日），《体育季刊》（中华体协版）1936 年第 1 卷第 1 期，第 143 页。

除了上述这种间接推动体育场地建设的方式外，中华体协职员亦通过各种途径直接推动体育场地的建设。

中华体协职员大多是体育专家，并任职于各种体育组织。他们利用自身的体育专业知识，积极倡导、参与设计、修建体育场，为开展体育活动提供了基本场所。为开展游泳运动，曾任中华体协运动裁判会委员的舒鸿在杭州之江大学任职时，于 1929 年建成了当时杭州第一座游泳池——之江大学游泳池。由于设计合理，且为杭州首屈一指的泳池，之江大学游泳池被定为第四届全运会游泳比赛场地。1930 年，舒鸿被任命为第四届全运会体育场设计股干事，主持全运会运动场地，即梅东高桥体育场的规划、设计等工作。梅东高桥体育场建有 400 米跑道的标准田径场 1 个，网球场、棒球场、足球场、排球场各 1 个，并建有可容纳 1.2 万人的木制看台，是当时杭州地区规模最大、设施最齐全的体育场，不仅为全运会提供了比赛场地，而且为社会体育事业的发展奠定了良好的运动场所。①

为迎接在上海召开的第六届全运会，沈嗣良提议建设上海市体育场以为全运会场地。② 1934 年 10 月，上海市成立由潘公展等 9 人组成的上海市体育场建设董事会。中华体协职员王正廷、沈嗣良位列其中，皆为董事会成员，并积极参与主持体育场的建设。③ 经过近一年的建设，上海市立体育场即江湾体育场，终于在 1935 年 8 月底完工。该体育场占地 300 余亩，主要建筑为呈鼎足分布的田径场、体育馆及游泳池三个部分，其间辅以网球、足球、棒球场、运动员宿舍等建筑，可以容纳 6 万余名观众，是当时国内规模最大的体育场。整个体育场布置完美、规

① 张天洁、李泽：《20 世纪上半期全国运动会场馆述略》，《建筑学报》2008 年第 7 期，第 96~101 页。

② 徐友春：《民国人物大辞典》（增订本），河北人民出版社 2007 年版，第 754 页。

③ 金培校：《上海市江湾体育场》，吴汉民主编：《20 世纪上海文史资料文库》（第 8 辑）（教育科技），上海书店出版社 1999 年版，第 307 页。

模宏大，被誉为“东方最完美之体育馆”。遗憾的是，八一三事变后，上海沦陷，江湾体育场也沦为日军的军火库。① 抗日战争胜利后，南京国民政府决定在上海江湾体育场举办第七届全运会。由于战争的破坏，江湾体育场已经破败不堪。为修复江湾体育场，上海市教育局委托中华体协职员金兆均②为全运会筹备委员会场地组组长。在人力、物力异常艰难的情况下，金兆均开始了艰难的修复与整理工作。由于经费匮乏，修复工程只得因陋求简，进行简单的修补，而无力重建。如重铺体育馆地板和天棚，以木栅代替破旧的铁门，用芦席围拦无力重建的被毁的南部大看台等。③ 经过金兆均等人的努力，江湾体育场基本上可以满足举办全运会的需求，为第七届全运会的如期举办提供了场地保障。

1942 年，重庆市社会服务处为提倡民众体育，增进市民健康，特在两路口筹建体育场、体育馆及儿童运动场。中华体协派遣干事梁钟睿“前往协助负责设计、建筑、装置等工作”④。同年 4 月 4 日，中国滑翔总会在重庆成立，中华体协董事（后改称理事）郝更生担任总干事。为培养航空人才，郝更生筹建了中国第一座跳伞塔——重庆跳伞塔。从筹划、选址、设计、招标到建设，郝更生全程参与，对该跳伞塔的建设起到了至关重要的作用。⑤ 重庆跳伞塔建成后，除滑翔训练班及跳伞运动员的正常训练外，每天上午、下午专门留出时间对外开放，供市民参加跳伞活动，促进了跳伞运动的发展和战时中国航空人才的培养。再如，1943 年，中央训练团拟筹建陪都国民体育场以发展国民体育。中

---

① 金培校：《上海市江湾体育场》，吴汉民主编：《20 世纪上海文史资料文库》（第 8 辑）（教育科技），上海书店出版社 1999 年版，第 309 页。

② 金兆均时任上海市体育专科学校校长。

③ 金培校：《上海市江湾体育场》，吴汉民主编：《20 世纪上海文史资料文库》（第 8 辑）（教育科技），上海书店出版社 1999 年版，第 310 页。

④ 《中华全国体育协进会最近工作概况》（1942），南京国民政府教育部档案五（2）—1311，中国第二历史档案馆藏。

⑤ 唐润明：《中国第一座跳伞塔的建成》，《民国春秋》，1996 年第 5 期，第 18~20 页。

华体协总干事董守义、理事长张伯苓等人积极响应，不仅积极参加陪都运动场筹建会议，而且多次和中央训练团的王原东等商议体育场设计等问题，为陪都体育场建设建言献策。①

此外，中华体协的各地分支会亦纷纷建设体育场地，以开展体育活动。其中，以重庆分会最为突出。1944 年 12 月，重庆分会为筹备美国驻昆明的空运大队篮球队来渝比赛，"除修理原有看台外，并购大批木材赶制条凳五百条"。② 1944 年至 1945 年间，重庆分会"修建办公室、更衣室、洗澡间，并添置设备，准备大规模推动国民体育"。③ 1945 年 2 月，中华体协重庆分会又"在川东师范体育场新建房一所"作为办公场所。④ 此外，中华体协其他分支会如自贡支会亦积极"筹建大规模体育场，不日即行开工"。⑤

综上可见，中华体协不仅积极建设本会的体育场馆，而且通过各种方式推动全国各地公共体育馆和学校体育馆的建设。由于国族危机深重，时局动荡，再加上经费有限等原因，中华体协建设体育场馆的成效难言显著。但是，作为全国社会体育组织总枢纽的中华体协积极倡导和建设体育场馆的举动依然具有重大的意义。首先，以中华体协兴建的中华运动场为代表的体育运动馆的发展意味着中国开始逐渐摆脱依赖西侨

---

① 《中央训练团王原东致函教育部长陈立夫 恳请主持发动筹建陪都国民体育场事宜》，1943 年 3 月 7 日，南京国民政府教育部档案五—15075（1），中国第二历史档案馆藏；《郝更生致函教育部长陈立夫 请示筹建陪都国民体育场事宜》，1943 年 4 月 10 日，南京国民政府教育部档案五—15075（1），中国第二历史档案馆藏。

② 《本会重庆市分会修理看台添置条凳》，《体育通讯》1944 年第 8 期，第 6 页。

③ 《重庆市分会筹集基金 加强推动体育》，《体育通讯》1945 年第 10 期，第 7 页。

④ 《本会重庆市分会——川师内新屋落成》，《体育通讯》1945 年第 13 期，第 7 页。

⑤ 《三十三年度直属自贡支会工作报告书》，《体育通讯》1945 年第 9 期，第 5 页。

体育运动馆举办大型运动会的尴尬境地，为国人独立自主开展体育活动提供了必要的场地保障和物质基础，推动了上海等地体育场馆的建设和体育运动的发展。其次，在以体育和运动场作为西侨展示自身特权的重要象征和渠道的近代中国，国人兴建的体育运动馆不仅象征着对西人垄断中国近代体育运动的突破，亦象征着国人体育主权意识的觉醒和追求体育主权独立的努力，进一步而言，亦是国人追求民族独立的立场和努力在体育领域的具体反映。因此，这些体育场馆的落成不仅有着现代性的向度，更有反侵略的国族主义意义。最后，作为民间体育组织的中华体协在危局之下，其职员仍以高度的奉献精神和公共服务精神，坚持以发展国民体育为宗旨，克服万难，戮力经营，积极推动体育场馆建设和国民体育发展。其立志之坚、用心之苦、用力之深，至今观之，仍令人肃然起敬。同时，也说明了在时局动荡、经济落后的社会里，体育的发展如果缺少政府的有力支持，而仅仅依靠社会力量是举步维艰的。

### （二）推动国产体育器材的创制和发展

体育器材是体育运动的工具，是开展体育活动的基本条件和不可或缺的重要运动媒介，对于体育观念的传播和体育活动的推广等方面起着举足轻重的作用。同时，体育器材数量多寡和质量高低也影响着体育的传播和体育活动的发展。“考吾国体育近史，昔体育上所用运动器具，何一非外国出品。”① 这些进口体育器材大多价格昂贵，严重制约了我国体育活动的开展和推广。在此背景下，提倡发展国产体育器材的呼声日渐高涨。为保障体育运动的正常开展，中华体协积极呼吁体育器材国产化，竭力扶植中国本土体育器材生产工厂，推动国产体育器材的生产和发展。同时，还积极发挥创造精神，因地制宜地改造、创制体育器材，在一定程度上推动民国时期体育事业的发展。

---

① 吴蕴瑞：《今后体育须顾国民经济》，《中华教育界》1934 年第 21 卷第 7 期，第 111 页。

1. 鼓励、扶植国产体育器材的生产和发展

20世纪20年代以前，中国体育运动的器材大多是从外国进口，价格十分昂贵。李腾于1927年撰文称："我国体育器械，大部分运自西洋各国。"① 为降低体育运动成本，推广体育运动，中华体协及其职员积极提倡、推动国产体育器材的生产和发展。

天津利生体育用品工厂是孙润生在1921年创办的民国时期著名的体育用品厂。中华体协元老张伯苓对其创办和发展发挥了重要的作用。在创办利生体育用品工厂之前，孙润生供职于张伯苓开办的南开大学，教授音乐和英文。在教学过程中，孙润生越发觉得国人从事体育运动的器材不仅大多从国外进口，而且价格昂贵。如果自己可以制造，那么既堵塞漏卮，又有利可图，可谓一举两得。张伯苓亦正有此意，遂积极鼓励孙润生研究制造篮球的技术。在张伯苓的支持下，孙润生潜心研究制球技术。经过反复研制，不断改进，终于成功缝制出第一个符合标准的篮球。1921年，孙润生辞去南开大学教员的职务，开办制球工厂。为鼓励孙润生，张伯苓特地为工厂写了一副对联："利应社会需要，制造体育用品；生为人身健康，畅销运动器具。"② 孙润生取上下联的第一字为工厂名，是为"利生制球厂"。这便是日后的利生体育用品工厂的雏形，也是近代中国第一家体育用品厂。为表示对孙润生的支持，张伯苓在其离开南开大学时，曾多付给他几个月的薪金。③ 为解决孙润生的后顾之忧，据说张伯苓还许诺，如果工厂做不好，学校随时欢迎其回来。④ 1929年，张伯苓派遣南开大学教员兼篮球教练齐守愚赴美国继

① 李腾：《我国体育用品自给问题：国人宜急起筹资在国内设厂制造》，《体育》1927年第1期，第1页。

② http://www.tjdag.gov.cn/tjdag/ztda/mrzj/8666276/index.html

③ 李清安、韩馨远：《誉满中外体坛的利生体育用品厂》，全国政协文史资料委员会编：《中华文史资料文库·经济工商编》（第12卷），中国文史出版社1996年版，第917页。

④ 孙海麟编：《中国奥运先驱张伯苓》，人民出版社2007年版，第203页。

续深造体育，并到美国卡尔顿大学专门学习制革技术。1932年，齐守愚学成归国。为了让齐守愚学有所用及推动利生体育用品工厂的发展，张伯苓推荐齐守愚到孙润生的利生体育用品厂担任皮革厂长。在齐守愚的主持下，利生体育用品厂引进了西方先进的制革技术和设备，使得该厂的产品质量和生产规模在激烈的竞争中稳居前列，产品行销全国乃至海外。此外，张伯苓还积极宣传利生产品："出品更较前精美，而作价仍取低廉……故乐代为全国介绍焉。"① 至20世纪30年代，利生工厂逐渐发展成为中国体育用品制造业中规模最大的生产厂家。

春合体育用品厂是由傅泊川等人于1924年创办的中国较早的体育用品厂。该厂从创办、生产到销售都获得过张伯苓的鼎力支持。在创办工厂之前，傅泊川曾把研制出来的篮球交给张伯苓，请他提意见。张伯苓把篮球交给南开大学的篮球队员试用，并把他们的意见反馈给傅泊川。傅泊川根据篮球运动员们的意见，不断改进工艺和技术，直到产品质量完全令运动员满意了，他们才开始着手开办工厂，投入生产。办厂初期，春合销路不畅，数月入不敷出，工厂行将倒闭。为支持春合体育用品厂，张伯苓的南开大学大量购买该厂产品，帮助他们渡过难关。后来，春合体育用品厂逐渐走入正轨，产品逐渐打开销路，行销海内外。② 此外，张伯苓还为春合工厂的体育用品写宣传词，做广告，并发表在《天津体育协进会年刊》上，以兹宣传："春合工厂自成立以来，专制体育用品，凡所营造，俱见匠心。论质则不减于舶来货物，而合于应用；论价则较为低廉而易于购置，此其抵塞漏卮推广体育之功，当不在小也。"③

---

① 龚克主编：《张伯苓全集》（第二卷　著述言论二），南开大学出版社2015年版，第170页。

② 孙海麟编：《中国奥运先驱张伯苓》，人民出版社2007年版，第205~206页。

③ 龚克主编：《张伯苓全集》（第二卷　著述言论二），南开大学出版社2015年版，第228~229页。

20世纪20年代以前，国内体育用品大多是价格昂贵的舶来品，不利于体育运动的推广和开展。在张伯苓的支持下，利生体育用品厂和春合体育用品厂得以创立，并不断发展，为体育活动的开展提供了物美价廉的体育用品，促进了体育运动的推广和普及。正如张伯苓所言："吾人年来提倡体育，每多利赖于体育用具之价廉物美。"①

此外，长期任中华体协董事的吴蕴瑞亦积极号召国人使用国产运动器具。他"本体育顾及国家经济之主张"，呼吁体育界人士"一方督促各工厂尽量改良，一方亦应抱爱国精神，不论国货优势如何，总是尽量购用"，并提议"凡在各省市运动会中，尤以全国运动会中所用器具，应一律尽属国产"。②

2. 创制体育器材

为了在体育器材缺乏的情况下亦能正常开展体育活动，中华体协职员常常因陋就简，因地制宜，改良、仿制甚至发明新式体育器材。

抗日战争时期，中华体协董事董守义面对场地、设备欠缺的情况，采用变化运动用具和场地，并据此调整运动方法和规则等方法，坚持开展体育运动。③ 七七事变后，日本全面侵华，大批高校被迫内迁。董守义供职的国立北平师范大学先后迁往西安、汉中，并于1939年改名为国立西北师范学院。1940年，国立西北师范学院迁往甘肃兰州，直至抗日战争胜利。战时，经济困难，体育运动器材极为匮乏。为开展体育运动，董守义随学校迁往汉中的城固县后，想方设法，克服困难，制作了不少体育运动器材。以垒球为例，董守义因地制宜，用玉米秆编成垒

① 龚克主编：《张伯苓全集》（第二卷 著述言论二），南开大学出版社2015年版，第229页。

② 吴蕴瑞：《今后体育须顾国民经济》，《中华教育界》1934年第21卷第7期，第112~113页。

③ 董守义：《对战时体育教学困难之补救的意见》，《教与学月刊》1940年第5卷第3期，19页。

垫，然后请鞋匠照着棒球的样品，缝制出垒球，并将树枝削成垒球棒的形状，作为球棒。董守义就是凭借自己制作的垒球和球棒，带领国立西北师范学院的学生开展垒球运动，并且带动了西北地区垒球运动的发展。①

1939 年，中华体协干事魏振武等三人在苗族传统的拍击“鸡毛羽”运动的基础上，改进了球、球拍和场地，发明了“板羽球”运动。魏振武三人经过不断改良，最终采用木头作为底托，并在底托之外裹以汽车内胎，再将三根鸡羽毛插入底托之中，剪成齿轮状花边，弹性良好、易于控制且外观精美的板羽球就此制作成功。板羽球拍最初采用乒乓球拍，但乒乓球拍太小，初学者难以击中板羽球，并且乒乓球拍过于单薄，容易破裂。因此，魏振武三人又在乒乓球拍的基础上进一步放大、加厚，并在球拍上凿若干小孔，最终制成较为实用的板羽球拍。1940 年，魏振武三人到中华体协任职时，还“组黔口羽毛球厂，加以研究制造”。至于场地，板羽球运动最初采用网球场地。后来，中华体协为凸显板羽球运动的“独立精神”，经过多次试验，在网球场地的基础上扩大了球场的宽度，提高了拦网的高度，形成了独特的板羽球场地。②由于用具简单，可以自制自用，并且场地要求不高，易于开展，再加上中华体协的积极宣传和推广，板羽球运动逐渐在重庆、成都等地发展起来，成为战时颇受普通民众欢迎的体育运动。

“体育救国”是中国近代体育界的共识。中华体协更是该思潮的倡导者和践行者。张伯苓认为：“中国民族懦弱，由来已久，要想挽救，必须注重体育。不过体育固须注重，而体育用品也是提倡体育的人所不可忽略的。”③ 在此背景下，大力发展国产体育器材自是题中之意。

---

① 张振美等：《中国垒球运动史》，武汉出版社 1990 年版，第 18~19 页。

② 陈海涛：《我们的发明——板羽球》，《体育通讯》1945 年第 14 期，第 4~5 页。

③ 龚克主编：《张伯苓全集》（第二卷　著述言论二），南开大学出版社 2015 年版，第 170 页。

任何体育运动都需要借助一定的运动媒介才能够完成。上述体育场地、器械等体育设施都属于运动媒介，都是开展体育运动不可缺少的工具，亦是一种重要的具象的运动符号，是体育运动重要的传播载体。因此，中华体协推动体育设施建设的意义不只在于为国内体育运动的开展奠定了物质基础，而且极大地推动了体育的传播和普及，更重要的是意味着国内体育运动由最初的被动接受西方体育设施发展到主动仿造，乃至创造新式体育设施的新阶段。

诚然，中华体协积极发展国产体育器材的直接动因是为了促进体育的传播和发展。但进一步分析可知，经济民族主义观念的兴起亦为其重要原因。1927 年，时人撰文称："购买体育用品者（笔者注：进口体育用品）所耗之金钱甚巨，而所受之实益则甚小"，长此以往，"国人不惟于经济方面，受无形损失。即利权方面亦觉外溢过甚"。① 吴蕴瑞从经济民族主义和体育救国的视角出发，认为必须大力倡导国产体育器材的生产和发展。他认为体育"从经济方面看，则消糜国民经济，大有背乎生产之宗旨，去教育救国之旨远矣"，必须从"改良运动器具制造"和"竭力推用国产运动器具"两个方面进行矫正。因此，吴蕴瑞积极鼓励保定布云厂、天津利生工厂等工厂改良、生产运动器具，以"抵制外货，并能增加出口"。随着出口数量的增多，体育就能起到堵塞漏卮、促进生产的作用，"于国家经济有无穷之裨益焉"。② 春合体育用品厂即出于此种动机而创办："体育所需之用具，概仰给于外货，每年输入为数甚巨……傅君默察此点，深为忧蹙，爰乃下最大决心，创办小规模工厂，以图杜绝，而挽漏卮。"可见，中华体协积极发展国产体育器材还有助于推动国内体育经济的发展，促进中国民族资本主义经济发展，并在一定程度上起到了抑制外国体育用品倾销，抵制外国经济

① 李腾：《我国体育用品自给问题：国人宜急起筹资在国内设厂制造》，《体育》1927 年第 1 期，第 2 页。

② 吴蕴瑞：《今后体育须顾国民经济》，《中华教育界》1934 年第 21 卷第 7 期，第 111~113 页。

扩张，挽回利权的作用。

## 三、构建多样化的赛事类型

中华体协及其分支会联合国内体育团体，通过主办、协办或参与的方式开展了数量众多的体育赛事，逐渐形成了多层次的赛事格局、多元化的赛事目的及中西合璧的赛事内容。

### （一）多层次的赛事格局

中华体协成立后，开展了多层次的体育赛事，逐渐形成一个囊括世界级、洲级、国家级、地区级、省级、市级等在内的较为系统的体育赛事格局。

（1）世界级体育赛事。中华体协作为中国的国家奥委会，主持参加了第十届、十一届、十四届世运会，并拟申办1956年世运会。此外，中华体协还多次主持参与戴维斯杯网球赛等国际体育赛事。

（2）洲级体育赛事。中国为远运会的发起国和会员国，参加了历届远运会。其中，中华体协正式成立以前，其前身在上海主办了第二届和第五届远运会，并主持参加了第一届、第三届、第六届远运会；中华体协正式成立后，在上海主办了第八届远运会，并主持参加了第七届、第九届、第十届远运会。

（3）国家级体育赛事。鉴于我国幅员广阔，各地体育交流机会较少，中华体协竭力举办全国性体育赛事，“深盼各单位以他山借助精神，互相切磋，互相研讨，对于体育上一切之设施，有充分认识，取人之长，补己之短，共谋全国体育设施上之具体发展”①。抗日战争爆发前，中华体协先后发起了“全国分区足球赛”“全国分区网球赛”“全

① 郝更生：《对于全国运动会之我见》，《东方杂志》1933年第30卷第20号，第10页。

国分区棒球赛”等全国性体育赛事。其中，全国分区足球赛举办的届数最多，存在的时间最长。下面就全国分区足球赛作一简单介绍。

在全国分区足球赛之前，成立于 1924 年的上海中华足球联合会虽然每年举办一次上海足球联赛，但只限于上海一隅，全国足球界仍各自为战。“鉴于吾国足球界之散漫，鲜有会战机会，为谋振兴联络之计”①，中华体协遂于 1926 年发起“全国分区足球赛”。考虑到各大区的条件和机会均等，中华体协决定自 1926 年起，分区足球赛每年轮流由华东、华南、华西、华北、华中五区主办，设流动奖杯一只。自 1926 年至 1933 年，除 1932 年因战事停赛一年外，每年举办一次，一共举行过七届比赛。其中，1926 年在上海、1927 年在香港、1928 年在上海、1929 年在天津、1930 年在香港、1931 年在上海、1933 年在武昌。

颇为遗憾的是，在这 7 届全国分区足球赛中，五大区球队从未齐整参加过。历届赛事最多只有三个区派出代表队，而以两个区队参赛为多，不符合全国分区足球赛之名义，亦难实现全国足球“振兴联络”之目的。推其原因，除了时局动荡、军阀混战、交通阻隔等因外，“大半由于各区经费不足所致”。② 因此，为推动各区踊跃参加全国分区足球赛，1933 年 4 月 21 日，中华体协主持召开的第七届全国分区足球赛代表会议决定：“自下届起，筹备比赛区（主区），负有筹募津贴参加各区旅费之责任。”彼时，华西区代表积极申请第八届全国分区足球锦标赛在四川举行，表示“业已积极准备”，并筹得规定津贴各区的旅费。③ 然而，第八届全国分区足球赛终因时局变幻、交通不便、经费困难等因，未能如期举办。自 1934 年起，全国分区足球赛亦宣告结束。

---

① 阮蔚村：《中国足球史（三）》，《体育周报》（天津）1932 年第 1 卷第 48 期，第 7 页。

② 《全国分区足球赛代表会议》，《体育周报》（天津）1933 年第 2 卷第 24 期，第 5 页。

③ 《全国分区足球赛代表会议　主区津贴客区旅费 下届将在华西举行》，《体育周报》（天津）1933 年第 2 卷第 24 期，第 5 页。

（4）地区级体育赛事。为了在全国范围内广泛遴选优秀运动员，代表我国出席远运会，国内体育界人士建议全国分华东、华北、华中、华南等运动区，定期举行地区运动会，借以发展全国各区之体育，提高我国的竞技水平。① 受此影响，国内的地区运动竞赛活动日渐增多。其中，华北地区在1913至1934年期间，除1922年和1930年外，每年举办一次华北运动会，共计18次，是全国举行地区运动会最多的地区。华中地区在1923年至1936年间，共举办了6届华中运动会。

1933年，全国分区足球赛停办后，各地足球界交流甚少。为“谋恢复过去分区赛的精神，促进沪、港华人埠际赛的实现”，② 中华体协于1937年发起港沪华人埠际赛。1937年2月14日，第一届港沪华人埠际足球赛在香港拉开帷幕。结果，上海中华队实力不济，以1：5、0：6惨败。③ 中华体协原拟每年轮流在港、沪两地举办一次港沪华人埠际赛，然而终因日本全面侵华而流产。

中华体协内迁重庆后，曾计划“在本年（笔者注：1941年）内先筹办渝蓉埠际球类比赛、渝陕埠际球类比赛、渝蓉埠际田径对抗赛，藉资相互观摩，增进运动技术，促进社会体育，发扬民族精神”④，但苦于人力、财力及时局的制约，未能如愿。

（5）省级体育赛事。远运会、全运会及各大区运动会的开展，推动了各省运动会的开展。为了选拔优秀选手参加更高级别的体育赛事，各省纷纷举办省内运动会。截至抗日战争全面爆发前，中华体协曾先后

① 《华中运动会略史》，《中华全国体育协进会年刊》1927年第1期，第143页。

② 沈文彬：《中国的足球摇篮：上海足球运动半世纪》（1896—1949），上海文化出版社1995年版，第207页。

③ 沈文彬：《中国的足球摇篮：上海足球运动半世纪》（1896—1949），上海文化出版社1995年版，第209页。

④ 《中华全国体育协进会民国三十二年十月至三十三年十二月工作报告》，中国第二历史档案馆编：《中华民国史档案资料汇编》（第5辑　第2编　文化2），江苏古籍出版社1998年版，第758页。

协助“河北、江苏、山西、山东、辽宁、广东、湖北、湖南、福建省运动会凡十一次”。①

抗战时期，鉴于“我国体育仍以大都市比较发达，而各级低层社会多以人才设备问题未能普遍实施”，中华体协为解决此项问题并引起民众运动兴趣，改善民众休闲生活，普遍发展体育起见，决定“派员协助各地方举行运动会”。② 1942年3月，云南省体育协进会改组，中华体协董事马约翰被推选为理事。在马约翰等的领导下，云南省体育协进会举办了田径、游泳等体育赛事，推动了云南地区尤其是昆明体育运动的发展。③ 1943年6月28日，时值中华体协陕西分会成立周年纪念日，总干事董守义邀请兰州和城固师院的运动健将前往西安，共同举办了一次盛大的运动会。比赛项目包括篮球、足球、垒球等。“盛会十多日，比赛表演二十多场次。”④

（6）市级体育赛事。省级运动会等体育赛事的发展，亦进一步推动了市级体育赛事的发展。截至抗日战争全面爆发前，中华体协曾先后协助“上海、南京、北平、汉口、天津、广州、重庆等市运动会凡十四次”。⑤ 譬如，1924—1937年，中华体协组建的上海中华足球联合会、上海中华篮球联合会、上海中华棒球联合会及上海中华网球联合会

---

① 《中华全国体育协进会民国三十二年十月至三十三年十二月工作报告》，中国第二历史档案馆编：《中华民国史档案资料汇编》（第5辑　第2编　文化2），江苏古籍出版社1998年版，第765页。

② 《中华全国体育协进会报送三十年度工作计划致行政院备案呈》，中国第二历史档案馆编：《中华民国史档案资料汇编》（第5辑　第2编　文化2），江苏古籍出版社1998年版，第757页。

③ 叶宏开、韦庆媛、冯茵编：《挺起胸来　清华大学百年体育回顾（上）》，清华大学出版社2009年版，第121页。

④ 刘世明等：《回忆我国著名体育家董守义教授》，北京体育文史工作委员会：《北京体育文史》（第4辑），北京体育文史工作委员会1989年版，第249~250页。

⑤ 《中华全国体育协进会民国三十二年十月至三十三年十二月工作报告》，中国第二历史档案馆编：《中华民国史档案资料汇编》（第5辑　第2编　文化2），江苏古籍出版社1998年版，第765页。

经常在上海举办全市性的足球、篮球、棒球及网球联赛，极大地推动了上海地区体育赛事的发展。

抗日战争时期，中华体协及其分支会亦多次举办各种市级体育赛事。如中华体协重庆分会曾于1940年、1941年、1943年召开了三届重庆市嘉陵江水上运动会。①

### （二）多元化的赛事目的

中华体协举办的体育赛事数不胜数，按照其竞赛目的可以分为以下几种：

（1）综合性运动会。为全面检阅各项运动的提高与普及情况，中华体协及其分支会常常举行包括多个运动项目在内的体育赛事即综合性运动会。

中华体协以“全国学校区分队第一次体育同盟会”成立的日子，即1910年10月18日为其成立纪念日，并追认“全国学校区分队第一次体育同盟会”为其前身。依此而论，早在中华体协的萌芽期，就先后举办了三次全运会——“1910年第一届在南京举行，1914年第二届在北平举行，1924年第三届在武昌举行，均系本会所主办”②。

中华体协成立后，曾于1925年议定，每两年举行一次全运会，③并拟定于1926年秋在广州举办第四届全运会，后因北伐战争爆发而停办。嗣后又改定于1929年10月在广州举行，并委托广州体育协进会筹办。然而，时任浙江省政府主席的张静江为了扩大1930年西湖博览会

① 《牛角沱江面 水上运动会 今日举行》，《新华日报》1940年6月9日，第2版；《第三届嘉陵江水上运动会盛会　十万人争看龙舟竞赛》，《新华日报》1943年6月14日，第3版。

② 《中华全国体育协进会民国三十二年十月至三十三年十二月工作报告》，中国第二历史档案馆编：《中华民国史档案资料汇编》（第5辑　第2编　文化2），江苏古籍出版社1998年版，第764页。

③ 《中华全国体育协进会临时董事会开会记录》，《中华全国体育协进会年刊》1927年第1期，第6页。

的影响，要求将第四届全运会改在浙江杭州举行，并获得南京国民政府的批准。无奈之下，中华体协只得放弃原定计划，改为全力协助浙江省政府办理全运会。此后，南京国民政府收回全运会的举办权，并陆续举办了第五届、第六届、第七届全运会。其中，中华体协“均尽协助之劳”。① 由此可见，民国时期，全运会的举办权经历了由社会团体转归地方政府，再由地方政府转归中央政府的过程。这也反映了北京政府时期，尤其是袁世凯死后，中国陷于军阀混战的分裂时期，在缺乏强有力的中央集权统治和统一政治中心的特殊历史条件下，国家行政能力下降，政府统治力量较弱，并未将体育事业纳入政府的行政管理体系，中华体协等民间社团发展空间较大；而南京国民政府时期，蒋介石逐渐建立起统一的政府，统治力量增强，并实行一党专政，独裁统治，自然不会容忍民间社团的自由发展，逐渐将体育纳入国家政权建设体系中，中华体协等民间团体的发展空间被严重挤压。② 值得注意的是，中华体协对于南京国民政府收回全运会主办权一事并未进行抗争，反而认为是政府重视体育之表现，并在实际上极力赞助政府举办全运会。可见，中华体协即便是在社团权利受到制约的时候，也选择与政府继续合作，而不是像商会、同业公会那样选择抗争。这一方面表明在近代中国的不同领域中，政府与社会的关系往往是不同的，并非都像商会、同业公会那样合作与斗争并存，另一方面，也充分表明体育领域里的国家与社会关系具有自身的特点，即主要以合作为主，旗帜鲜明的抗争几不存在。

以全运会为例，中华体协主要通过以下几种方式协助政府举办全运会：

---

① 《中华全国体育协进会三十二年十月至三十三年十二月工作报告》，中国第二历史档案馆编：《中华民国史档案资料汇编》(第5辑　第2编　文化2)，江苏古籍出版社1998年版，第764页。

② 朱英：《20世纪中国民间社团发展演变的历史轨迹》，《华中理工大学学报》(社会科学版) 1999年第4期。

其一，担任全运会筹备委员。第五届全运会时，中华体协董事张伯苓、褚民谊、沈嗣良等均担任全运会筹备委员，参与全运会的筹备工作。其中，褚民谊还担任筹备委员会常务委员。① 第六届全运会的41名筹备委员中，有10人为中华体协职员：会长张伯苓、副会长朱家骅和吴铁城、董事主席王正廷、常务董事兼名誉会计褚民谊、董事郝更生、名誉主任干事沈嗣良、董事袁敦礼、董事吴蕴瑞及董事马约翰。其中，吴铁城被聘为副会长兼筹备主任，郝更生为筹备副主任，沈嗣良为总干事，褚民谊、王正廷、吴铁城、郝更生、沈嗣良等为常务委员。由此看来，中华体协职员不仅参与全运会筹备，而且大多担任要职，其对于全运会的贡献可见一斑。并且，中华体协15名董事中有6人担任筹备委员，5名常务董事中有3人担任筹备委员，就连会长、副会长及名誉主任干事都参与其中，可谓是“倾巢出动”、倾力相助了。② 原定于1937年举办的第七届全运会的42名筹备委员中有15人为中华体协职员：董事张伯苓、沈嗣良、吴蕴瑞、袁敦礼、章辑五、郝更生、马约翰、宋君复及各项运动委员会委员许民辉、宋如海、吴邦伟、程登科、萧忠国、金兆均等。其中，褚民谊为常务委员会主任委员、郝更生为总干事，章辑五为副总干事。③ 由于时局变化，该届全运会延至1948年举行，依然有许多中华体协职员参与其中，担任第七届全运会筹备委员会各组组长、副组长等职，如裁判组组长马约翰、表演组组长郝更生、表演组副组长高梓、展览组组长章辑五等。④ 此外，理事吴蕴瑞还被聘

① 张信孚：《第五届全国运动大会筹备及开幕之经过》，《时事月报》1933年第9卷第5期，第329页。

② 《第六届全国运动会筹备委员已聘定》，《申报》1935年3月23日，第14版；《第六届全国运动会纪要》，《青岛教育》1935年第3卷第6期，第1页。

③ 《全运会筹委聘定》，《勤奋体育月报》1937年第4卷第7期，第562页；《第七届全国运动会筹委已由教育部聘选 张伯苓与本报记者谈话》，《大公报》1937年1月27日，第8版。

④ 《第七届全国运动大会筹备委员会各组组长副组长名单》（1947年5月28日），南京国民政府教育部档案五—15075（2），中国第二历史档案馆藏。

为全运会专门委员会委员。① 可见，在政府举办的历届全运会中，中华体协职员皆参与筹备工作，为全运会的有序筹备作出了一定的贡献。

其二，协助编订运动规则。如前所述，中华体协充分发挥其在体育领域的专业性和权威性，为政府提供公共服务，协助编订运动规则。第六届全运会召开前夕，中华体协协助第六届全运会，共同编译了《男子篮球规则》《排球规则》《网球规则》《棒球规则》《田径及全能运动比赛规则》等规则，为大会的顺利举办提供了统一、权威的制度规范。②

其三，担任全运会工作人员，如会场管理、裁判等。中华体协职员不仅积极参与全运会的筹备工作，而且积极参与全运会的赛事举办工作。第四届全运会时，中华体协名誉会长张伯苓担任全运会总裁判。第五届全运会时，中华体协董事褚民谊担任全运会副会长，董事主席王正廷担任竞赛委员会委员长，张伯苓、褚民谊、沈嗣良担任竞赛委员会委员；张伯苓担任审判委员会委员长，王正廷、褚民谊、沈嗣良担任审判委员会委员。③ 待到第六届全运会时，中华体协职员更是遍布全运会各主要运动项目，并且大多担任主要的裁判工作——田径及全能运动部：会场管理沈嗣良、总裁判张伯苓、检查吴蕴瑞、径赛检录董守义、终点裁判马约翰；游泳部：会场管理郝更生、总裁判王正廷、终点裁判宋如海；篮球比赛组：董守义；国术部：裁判长褚民谊；举重表演组：褚民谊。④ 1948 年第七届全运会正式举办时，中华体协常务理事王正廷、常务理事郝更生及总干事董守义均担任常务委员，理事长张伯苓，理事

① 《第七届全国运动会专门委员会名单》，南京国民政府教育部档案五—15075（2），中国第二历史档案馆藏。

② 刘彩霞：《百年中文体育图书总汇》，北京体育大学出版社 2003 年版，第 213-282 页。

③ 张信孚：《第五届全国运动大会筹备及开幕之经过》，《时事月报》1933 年第 9 卷第 5 期，第 328 页。

④ 《第六届全国运动会筹备情形》，《中华教育界》1935 年第 23 卷第 5 期，第 95~96 页。

袁敦礼、章辑五、马约翰、高梓担任委员，理事吴铁成担任顾问。① 在具体事务方面，张伯苓担任田径总裁判，王正廷担任游泳总裁判，马约翰担任田径副总裁判兼终点裁判长（后改为江良规），宋如海担任游泳副总裁判等；许民辉担任排球裁判长，吴蕴瑞担任器械操裁判长。② 无疑，这些具有丰富体育活动经验和专业体育知识的中华体协职员的参与，为全运会提供了优质的人力资源和专业的指导，为全运会的顺利举办发挥了积极的作用。

中华体协除了极力主张并积极协办全运会外，还积极参与及主办远运会。1927 年，中华体协独立主办了第八届远运会。这是第一次完全由中国人自己举办的综合性国际运动会，为后来中国举办国际运动会积累了宝贵的经验。

中华体协参与及举办的综合性运动会都有一个共同特点，即运动项目繁多、赛事规模宏大、持续时间较长、组织工作复杂和社会影响较大。此类综合性运动会较为全面地反映了国民体育状况和运动技术水平，为各地运动员间的互相观摩和广泛交流提供了平台，有助于促进运动技术水平的提升，引起民众的体育兴趣，进而促进体育的传播和发展。

当然，中华体协对于运动会的认知并非仅停留在运动层面，他们还从教育、政治等视角来审视，认为运动会具有培养团结合作精神、振奋民族精神及增强国家认同感等重要意义。张伯苓对此多有论述。第十八届华北运动会举办时，张伯苓即指出运动会除了可以“提供运动兴趣”外，“华北近年民气消沉”的状况亦可“藉大会振作之”。并且，还可“藉大会之力”，改变“群众缺乏爱国思想及团体意识”的状况，“使国民团结，合作不私，表现合作之精神”。③ 第六届全运会结束后，张伯

① 郝更生：《本届全运会筹备经过及其意义》，《世界月刊》1948 年第 2 卷第 11 期，第 9 页。

② 《全运裁判员聘定》，《申报》1948 年 5 月 2 日，第 6 版。

③ 《主席致词》，《大公报》1934 年 10 月 10 日，第 9 版。

苓总结该届运动会的意义有二："第一是此数年中国民气不振的时候，藉这个运动会可以振发全国国民精神。第二个意义是，国虽然不统一，但是藉这个运动会，全国人民，如同新疆、西藏、蒙古各地方的人，都聚在一起，大家都可以互相观摩砥砺。"①

（2）单项锦标赛。为推动某一运动项目的开展及运动技术水平的提高，中华体协及其分支会常常发起以夺取锦标为目的的体育竞赛，即锦标赛。其中，规模较大的单项运动竞赛主要有：1924—1937 年举办的中华足球联赛（13 届）；1926—1933 年举办的全国分区足球锦标比赛（7 届）；1925—1937 年举办的上海篮球联赛（10 届）；1930—1936 年举办的上海国际网球扶轮杯锦标赛（7 届）；1926 年举办的第一届上海棒球联合会比赛；② 1944—1945 年，中华体协重庆分会举办的重庆市"排球锦标赛""垒球锦标赛""篮球锦标赛""足球锦标赛"等。③

随着各种锦标比赛的逐渐增多，"锦标主义"甚嚣尘上。中华体协对此种现象进行了批评。针对第九届远运会中"报纸所载各家评论，无不以锦标夺获与否"的现象，董守义表示："远东大会，非锦标厂，乃较量体育训练之好坏，民族精神发展之迟速，体育强弱之高低，技术优劣之差分，胜负之结束，不过以锦标为符号，锦标得否何足为荣辱。"④

（3）友谊赛。为加强交流，增进友谊，共同提高运动技术水平，中华体协常常举办友谊比赛。这种友谊赛既有国内的，亦有国际的。在

① 《对于全运会之感想》，《益世报》1935 年 10 月 26 日，第 6 版。

② 《一九二六年华东华北棒球分区比赛纪》，《中华全国体育协进会年刊》1927 年第 1 期，第 44~52 页。

③ 《中华全国体育协进会民国三十二年十月至三十三年十二月工作报告》，中国第二历史档案馆编：《中华民国史档案资料汇编》（第 5 辑　第 2 编　文化 2），江苏古籍出版社 1998 年版，第 767 页。

④ 董守义：《远东运动大会》，中华全国体育协进会编：《中国参加第九届远东运动会特刊》，中华全国体育协进会 1930 年版，第 9 页。

战时，国际的友谊赛较和平时期多。抗日战争时期，中华体协及其分支会积极联络盟友，举办友谊比赛，以联络友谊，敦睦邦交。1942 年 6 月，中华体协西安分会举办中（西安分会）韩（朝鲜青年队）垒球友谊赛。① 1944 年 7 月 16 日，中华体协重庆分会举办中美篮球友谊赛。②据总干事董守义的夫人邝亚英回忆，抗日战争时期，中华体协还时常邀请中华篮球队、中华足球队与“昆明或重庆的美军球队作友谊比赛，很受体育爱好者欢迎”。③

（4）表演赛。为增强民众对体育运动的了解和兴趣，中华体协及其分支会常常通过举办表演赛来宣传各种体育运动。1943 年 9 月，中华体协重庆分会举办了为期近 1 个月的包括 18 项体育运动在内的民族健康运动体育表演。④ 同年 10 月，中华体协重庆分会举行欢迎桂林东方体育会足球表演赛 6 场。⑤ 此类表演赛之目的不在于追求比赛的胜负，而在于宣传体育运动、示范体育运动方法，使观众在充分感受体育运动魅力的同时，了解体育运动的方法，从而激发其参与体育运动的兴趣，以达到普及体育运动的目的。

（5）选拔赛。为遴选优秀运动员和运动队参加更高级别的体育赛事，中华体协常常组织选拔赛。如 1934 年，中华体协为选拔优秀运动

---

① 体育文史资料编审委员会编：《体育史料》（第 9 辑），人民体育出版社 1983 年版，第 49 页。

② 星源：《中美篮球友谊赛》，《体育通讯》1944 年第 1 期，第 7 页。

③ 邝亚英：《解放前的中华全国体育协进会》，中国人民政治协商会议全国委员会文史资料委员会编：《文史资料存稿选编》（第 23 辑　文化），中国文史出版社 2002 年版，第 754 页。

④ 《重庆市体育协进会工作报告书（三十二年度）》，重庆市体育运动委员会、重庆市志总编室编：《抗战时期陪都体育史料》，重庆出版社 1989 年版，第 47~48 页。

⑤ 《重庆市体育协进会工作报告书（三十二年度）》，重庆市体育运动委员会、重庆市志总编室编：《抗战时期陪都体育史料》，重庆出版社 1989 年版，第 46~47 页。

员参加第十届远运会，举行了田径、游泳、足球、篮球预选赛；① 1936年，为选拔参加第十一届世运会的中国足球运动员，中华体协足球选拔委员会于4月4日至13日在香港举办了10余场足球选拔赛；② 1948年上半年，中华体协陆续举办了田径、游泳、篮球及足球选拔赛，以挑选优秀选手参加第十四届世运会。

（6）对抗赛。为了检查和提高训练质量，中华体协有时会组织训练队与运动水平较高的运动队进行对抗赛。1936年4月，中华体协在清华大学举办田径预选训练班。为检验训练成效，训练班结束后，中华体协组织训练班学员先后与北平市春运会选手、天津市万国运动会优胜选手做对抗比赛。③ 1936年6月7日，中华体协在召开世运田径预选大会的同时，“邀请上海西联对抗竞赛，以资淬励”。④

（7）慈善赛。为募集慈善资金，广泛动员社会慈善资源，中华体协还时常举办体育慈善比赛。此项内容在本书第六章中将会展开详细论述。

### （三）中西合璧的赛事内容

由于产生的时代背景、思想基础及价值导向等方面的差异，西方近代体育传入中国后，不可避免地与中华传统体育产生碰撞与冲突，其高潮就是20世纪30年代初期中国体育思想领域内爆发的“土洋体育”之争。长期担任中华体协董事的著名体育家吴蕴瑞（时任国立北平师

① 郭允恭：《远东运动会全国预选纪》，《勤奋体育月报》1934年第1卷第8期，第19页。

② 教育部教育年鉴编纂委员会编：《第二次中国教育年鉴》，商务印书馆1948年版，第1314页。

③ 吴邦杰：《参加世运会田径代表队预选经过》，《体育季刊》（中华体协版）1936年第2卷第2期，第338页。

④ 吴邦杰：《参加世运会田径代表队预选经过》，《体育季刊》（中华体协版）1936年第2卷第2期，第338页。

范大学体育教授）亦深度参与其中，对这场争论影响颇大。由于学界对“土洋体育”之争多有论述，本书不再赘述。① 在此，仅就吴蕴瑞在“土洋体育”之争中的影响作一探究，以此窥视中华体协在促进体育思想争鸣及探寻中国体育发展道路中的贡献。

1932 年 8 月，天津《大公报》刊登社论《今后之国民体育问题》、张之江的《致天津大公报社函》等“扬土抑洋”的文章，② 在体育界引起广泛反响。继留学西方的体育学者谢似颜发表反对文章后，③ 吴蕴瑞亦加入“土洋体育”论争中。吴蕴瑞在《〈今后之国民体育问题〉之我见》一文中，逐条批判了《今后之国民体育问题》中关于“洋体育”“有损健康，费时耗财”等弊端，并从科学的角度阐明了西方近代体育具有锻炼体魄，祛病延年，调整身心，提高生产效率，捍卫国家等功能。④ 吴文的发表扩大了“土洋体育”之争的影响，使得更多的体育界人士，加入论争的行列之中，推动这场论争朝着更加深入、更加理性的方向发展，从而更加深刻地剖析和揭示了“土洋体育”各自的优点和缺点，深化了时人对“土洋体育”的认知，为“土洋体育”的融合提供了思想基础。

---

① 关于“土洋体育”之争的代表性论著有：罗时铭、赵讒华主编：《中国体育通史》（第 4 卷），人民体育出版社 2008 年版，第 177~183 页；崔乐泉、杨向东主编：《中国体育思想史（近代卷）》，首都师范大学出版社 2008 年版，第 244~249 页；马廉祯：《论现实视角下的近代“土洋体育之争”》，《体育科学》2011 年第 2 期；李义君、尹碧昌：《“土洋体育之争”的回顾与启示》，《体育学刊》2015 年第 5 期；周道仁：《“土洋体育”之争的全球化观照》，《体育学刊》2007 年第 3 期；王庆军、陈峰：《近代以降“土洋体育”碰撞的历史悲情——由现代体育的喧哗和传统体育的沉寂引发的思考》，《山东体育学院学报》2009 年第 1 期；冯玉龙、朱向中：《〈大公报〉与“土洋体育”之争》，《体育文化导刊》2006 年第 7 期等。

② 《今后之国民体育问题》，《大公报》1932 年 8 月 7 日；张之江：《致天津大公报社函》，《大公报》1932 年 8 月 13 日。

③ 谢似颜：《评大公报七日社评》，《体育周报》（天津）1932 年第 1 卷第 30 期，第 1~4 页。

④ 吴蕴瑞：《〈今后之国民体育问题〉之我见》，《体育周报》，1932 年第 1 卷第 33 期，第 2~3 页。

随着论争的发展，吴蕴瑞对“土洋体育”的理解愈加深入，对中国体育的发展道路亦有了更加清晰的认知。如果说1932年的《〈今后之国民体育问题〉之我见》一文是吴蕴瑞以“批判者”的身份参与“土洋体育”之争的话，那么，吴蕴瑞1935年发表的《体育之国界问题》一文则更像是以“调节者”的身份参与其中。《体育之国界问题》在分析、总结“土洋体育”双方观点的基础上，指出双方争论的焦点在于：中国体育是实行闭关主义，还是实行开放主义；是走“保存国粹、维持国魂”的道路，还是走“洋土不分、世界大同”的道路。吴蕴瑞在文中旗帜鲜明地表明自己的观点：既不“媚洋排土”，也不“扬土排洋”。因为，在他看来，无论是从体育目标、体育方法还是体育内容的角度来看，体育皆不分“洋土”。① 曾长期担任中华体协常务董事的褚民谊亦持类似的观点，他在《国术与体育》一文中明确指出，不必讲体育包括国术，或国术包括体育。只要能够让人身体健康，“拳术也要，各种运动也要，丝毫没有冲突的”。② 在吴蕴瑞、褚民谊等人的影响下，这场延续五四时期“中西体育”问题讨论的“土洋之争”最终以科学的发展为共同目标而偃旗息鼓，并在随后的体育实践中逐渐走向融合。曾经力主“扬土排洋”的张之江转向“洋土融合”即是著例。③

值得注意的是，尽管提倡“土体育”者主张摒弃“洋体育”，摆脱西方体育的影响，但是，提倡“洋体育”者大多秉持开放主义，肯定传统体育运动积极的一面，还主张对其进行科学化的改良，以裨益于社会。中华体协的其他领导成员如张伯苓、褚民谊等亦支持发展中华传统体育。张伯苓在时为国民党政要汪精卫、朱家骅等不赞成举办国术比赛的情况下，依然出席天津各学校国术协进会成立大会，以表示对国术运

---

① 吴蕴瑞：《体育之国界问题》，《南京教育丛刊》1935年第2卷第2期。

② 褚民谊：《国术与体育》，《体育杂志》1935年第1卷第1期，第3~4页。

③ 崔乐泉、杨向东主编：《中国体育思想史（近代卷）》，首都师范大学出版社2008年版，第259页。

动的支持，同时主张研究改良国术，“使之科学化”。① 褚民谊本人即是著名的武术专家，擅长太极拳等中华传统体育运动，曾出版《太极操》《中国拳术之概要》等著作，并拍摄《中国体育》的电影，积极向国内外传播中华传统体育。张伯苓、褚民谊等社会名流的支持，无疑扩大了武术等中华传统体育的影响，使得中华传统体育在西方近代体育占据主导地位的体育领域里依然获得一席之地。正如《中国青年体育季刊》的创刊号所言：“我们提倡青年体育，不管中国的也好，西洋的也好，只要真正能促进我国青年身心健康的，都是我们所需要的，我们要保存国粹，发扬民族精神，但也不能不顾及生理心理环境的条件，以及时代特征和世界的潮流，根据这些去从事收拾，然后调色它，发扬它，制造出我们中国青年所需要的体育。”② 在此背景下，中国体育界呈现出土洋并存、中西融合、兼容并蓄的多元化发展态势。

纵观中华体协及其分支会举办的体育赛事，虽然是以足球、篮球、排球、棒球、网球、田径、垒球等西方近代体育项目为主，但也不乏国术、爬山、龙舟竞渡、摔角等中华民族传统体育项目。1936 年，为选拔优秀国术选手参加第十一届世界运动会表演，中华体协国术选拔委员会召集全国国术人才，于 5 月 11—12 日在上海举行包括初选、复选在内的国术选拔比赛。

除了单独举办中华传统体育赛事外，中华体协及其分支会举办的综合性体育赛事中，亦常常涵括西方近代体育项目和中华传统体育项目。1940 年 6 月 9 日，中华体协重庆分会联合新运总会等组织召开第一届嘉陵江水上运动会。“在中国，在水上举行大规模竞赛，这次还算是创举。”本届运动会既有划船比赛、横渡嘉陵江游泳比赛等中华传统体育运动，亦有跳水等西方近代体育项目。其中，参赛船只 30 余艘，参加

① 《津市各校国术协进会成立》，《大公报》1933 年 12 月 20 日，第 6 版。

② 程登科：《发刊词》，《中国青年体育季刊》1945 年第 1 卷第 1 期。

游泳比赛者130余人，两岸观众达5万余人，盛况空前。① 1941年6月21日，第二届嘉陵江水上运动会开幕。这次的运动项目远较第一届丰富，不仅有团体横渡嘉陵江、自由式横渡、仰泳横渡、水上游戏等中国传统水上运动，而且包括跳水表演、400米接力等西方近代体育运动项目。② 1943年9月9—26日，中华体协重庆分会举办了"民族健康运动体育表演"。该体育表演可谓"土洋并存""中西合璧"的典范：既有众多西方近代体育项目，如乒乓球、垒球、男子排球、羽毛球、跳伞、墙球、团体操、圈纲球、足球、圈纲球、男子篮球、女子篮球及举重等，更囊括了中国固有的民族传统体育项目，如国术、石担子机巧、杂耍、踢毽子、跳绳及摔角等。"一月来各运动场均特别闹热，观众之多无以复加，真称得水泄不通，总计一月来之观众逾十四万人。"③

中西体育不仅在中华大地上共生共存，并行发展，而且在某些中西体育项目间还发生流变与整合，从而创造出新的体育运动项目。板羽球运动就是典型代表。中华体协干事魏振武、史麟生和李国堂3人于1939年在驻扎贵州的税警总团担任体育教官时，受苗族青年用木板拍击"鸡毛羽"的启发，当即"试验拍击，仿效制造"。同时，借鉴西方体育中的乒乓球、网球等运动的比赛器材、规则、场地等元素，制定简易规则，由2人或4人在球场上隔网对垒，展开比赛，并定名为"鸡毛球"（后又改称"羽毛球"）。经过魏君3人"悉心研究，力求改进，此项游戏，遂粗具规模"。税警总团官兵"极感兴趣，竞相仿效，盛极一时"。1940年，魏振武、史麟生和李国堂3人到中华体协任职时，还

① 《第一届嘉陵江水上运动会特写》，重庆市体育运动委员会、重庆市志总编室编：《抗战时期陪都体育史料》，重庆出版社1989年版，第203页。

② 《第二届嘉陵江水上运动会在大雨滂沱中举行》，重庆市体育运动委员会、重庆市志总编室编：《抗战时期陪都体育史料》，重庆出版社1989年版，第204~205页。

③ 《重庆市体育协进会工作报告书（三十二年度）》[重庆市档案馆藏]，重庆市体育运动委员会、重庆市志总编室编：《抗战时期陪都体育史料》，重庆出版社1989年版，第47~48页。

在各种场合当众表演，社会各界逐渐纷起响应。后经中华体协商定，正式定名为“板羽球”。为板羽球运动的规范化发展，中华体协参照网球、乒乓球等运动规则，于 1943 年制定、出版了《板羽球规则》，并将之列入各项游戏之中。可以说，板羽球运动是中华民族传统体育项目在吸收西方体育项目优点的基础上创造出来的具有鲜明的中国特色而又兼具西方近代体育项目元素的体育运动。由于板羽球运动简单易学，装备简单易制，场地要求不高，且兼具网球、排球、乒乓球等健身、娱乐价值，适合中国的国情和广大民众的需求，很快就风靡重庆、成都、昆明等地，成为民众喜闻乐见的体育运动。① 板羽球运动的产生、发展历程与王冠教授所言颇为契合：“近代中国体育史业已展现出不同文化间的相互吸引借鉴、排斥对抗、改造融合的复杂过程。它说明，中西文化二元对立的思考不符合历史事实；也说明中国近代史既不是简单的中国向西方学习，也不是对抗西方强权的历史事实。中外体育交往的实际，至少说明作为文化之部分的体育活动（我们的后人可能会重新分类），早已不存在纯粹的中或西。”②

综上可见，在全体职员的苦心经营下，中华体协开拓进取，逐渐确立了统一的赛事规范，形成了多层次的赛事格局，开展了多样化目的的赛事活动及中西合璧的赛事内容，推动了现代化体育设施的建设，初步建立起中国近代体育赛事体系。

---

① 陈海涛：《我们的发明——板羽球》，《体育通讯》1945 年第 14 期，第 4 页。

② 王冠华：《近代中国体育——范畴类别与体制归属》，王希、姚平主编：《在美国发现历史：留学、历史学人反思录》，北京大学出版社 2010 年版，第 303 页。

# 第六章　中华体协与体育慈善活动的开展

民国时期，兵祸连年，自然灾害频仍，社会动荡不安，民不聊生，社会对慈善救济的需求十分强烈。中华体协的会章中虽无从事体育慈善活动的规定，但中华体协及其分支会出于“体育救国”情怀和强烈的社会责任感，亦在力所能及的情况下，以体育赛事为载体，积极主办或协办社会公益活动，实施慈善救济，赞助社会公益事业。中华体协及其分支会的体育慈善活动不仅扩大了体育的范畴和活动范围，丰富了体育文化的内涵，推动了体育的传播和普及，而且还在一定程度上增强了社会公益事业力量，减轻了政府的压力，起到了弥补政府行政能力不足的作用。

## 一、中华体协体育慈善活动

慈善活动一般包括社会救济、赞助公益事业等促进社会发展和进步的社会公共和福利事业。中华体协及其分支会的体育慈善活动涉及甚广，包括社会救济、同业救济、抗战募捐，以及赞助卫生、教育、体育事业等方面。

### （一）社会救济

与慈善组织不同，中华体协社会救济的范围较为狭小，较少涉及贫困救济，而主要集中在自然灾害救济方面。1930 年 10 月，中华体协举办足球、网球赈灾比赛，参加者有马来亚队、天津队及上海队等。除一切开支外，共募集灾款4849元，悉数送交仁济堂水灾急赈会，以作赈灾之用。“造福灾民，良非浅鲜。”① 1935年1月17日，中华体协常务董事会议议决将慈善足球赛券资的绝大部分（2105.67元）捐给上海募集各省旱灾义赈会。②

中华体协的各地分支会亦积极投身社会救济活动中。1942年8月，中华体协西安分会举办平（利）朝（邑）救灾篮球赛，收入10000余元皆作赈灾之用。③ 受豫鲁皖灾筹赈会委托，中华体协重庆分会于1943年3月举办救济豫皖鲁灾篮球表演赛2场，所有收入尽作救济鲁豫皖灾黎之用。④ 1943年4月，为赈济豫灾，中华体协西安分会联合青年会举办体育表演会5日，共收入门票万余元，全部转交给灾区。1943年5月，受宋庆龄委托，中华体协重庆分会发起筹赈豫灾足球表演赛，共收入灾款125530元，全部送交豫灾筹赈会作赈济难胞之用。⑤

中华体协及其分支会的社会救济活动在一定程度上减轻了灾民疾苦，增强了社会的灾害承受能力和自我修复能力。同时，也在一定程度上弥补了政府慈善资源和行政能力的不足，有助于灾区社会的稳定。

---

① 《运动健儿 造福灾民》，《体育周刊》（天津）1931年第2期，第11页。

② 《常务董事会议记录》（1935年1月17日），《体育季刊》（中华体协版）1935年第1卷第2期，第308页。

③ 陕西省地方志编纂委员会编：《陕西省志　第七十三卷　体育志》，陕西人民出版社1995年版，第498页。

④ 《重庆市体育协进会工作报告书（三十二年度）》，重庆市体育运动委员会、重庆市志总编室编：《抗战时期陪都体育史料》，重庆出版社1989年版，第44~46页。

⑤ 《孙夫人救济豫灾 救灾会致函道谢足球义赛捐款十二万余元》，《新华日报》1943年7月8日，第2版；《重庆市体育协进会工作报告书（三十二年度）》，重庆市体育运动委员会、重庆市志总编室编：《抗战时期陪都体育史料》，重庆出版社1989年版，第46页。

## （二）同业救济

中华体协的同业救济主要体现在扶助体育界人士及抚恤体育界人士之遗族。

抗日战争全面爆发后，中华体协职员大多陆续迁往内地。从上海至重庆，千里迢迢，山高路远，困难重重。有鉴于此，中华体协赞助1937年9月由沪内迁的5名职员“每人旅费国币2000元”，① 为职员的顺利内迁提供了一定的物质保障。1942年，中华体协在重庆恢复办公。作为“陪都”的重庆，经常遭受日机的空袭，人民生命财产损失严重。中华体协也不例外。出于同业情谊和人道主义精神，中华体协积极开展同业救济。据统计，中华体协在重庆办公时期，共捐助国币20000元以救济“空袭时间职员财务失损”，② 使得受灾职员得到了救助和安置，在一定程度上缓解了受灾职员的困苦，增强了中华体协的组织凝聚力。抗日战争胜利后，中华体协召开会议，积极筹划复员，并议决“除发给工资路费外，如尚有余款，再按人数平分，以资补助”。③ 中华体协对本会职员的救济，无疑有助于补助和稳定职员的生活，增强中华体协的凝聚力和战斗力，从而更好地促进中华体协及其业务的发展。

中华体协不仅救济本会的工作人员，而且在力所能及的范围内，给予体育从业者以帮助。1936年12月23日，中华体协召开第三次常务

---

① 《中华全国体育协进会财产间接损失汇报表》（1945年12月12日），姜良芹、郭必强、吕晶：《南京大屠杀史料集41：中央机构财产损失调查》，江苏人民出版社2007年版，第588页。

② 《中华全国体育协进会财产间接损失汇报表》（1945年12月12日），姜良芹、郭必强、吕晶：《南京大屠杀史料集41：中央机构财产损失调查》，江苏人民出版社2007年版，第588页。

③ 邝亚英：《解放前的中华全国体育协进会》，中国人民政治协商会议全国委员会文史资料委员会编：《文史资料存稿选编》（第23辑 文化），中国文史出版社2002年版，第754~755页。

董事会议。会上，名誉总干事沈嗣良鉴于“我国台杯选手许承基在留欧时期，同时在英求学”，提出给予许承基津贴议案。经讨论，中华体协决定予以赞助，“由王董事函驻英大使馆给以甲种练习员位置，半工半读”①。1942 年 7 月，国立中央大学体育系教授吴德懋因公赴渝，途中不幸覆车殒命，遗子女五人，嗷嗷待哺，殊为可惨。鉴于此，中华体协不仅派遣关延煦干事办理为吴德懋先生追悼会制送挽联及花圈事宜，代表中华体协赴渝吊唁，② 同时还派遣梁钟睿干事专程拜访国立中央大学体育系主任吴仲欧，“接洽为吴德懋先生遗族筹募养赡教育费事项”③。为救助吴德懋遗族，中华体协重庆分会联合新运模范区于 1943 年 1 月 10 日举行“吴德懋先生遗族教育基金篮球表演赛”，共收入 9000 元，悉数送交吴氏遗族教育基金保管委员会。④ 为征募吴德懋、张东屏两位体育家遗族教育基金，中华体协贵州分会亦于 1943 年 2 月 8 日举办了慈善篮球赛。除开支外，门票收入共 2800 余元，悉数汇给吴德懋、张东屏两位体育家遗族。⑤

中华体协及其分支会的同业救济活动在一定程度上缓解了体育界弱势群体及其家人的生存压力，有助于增强他们对体育人身份的认同感和自豪感。同时，也在一定程度上促进了体育界的互动与团结，增强体育界的凝聚力和向心力，从而鼓励被救济者乃至其他的体育界人士以更加积极主动的态度和无私奉献的精神投入体育事业。

---

① 《聘请孔沈为世运委员》，《中央日报》1936 年 12 月 24 日，第 8 版。

② 《中华全国体育协进会工作日志》（1942 年 12 月 11 日），南京国民政府教育部档案五—15043（3），中国第二历史档案馆藏；《中华全国体育协进会工作日志》（1942 年 12 月 13 日），南京国民政府教育部档案五—15043（3），中国第二历史档案馆藏。

③ 《中华全国体育协进会工作日志》（1942 年 12 月 22 日），南京国民政府教育部档案五—15043（3），中国第二历史档案馆藏。

④ 重庆市体育运动委员会、重庆市志总编室编：《抗战时期陪都体育史料》，重庆出版社 1989 年版，第 45 页。

⑤ 贵阳市志编纂委员会编：《贵阳市志·体育志》，贵州人民出版社 1990 年版，第 114 页。

### （三）抗战募捐

1931 年九一八事变爆发后，各界爱国人士纷纷以各种方式支持抗战，爱国献金运动和征募慰劳抗日将士活动尤为热烈。出于“体育救国”的爱国情怀，中华体协及其分支会以体育为载体，积极动员社会资源，参与抗战募捐。

九一八事变后，日本在不到半年的时间里迅速占领东北。不久，日本发动一·二八事变，入侵中国上海。随后，穿过山海关，向华北进军，在华北制造了一系列事变，试图把华北变成第二个东北。临此危局，中华体协及其天津分会积极响应救亡号召，通过举办体育赛事来募集资金，慰劳抗日爱国将士。1932 年 3 月 5 日，中华体协天津分会根据临时执行委员会 3 月 4 日的决议，举办慰劳守沪将士足球赛，并将收入的 39.5 元，悉数捐给守沪将士。① 1932 年 10 月 19 日，中华体协捐给义军 4275 元。② 1933 年 4 月 18 日，中华体协天津分会召开第七次执委会，决定再次举行平津劳军足球赛。③ 虽然中华体协及其分支会的捐款数量较为有限，但亦“不以善小而不为”，与其他社会各界一道，众志成城，在政府尚未正式宣战之时就积极投身抗战救国的洪流之中，反映了社会精英迥异于政府“不抵抗主义”的反抗日本侵略的鲜明态度和坚定立场，展现了中华儿女保家卫国、不畏强暴、英勇抗争的民族主义精神和爱国主义情怀，推动了抗日救亡运动的发展。

抗日战争全面爆发后，中华体协及其各地分支会举办的各种形式的抗战募捐活动更是层出不穷。中华体协重庆分会地处战时的政治中心、经济中心和体育中心，凭借较为丰富的体育资源和慈善资源，频繁开展了多种多样的抗战募捐活动。为发动民众扩大庆祝鄂西大捷以及慰劳前方将士，中华体协重庆分会于 1943 年 7 月 1—17 日举行慰劳鄂西大捷

---

① 《运动界纪事》，《体育周报》（天津）1932 年第 1 卷第 6 期，第 23 页。
② 《运动界纪事》，《体育周报》（天津）1932 年第 1 卷第 40 期，第 25 页。
③ 《运动界纪事》，《体育周报》（天津）1933 年第 2 卷第 14 期，第 26 页。

前方将士篮球表演赛 6 场。① 1944 年 12 月 16 日，为慰劳国军及救济湘桂撤退之难胞，中华体协重庆分会举行劳军义赛，票款 260000 元（不除开支）悉数捐充劳军济难之用。② 为筹募重庆市抗战蒙难同志救济经费，中华体协重庆分会又于 1945 年 12 月 25 日主办足球义赛。观众络绎于途，“门为之塞，一时队员无法进场，延至三时许开始比赛。门票一扫而空，后来者无票可购，纷纷掷下现钞奔门而入，无法制止，此项现款计有二十七万之多”，悉数用于救济抗战蒙难同志。③

除了重庆分会，中华体协其他各地分支会亦积极开展募捐活动。1942 年 11 月，中华体协西安分会举办体育募捐劳军表演，表演项目包括西安第二实验小学的团体操、西安业余国术研究社的武术、回教青年服务团的自行车、李克仁的技巧以及篮球、排球等，收入所得均作劳军之用。④ 为响应全国节约献金救国运动，中华体协直属自贡支会于 1944 年 7 月联合第三经济检查大队举办球赛，共收门票 207750 元，全部呈献国家。宣传招待等各种费用，均由经检大队及自贡支会共同负担。⑤

通常，我们认为“体育救国”无非就是通过发展体育运动，锻炼国民体魄，发扬民族精神，以达强种强国、自卫卫国之目的。抗日战争时期，中华体协及其分支会的“体育救国”已然突破了这种传统路径，而是根据时局的变化和需求，通过“劳军”“献金”等方式来践行“体

---

① 《重庆市体育协进会工作报告书（三十二年度）》，重庆市体育运动委员会、重庆市志总编室编：《抗战时期陪都体育史料》，重庆出版社 1989 年版，第 45 页。

② 《劳军义赛　念六万全数捐献》，《体育通讯》1945 年 1 月 10 日第 9 期，第 7 页。

③ 《足球义赛筹募抗战蒙难同志慰劳费》，《体育通讯》1946 年 2 月 30 日（笔者注：原文献为 30 日），第 33—36 期，第 13 页。

④ 陕西省地方志编纂委员会编：《陕西省志 第七十三卷 体育志》，陕西人民出版社 1995 年版，第 498 页。

⑤ 《三十三年度直属自贡支会工作报告书》，《体育通讯》1945 年第 9 期，第 4 页。

育救国”。其社会公益活动实际上是与民族主义、爱国主义交织在一起的，具有鲜明的爱国主义色彩。这也从另外一个侧面反映了日本侵华时期中国社会各阶层、各团体充分发挥各自的资源和优势，以各种各样的方式投入抗战的洪流，使得中国抗战呈现出“全民族”“全方面”“多形式”的特点。进一步放宽历史的视野，民国时期，各种社会团体正在兴起，它们在许多方面弥补了政府能力的不足，为动员、整合社会资源，捍卫国家主权，构建现代民族国家发挥了积极的作用。中华体协等体育团体和其他社团组织一样也在这段时期成为完成“构建民族国家”历史任务的一分子。

### （四）赞助卫生、教育事业

与体育事业一样，卫生事业是关系国民健康的大问题，是提高国民身体素质的重要前提。中华体协亦曾通过举办体育慈善比赛，募集经费，赞助卫生事业。1926 年，中华足球会与西人足球会举行慈善比赛，所得募资 4000 余元，悉充仁济医院经费。① 1946 年 2 月 3 日，中华体协广东省分会与善后救济总署广东分署联合举办网球义赛。除开支外，净余 520000 余元。为推动广东地区卫生事业的恢复和发展，中华体协广东省分会与善后救济总署广东分署议决，拨助方便医院经费 400000 元。②

抗日战争时期，政府军费开支浩繁，用于发展教育事业的经费极为有限，许多教育机构经费困难。中华体协脱胎于教育界，是教育界不可分割之一部分，其发起、建立以及领导群体均与中华教育改进社等教育界团体有着密切之关系。因此，中华体协虽然也常常经费无着，但亦在力所能及之时赞助教育事业。1935 年 1 月 17 日，中华体协常务董事会

① 《昨日中西慈善足球比赛盛况》，《申报》1926 年 12 月 28 日，第 13 版。

② 《粤体协分会首次活动　网球义赛筹救济费》，《体育通讯》1946 年第 33—36 期，第 14 页。

议议决，拨捐慈善足球赛券资 200 元给劳动托儿所。① 1942 年 12 月 27 日，中华体协干事魏振武赴新运模范区“协助新范小学举办筹募寒苦儿童教育基金篮球比赛”。②

### （五）赞助体育事业

就广义而言，体育事业本身即属于社会公益事业范畴。民国时期，中华体协所从事的发展国民体育事业，如传播体育知识、推广体育项目、审定运动规则及运动记录等亦属于社会公益事业的范畴。由于前文对此有详细的论述，故不再赘述。除此之外，赞助体育研究亦是中华体协赞助体育事业的重要内容。为推动体育学术研究，中华体协在 1935 年召开的暑期体育讲习会上，发起组织中华体育学会，并推定袁敦礼等 5 人负责筹备事宜，为中华体育学会的成立奠定了坚实的基础。中华体育学会成立后，中华体协还予以经费支持。1936 年 12 月 23 日，中华体协第三次常务董事会议议决，津贴中华体育学会 300 元。③为支持《体育通讯》的发展，中华体协于 1944 年 7 月 16 日举办中美篮球赛，并将比赛结余票款 194610.5 元悉数拨为《体育通讯》基金。④

中华体协还积极赞助各地体育事业发展。如前所述，中华体协经常派员指导各地组建分支会，并协助各地开展体育活动。除了这种人力支持外，中华体协还以经费资助的方式赞助各地体育事业。1944 年 9 月 4 日，中华体协、中华体协重庆分会、重庆市政府及重庆市党部等单位联合发起成立“重庆市体育事业基金筹募委员会”。经过半年多的努力，

① 《常务董事会议记录》（1935 年 1 月 17 日），《体育季刊》（中华体协版）1935 年第 1 卷第 2 期，第 308 页。

② 《中华全国体育协进会工作日志》（1942 年 12 月 27 日），南京国民政府教育部档案五—15043（3），中国第二历史档案馆藏。

③ 《聘请孔沈为世运委员》，《中央日报》1936 年 12 月 24 日，第 8 版。

④ 《全国各地热烈庆祝体育节》，《体育通讯》1944 年第 2 期，第 8 页；《重庆市体育事业基金筹募委员会结束——本会获得基金三百万元》，《体育通讯》1945 年第 18 期，第 5 页。

重庆市体育事业基金筹募委员会总共募得体育基金8478193.82元，并将之悉数用于发展体育事业：拨付陪都体育场工程费3000000元，中华体协基金3000000元，中正体育基金500000元，中华体协重庆分会500000元，剩余的1400000元，除去该会必要的开支外，悉数交给重庆市政府保管，作为补助体育事业基金专款。① 这些体育事业基金为经费支绌的体育事业提供了有力的资金支持，极大地推动了重庆地区体育事业的发展。

当然，中华体协体育慈善的内容并不仅限于上述五类，中华体协还向其他慈善机构或社会组织捐款。例如，1927年12月15日，中华体协常务董事会议议决将1927年慈善足球比赛之券资，捐予妇孺救济会及全国道路协会。② 再如，1935年1月17日，中华体协常务董事会议议决，捐助基督教青年会的下设组织联青社200元。③

## 二、中华体协体育慈善活动的方式

中华体协充分发挥自身的体育资源优势，以体育为载体，通过举办体育慈善比赛、体育慈善拍卖、设立体育基金等方式来动员社会慈善资源，募集公益资金，参与社会公益活动。具体而言，主要有以下几种方式。

### （一）举办体育慈善比赛

民国时期，随着城市经济的发展和市民休闲娱乐生活的日益丰富，义演募捐逐渐成为社会各界募集资金的一个新方式和新渠道。随着竞技

① 《重庆市体育事业基金筹募委员会结束——本会获得基金三百万元》，《体育通讯》1945年第18期，第5页。

② 《体育协进会常务董事会议记》，《申报》1927年12月16日，第8版。

③ 《常务董事会议记录》（1935年1月17日），《体育季刊》（中华体协版）1935年第1卷第2期，第308页。

技术水平的日益提升和体育赛事的日渐发达，体育赛事以其对抗性、观赏性、娱乐性等特点逐渐成为大众喜爱的休闲娱乐方式。鉴于此，中华体协及其分支会充分发挥自身的资源优势，通过独立举办或与其他社会力量联合举办体育慈善比赛，利用体育赛事的社会影响力和吸引力，广泛动员社会慈善资源，赞助社会公益事业。

作为非营利组织，中华体协不仅自身经费匮乏，而且由于其工作人员多属兼职，有空则来，没空则罢，人手十分有限。因此，中华体协单独举办的体育慈善比赛较少。更多的是联合其他社会力量共同举办体育慈善比赛。例如，1943 年 4 月，中华体协西安分会联合青年会举办赈济豫灾体育表演会；① 1946 年 2 月 3 日，中华体协广东省分会联合善后救济总署广东分署联合举办网球义赛；② 1944 年 7 月，中华体协直属自贡支会联合第三经济检查大队举办慈善球赛。③ 中华体协及其分支会通过联合其他社会力量举办体育慈善比赛，既降低了举办义赛的成本，保证义赛顺利进行，又有助于扩大赛事的影响，动员更多的慈善资源，可谓一举两得。

中华体协及其分支会除了联合国内各方力量合办体育慈善比赛外，还经常联合西侨体育组织举办体育慈善比赛。无疑，这种国际性体育赛事有助于扩大义赛的影响力和提升义赛的吸引力，从而广泛动员社会资源，增加义赛收入。抗日战争全面爆发前，中华体协经常联合上海的西人足球会举行慈善足球比赛，各种相关报道屡见报端：1926 年，中华足球会联合西人足球会举行慈善足球比赛；④ 1933 年 5 月 20 日，中华

① 陕西省地方志编纂委员会编：《陕西省志　第七十三卷　体育志》，陕西人民出版社 1995 年版，第 499 页。

② 《粤体协分会首次活动网球义赛筹救济费》，《体育通讯》1946 年第 33—36 期，第 14 页。

③ 《三十三年度直属自贡支会工作报告书》，《体育通讯》1945 年第 9 期，第 4 页。

④ 《昨日中西慈善足球比赛盛况》，《申报》1926 年 12 月 28 日，第 13 版。

体协联合上海西人足球会举行两次慈善足球赛;① 1934 年 12 月 5 日，中华体协举行常务董事会议，决定于 12 月 25 日联合西人足球会举行慈善足球比赛;② 1935 年，中华体协决定于 12 月 25 日在上海举行慈善足球赛;③ 1936 年 12 月 22 日，中华体协召开常务董事会议议决，“本年度慈善比赛照例联合西人足球会举行”。④ 虽然没有史料直接表明中华体协与西人足球会每年举行一次慈善足球比赛，但根据上述资料，尤其是前文的“照例”二字，我们有理由认为，中华体协与西人足球会的慈善比赛已然常态化，成为中华体协的常规工作。由此来看，中华体协通过联合西侨举办体育慈善比赛，不仅推动了体育慈善活动的开展，而且加强了中国体育的对外联系，扩大了自身的业务范围和社会影响力。

值得注意的是，中华体协及其分支会主办或参与的体育慈善比赛主要以足球比赛为主，以其他运动比赛为辅。这主要是由于民国时期中国足球运动水平较高，比赛观赏性较强，广受大众喜欢，并且足球比赛现场观众数量众多，尤适合进行广泛的社会动员。

协助其他社会力量举办体育慈善比赛亦是中华体协开展体育慈善活动的重要方式。中华体协“办理全国社会体育事业成绩昭著……其号召力量，众所景仰”，⑤在全国社会体育团体中居于中枢地位，拥有广泛的社会影响力。因此，许多社会团体在利用体育比赛的方式进行募集慈善经费时，常常主动联系中华体协，希望得到中华体协的援助，甚至直

---

① 《运动界纪事》,《体育周报》(天津) 1933 年第 2 卷第 18 期，第 27 页。

② 《全国体育协进会常务董事会决议》,《申报》1934 年 12 月 10 日，第 13 版。

③ 《吴蕴瑞谈体协会开会经过 参加世运请沈嗣良主持筹备 定期在上海举行慈善足球赛》,《中央日报》1934 年 12 月 11 日，第 8 版。

④ 《第六次常务董事会议记录》(1936 年 12 月 22 日),《体育季刊》(中华体协版) 1936 年第 3 卷第 1 期，第 122 页。

⑤ 《请确定各省市县社会体育事业应由中华全国体育协进会组织各省市县分会负责推动案》(1942 年 2 月)，南京国民政府教育部档案五 (2) —1295 (2)，中国第二历史档案馆藏。

接与之合作，以收事半功倍之效。1932年9月29日，上海东北义军后援会常务理事会为募集资金捐助英勇抗战之东北义军，特地设宴招待中华体协诸董事等相关人士，恳请中华体协代为接洽邀请华南足球队来沪举行救国比赛。中华体协欣然应允，积极协助。① 1935年暑期，为广募赈款，救济水灾，青岛市银行界邀请中华体协暑期训练会的篮球运动员参加篮球义赈赛。中华体协积极响应，带队前往作篮球表演义赛。"岛上球迷震于国手之威名，争往观战者竟达千余人之多。"② 1938年4月，香港中国红十字总会邀请中央国术馆体育专科学校校友组建篮球队，远赴南洋为祖国伤兵难民作筹赈义赛。中华体协亦积极响应，派遣该会董事冯少山及中英文秘书等主持其事，并核定该篮球队名为中国篮球队。在中华体协的大力支持下，中华篮球队自5月从香港出发历时半载，先后在香港、马尼拉、宿务、新加坡、星逻、槟城、金保、怡保、吉隆坡、太平及实吊远等地举办筹赈义赛50场。③ 1943年3月，受豫鲁皖灾筹赈会委托，中华体协重庆分会举办救济豫皖鲁灾篮球表演赛。④

除了各种社会团体请求中华体协予以协助外，社会名流亦时常借重中华体协举办体育慈善活动。1943年5月，为广泛动员社会大众，筹赈豫灾，宋庆龄委托中华体协重庆分会筹办赈灾国际足球赛。在中华体协重庆分会和宋庆龄等社会各界的主持下，"沪星队""东平队""英联队""韩青队"进行了3轮5场比赛，中外观众济济一堂，热闹非凡，

① 《邀请华南足球队来沪举行救国比赛》，《申报》1932年9月30日，第9版。

② 《赈灾篮球赛：国手表演出神入化 青市观众眼福不浅》，青岛体育协进会编：《中华全国体育协进会暑期训练、讲习、讨论会专号》，青岛体育协进会1935年版，第7~11页。

③ 吴文忠：《中国体育发展史》，台湾三民书局1981年版，第489~490页。

④ 重庆市体育运动委员会、重庆市志总编室编：《抗战时期陪都体育史料》，重庆出版社1989年版，第45~46页。

筹赈效果颇佳。①

## （二）举办体育慈善拍卖

中华体协及其分支会还以公开竞价的形式，将某些体育器材转让给最高应价者，并将所得钱款用于赞助社会慈善事业。1942 年 11 月，中华体协西安分会在慰劳抗日将士募捐篮球赛开幕式上，举行篮球慈善拍卖。结果，拍卖了 4 个篮球，筹得善款 4 万元。② 为筹募重庆市抗战蒙难同志救济经费，中华体协重庆分会于 1945 年 12 月 25 日举办足球义赛。在中场休息时，举行篮球慈善拍卖，最终筹得善款 300000 元，并全部交给抗战蒙难同志会。③

揆诸史料，中华体协的体育慈善拍卖活动并不多见，即便放眼整个体育界也不多见。根据现有的资料，我们很难断言中华体协首创体育慈善拍卖活动，但至少可以肯定，中华体协是较早举办体育慈善拍卖的体育组织，推动了体育慈善拍卖活动的发展，不仅为今人所效仿，而且逐渐成为当今体育慈善活动的重要方式。

## （三）设立体育基金

民国时期，政局动荡，战乱不断，经济低迷，政府用于发展体育事业的经费极为有限。为赞助体育事业，解决经费问题，中华体协往往通过设立体育基金的方式来募集经费。1944 年 9 月 4 日，中华体协等单位联合设立“重庆市体育事业基金”，并同时成立“重庆市体育事业基金筹募委员会”以募集体育基金。该委员会通过游艺募捐，分队劝募，

① 《昨日国际足球赛由孙夫人英大使开球》，《中央日报》1943 年 5 月 16 日，第 3 版。

② 陕西省地方志编纂委员会编：《陕西省志 第七十三卷 体育志》，陕西人民出版社 1995 年版，第 498 页。

③ 《足球义赛筹募抗战蒙难同志慰劳费》，《体育通讯》1946 年第 33—36 期，第 13 页。

体育表演等途径募得体育基金 8478193.82 元，悉数用于发展体育事业。① 1944 年，中华体协专门设立《体育通讯》基金以为《体育通讯》的发展提供经费支持。

此外，中华体协还通过出版发行体育刊物、图书，开展各种形式的体育培训、体育表演等方式开展体育公益活动。

## 三、中华体协体育慈善活动的特征与影响

### （一）中华体协体育慈善活动的特征

中华体协的体育慈善活动既与体育事业的发展密切相关，又与慈善事业的发展关系密切，更与当时的政治、社会、经济等环境有着紧密的关系，有着深刻的时代印记。

第一，从时间上看，中华体协参与社会公益活动呈现出明显的阶段性特征。在全面抗日战争爆发前，中华体协的体育慈善活动较少。进入全面抗日战争以后，中华体协的体育慈善活动急剧增加。这主要是由于一方面，日本全面侵华以及随之而来的各种残暴行径，给中国人民的生命财产造成了巨大的威胁和损失，社会对慈善救济的需求十分强烈。另一方面，日本全面侵华后，中国原有的慈善组织遭到巨大的冲击，社会慈善资源有限，远远不能满足社会需求。正是在这种背景下，中华体协出于强烈的社会责任感，在战时以更加积极的姿态投身社会公益，实施慈善救济。

第二，就体育慈善的内容而言，在抗日战争全面爆发之前，中华体协公益活动主要以传播体育知识、发展社会体育事业为主，具有鲜明的社会性。抗日战争全面爆发后，社会救济、抗战募捐、劳军等社会公益

① 《重庆市体育事业基金筹募委员会结束——本会获得基金三百万元》，《体育通讯》1945 年第 18 期，第 5 页。

活动剧增，与发展社会体育事业一样，成为中华体协社会公益活动的主要内容。可以说，该时期的社会公益活动实际上是与民族主义、爱国主义交织在一起的，具有鲜明的爱国主义色彩。

第三，中华体协体育慈善活动的范围较为广泛。不仅有体育领域的同业公益，而且还有涉及其他领域的社会公益。并且，其他社会公益领域的范围也非常宽泛，既包括一般性的救济，如灾害救济，还包括战争救济、教育救济、卫生救济等方面。由此亦可见中华体协拥有较为广泛的社会关系网络，这也是中华体协以社会力量办体育却依然能够取得不少成绩的重要原因之一。

第四，相对于商会、同业公会等职业团体而言，中华体协参与慈善救济更多是出于自愿，而不是政府的摊派或强迫。这或许与中华体协这种社会团体的性质相关。像中华体协这种缺乏稳定经费来源的社会团体，常常处于经费困难、难以自给的境地，自然也不是政府摊派的重点。因此，中华体协的体育慈善活动更多地体现了中华体协从事社会公益事业的主动性和志愿性，凸显了中华体协职员的奉献精神和体育的公共性。

第五，中华体协社会公益活动的方式，具有浓厚的体育色彩。纵观中华体协的体育慈善活动，几乎都是以体育为载体，通过体育慈善比赛、体育慈善拍卖、设立体育基金、体育培训、体育教育等方式进行。这也正契合中华体协这个体育社团的特性——利用体育专业人才、体育专业知识及组织体育活动的经验来开展各种形式的体育公益活动。体育的公共性和中华体协的中介组织特性体现得淋漓尽致。中华体协以体育为载体，不仅将社会公益事业与社会慈善群体相联结，将社会慈善资源引向需要救助的社会群体和需要赞助的公益事业，而且成为政府联系社会的桥梁，在帮助政府动员社会资源、联系基层社会、稳定社会秩序及发展社会公共和福利事业等方面发挥了积极的作用。

### （二）中华体协体育慈善活动的影响

中华体协的体育慈善活动无论是对中华体协本身、社会体育事业还是慈善事业等方面均产生了积极的影响。

第一，中华体协的体育慈善活动不仅有助于增强体育人的身份认同和凝聚力，而且有助于中华体协树立热心社会公益事业的良好形象，使中华体协与社会建立良好的互动关系，从而扩大中华体协的社会影响力，推动体育的传播、普及和发展。中华体协通过这些体育慈善活动获得广泛的社会认同，扩大了中华体协的社会知名度、美誉度和影响力，不仅有利于激发民众的体育热情，广泛动员社会资源，发展社会体育事业，而且也有利于扩大其社会合法性，逐步确立其在民间社会体育组织中的领导地位。同时，中华体协良好的社会形象和广泛的社会影响力亦进一步唤起民众对体育事业的关注，有力地促进了体育的启蒙和传播，提高了民众对于近代体育的认识与活动的兴趣，在一定程度上增强了民众参与体育运动的能力，培养和锻炼了体育人才，使得中国体育理论及实践水平有了一定的提高，推动了近代体育大众化和普及化进程。

第二，中华体协的体育慈善活动扩大了社会体育的范畴和活动范围，丰富和创新了体育文化的内涵。中华体协出于人道主义精神和爱国主义情怀，将体育运动与社会公益事业结合起来，以体育为载体，通过捐款、拍卖、提供社会服务等形式开展社会慈善事业，从物质和精神上去关心、帮助社会中的弱势群体，赞助体育、教育、卫生等公益事业。这使得社会体育突破了传统的以健身、娱乐为主要目的的体育活动，增加了以慈善为目的的体育活动，为体育参与社会活动搭建了新的平台，拓展了社会体育的范畴及参与社会活动的范围，是体育参与公共活动、承担公共责任的一种新的形式。

体育慈善是体育活动与慈善事业相结合的产物。它不仅属于慈善事业的子系统，而且也是体育文化的重要组成部分。体育慈善蕴含着体育的人文关怀和人道主义精神，并且通过慈善的形式展现、传播体育的公共精神和公共价值，这不仅是对爱与尊重的体育文化的传承，更是对体育文化内涵和外延的发展和创新，赋予了体育文化更加丰富的社会功能和更加多元的社会价值。

第三，中华体协的体育慈善活动虽说不是社会公益活动的主体，但也是民国时期社会公益活动的有效组成部分。它不仅在一定程度上推动了社会公益事业的发展，缓解了弱势群体的生存压力，有助于社会秩序的稳定和中国的持久抗战，而且在一定程度上弥补了政府社会保障能力和社会行政能力的不足，减轻了政府的社会救济压力和行政管理压力，成为政府治理的有效补充。

# 结　　语

中华体协不仅是民国时期规模最大、存在时间最久、组织最完善、影响力最大的全国性体育组织，而且是全国社会体育的总枢纽和中国的国家奥林匹克委员会，实际上承担起领导全国社会体育的重任，推动了民国时期社会体育的制度化、社会化进程。同时，中华体协还与当时的政治、社会、文化乃至经济等方面发生了不同程度的互动，并在其中发挥了一定的中介作用，体现出一定的中间性治理机制，促进了这些领域的变迁，从而进一步扩展了民国时期社会变迁的广度和深度。

20 世纪初，随着国内外体育赛事的日渐发展，尤其是远运会的日益发达，在客观上要求中国必须组建一个正式的全国性的体育组织代表中国参与、主办国际体育赛事。然而，在中华体协成立以前，全运会和远运会的会务以及全国性体育组织的管理权皆主要掌握在以基督教青年会为代表的外国人手中。在 20 世纪 20 年代前后的反帝爱国运动和民族主义思潮的影响下，国人的体育主权意识逐渐觉醒，纷纷要求收回体育主权，并建立由国人自办自管的全国性体育组织。在热心体育事业的社会名流及一批体育专业人才的共同努力下，民国时期第一个由中国人自主管理的全国性体育组织——中华全国体育协进会，揭开了历史的序幕。中华体协的成立使得原本失位的体育领导权逐渐开始归位，标志着外国人控制中国体育管理权的结束和中国人自主管理体育的开始。体育属于教育的一部分，体育主权的收回又进一步推动了收回教育权运动的开展，并与其他领域的收回主权运动一道推动反帝爱国运动进一步向纵深方向发展。

在治理结构上，中华体协在张伯苓、王正廷等人的经营下，形成了以与基督教青年会关系密切的体育专家为中坚力量，并囊括教育界、体育界、军政界、工商界、宗教界等领域社会名流在内的领导群体，对中华体协社会网络的建构、社会影响力的扩大及社会资源的汲取发挥了积极的作用，尤其是以热心体育事业的张伯苓、王正廷、沈嗣良、董守义等为核心的领导群体的形成，对中华体协的生存、发展起到了不可替代的重要作用。根据体育发展需要及政府法令的要求，中华体协先后采用了董事制和理监事制。在董事制下，会长、干事等职员的职责虽然也有明文规定，但缺乏常设性的监督机构，权力缺乏有效的制衡。相较于董事制，理监事制在制度设计方面更加合理。在理监事制下，会员代表大会为最高权力机构，主要负责重要事项之决策，理事会为执行机构，监事会负责监督，各行其是，各负其责，权力分立，并且相互制衡，初步形成了一套自我管理、自我约束的现代管理体制，推动了体育组织管理的民主化。为确保组织目标和功能的实现，中华体协还制定了议事制度和内控机制，为中华体协选举职员，开展会务，维护业余运动规则等行业规则提供了制度依据和保障。总体而言，中华体协的治理结构和运行机制呈现出制度化、专业化、民主化的发展趋势，具有明显的现代社团特征。

近代体育并不是中国土生土长的现象，而是通过西方传教士、商人、军人、中国留学生等途径由西方传入中国的。然而，由于时局不靖，经济落后，交通阻碍及重文轻武等传统观念的影响，国人对体育尚不重视，了解甚少。有鉴于此，中华体协采取多种措施来促进体育传播：编译、出版数量众多的体育期刊和体育图书，启蒙大众体育知识；放映体育电影、举办体育展览会，引发大众的体育兴趣；举办体育讲习会、讨论会，促进体育学术研究；举办体育训练会、培训班，训练、培养体育人才；组织体育表演团，示范体育运动；派遣体育指导员，教授运动技巧。这些措施在不同程度上提高了民众对体育的认识与兴趣，增强了民众参与体育运动的能力，为体育的大众化和普及化奠定了一定的基础。同时，促进了体育科研的发展，培养和锻炼了一定数量的体育人才，使得中国的体育理论及运动技术水平有了较大的提高。在此过程中，中华体协对业余运动、公平竞争、参与、友谊等体育精神进行深度阐扬，认为体育不仅具有健全体格、培养精神、完善道德、改良社会生活的功能，而且还具有增进国家观念、促进国家统一、救国建国及复兴民族等功能，形成了以民族主义为内核的体育观。近代中国体育的传播主要是西方近代体育的传播，其实质是近代西方文明的传播。从这个意义来看，中华体协的体育传播实质上是以西方近代体育为载体的西方文明的传播。大量象征近代文明的器物、制度、观念传入中国，不仅使中国人的体育观念发生了变迁，而且在一定程度上影响了中国人的思想观念，诸如竞争意识、平等意识、民主意识、规则意识等观念亦逐渐在中国生根、发芽。

西方近代体育传入中国之初，主要集中在学校领域而未推及社会。中华体协成立后，对内成立篮球、棒球、网球、足球等单项运动组织，对外积极组建各地分支会，健全体协系统，以为推广、发展社会体育之机关。同时，联合国内外体育团体，举办及参与国内外体育赛事，推动体育由学校逐渐走向社会。抗战军兴，中华体协及其职员内迁重庆等西部地区，为西部地区体育的发展提供了大量专业人才。在东部大片领土沦陷、体育事业陷入滞之际，西部地区的中华体协分支会纷纷成立，各种体育赛事频繁召开，改变了抗战前西部地区体育落后的状况，使得西部地区尤其是重庆，一跃成为全国社会体育活动的中心，促使中国体育地理空间发生了巨大的变迁，即由抗战前的华北、华东地区转向抗战时期的西南、西北地区，全国体育中心亦由上海变为重庆，拓宽了体育运动尤其是西方近代体育运动的覆盖范围，进一步推动了体育在中华大地的传播和普及。抗战时期，中华体协还将体育的发展与挽救民族危亡相结合，继续高举“体育救国”大旗。一方面，中华体协工作的开展处处体现出浓厚的爱国主义色彩和民族主义情怀，以配合抗战建国的总体要求。另一方面，在国民体育严重落后的时代背景下，中华体协也以救国情怀为发展国民体育的价值基础和推动力量。“以体育来救国”和“因救国而体育”就成为抗战时期中华体协“体育救国”思潮的两个方面，二者互为对照，互为促进。由此也可见抗战时期救国思潮的多元面相以及各团体、各阶层以各自的立场和方式同仇敌忾、团结抗战的爱国情怀。

为规范体育运动的有序开展及与国际体育运动接轨，中华体协及时翻译国际单项体育组织等权威机构制定的运动规则，并结合中国的体育实情进行适当的修改，再公之于众，以供体育界参照使用，使得国内各种体育赛事的有序举办及中国参加国际性体育赛事成为可能。为增进体育精神，维护业余运动真义，中华体协翻译并根据中国体育界的实情，修订了国际奥委会制定的业余运动规则，对违反业余运动规则的团体和个人予以取消业余资格等处罚，坚守业余运动主义。为刺激、鼓励国内运动技术水平的提高，中华体协积极搜集、审订全国、远东乃至世界各地的运动记录，并及时予以公布，以供体育界对照、参考，帮助我国运动员更加准确地认识自身的运动水平及与世界最高纪录的差距，从而更加努力地投入到运动训练中。中华体协还积极推动体育场地建设和国产体育器材的创制、发展，在一定程度上为体育事业的发展提供了必需的物质基础。

作为全国社会体育事实上的领导机关，中华体协积极联合国内外体育组织，主办及参与各种体育赛事，逐步建立起包括世界级、洲级、国家级、地区级、省级、市级等在内的多层次的竞赛格局，为中华人民共和国体育竞赛格局的确立奠定了基础。为实现多元化的赛事目标和完成多样化的赛事任务，中华体协举办了包括综合性运动会、锦标赛、友谊赛、表演赛、选拔赛、对抗赛及慈善赛等在内的多种类型的体育赛事。面对“土洋体育”之争，中华体协始终秉持兼容并包的原则，在发展国民体育时，将中西体育共冶于一炉，呈现出土洋并存，中西融合的多元化发展态势，促进了中西文化的交流和融合。更加难能可贵的是，在中西体育并行发展的过程中，中华民族传统体育项目在吸收羽毛球、乒乓球等西方体育运动元素的基础上创造出兼具中西体育元素的运动项目——板羽球运动。该运动由于用具简单易制，场地要求不高，且同时兼具健身、娱乐价值，成为战时深受民众喜欢的一种游戏。

值得注意的是，抗战全面爆发前后，中华体协举办的体育赛事的类型呈现出截然不同的特征。在抗战全面爆发以前，中华体协举办的各种体育赛事的主要目的是竞技切磋，提升体育竞技水平，乃至为国争光。因此，该时期以锦标赛为主，并且多次参加包括远运会、世运会、“戴维斯杯”网球赛等在内的国际体育赛事。抗战全面爆发后，在国家民族危急存亡之秋，中华体协以服务于抗战建国为工作方针，转而以锻炼国民体魄、团结民众、联络友谊、敦睦邦交为主。因此，该时期以国内各地区间及盟国之间的友谊赛居多，国际体育赛事则由于战火的阻隔而中断。由此可见，时局和环境的变迁对体育赛事类型的重大影响。同时，也反映了中华体协根据不同时期的社会需求来调整自身工作方向的较强的适应社会环境变迁之能力，这也是中华体协之所以能够在动荡不安的时局中顽强地生存下来的重要因素。进一步而言，抗战时期，体育对内肩负起锻炼国民体魄、挽救民族危亡的重任，实质上是进一步推动了身体的国家化进程；对外作为联络邦交、敦睦友谊的重要媒介，推动了民间外交的发展，有效弥补了政府外交的不足。

面对战祸连年、民不聊生的社会，中华体协以强烈的社会责任感，以体育为载体，积极投身社会公益事业之中，形成独具特色的体育慈善活动。中华体协的社会公益活动虽然不是十分频繁，但亦涉及甚广，不仅包括了体育领域的同业公益，而且涉及其他非体育领域的社会公益：社会救济、抗战募捐及赞助卫生、教育等公益事业。其中，又以同业救济、抗战募捐和赞助体育事业为主。中华体协的同业救济主要是扶助体育界人士或抚恤体育界人士之遗族。这在一定程度上缓解了体育界中弱势群体及其家人的生存压力，增强了他们对体育人这一群体的身份认同，有助于增强体育界的向心力和凝聚力，塑造中华体协的良好形象及树立中华体协在社会体育领域中的领导地位。出于体育救国的爱国情怀，中华体协还积极参与爱国献金运动、征募慰劳抗日将士等抗战募捐活动，从而突破了仅仅以发展体育运动、锻炼国民体魄来实施体育救国的传统路径。中华体协不仅通过举办体育赛事、修建体育场地、审定运动规则和运动记录等方式赞助体育事业，而且还以捐助经费、派员指导等方式协助各地区开展体育运动。此外，在力所能及的情况下，中华体协还积极从事社会救济活动，赞助卫生、教育事业。由于自身经费支绌、人手有限，中华体协较少直接开展社会公益活动，而主要通过联合其他社会力量，共同举办体育慈善比赛、举办体育慈善拍卖、设立体育基金等方式来参与社会公益活动。

中华体协是较早从事体育慈善活动的体育组织，赋予了体育文化更加丰富的内涵和更加多元的社会功能，为现今体育慈善活动的开展提供了宝贵的经验和借鉴。同时，中华体协的体育慈善活动加强了体育与社会其他领域的联系与合作，不仅有助于促进体育传播，增强体育的吸引力，而且还增强了中华体协的社会合法性，扩大了中华体协的社会知名度和社会影响力。中华体协的体育慈善活动虽说不是社会公益活动的主体，但也是社会公益活动的新兴力量，在一定程度上弥补了政府社会保障能力和社会行政能力的不足，成为政府治理的有效补充。

概而言之，中华体协在其兴起与发展的过程中，始终以发展国民体育为宗旨，通过建立体育组织，传播体育知识，拓展体育空间，提倡业余运动，建立体育赛事体系及开展体育慈善活动等活动，促进中国近代体育的制度化、规范化及社会化进程。同时，中华体协对内秉持体育救国的理念，锻炼国民体魄，增强民族凝聚力，振奋民族精神，积极培养国民自卫卫国、抗战建国的能力，在一定程度上推动了体育的政治化及民众身体的国家化，增强了民众的国家民族观念和国家认同，为抗战胜利作出了积极的贡献；对外积极开展体育外交，敦睦邦交，增进了中外文化交流和国家间友谊。在此过程中，中华体协的中间性治理作用也得到了一定程度的发挥。在体育职能上，中华体协在西方近代体育与中国特殊性质的社会之间、在中华传统体育与西方近代体育之间以及社会体育事业与政府之间发挥了重要的桥梁作用；在政治职能上，中华体协积极配合政府行政，参与政府的政治动员，与南京国民政府保持着鲜明的合作倾向。在经济方面，中华体协支持体育用品企业的发展，在民族资本主义经济与体育界之间发挥了重要的中介作用。在社会公益方面，中华体协的体育慈善活动不仅有助于增强本会的团结和体育界的凝聚力，树立广泛的知名度和良好的美誉度，而且也发挥了政府与社会联系的纽带作用。在文化交流方面，中华体协为中华传统体育文化和西方体育文化之间的交流、融合创造了诸多机会，提供了广阔的平台外交。

当然，中华体协自身也存在着一定的局限与不足，主要表现在以下几个方面：

第一，领导群体方面存在一定的问题。领导群体的来源、整体素质、行政能力、正常更替及团结程度都会影响组织事业的开展与实施。中华体协的领导群体成员大多为社会各界名流，对中华体协的发展做出一定的贡献，但也存在一些问题。

首先，中华体协领导群体成员的当选不以专业能力及对会务关心、参与的程度作为选举标准，而是综合考虑社会地位、财富、业缘乃至留学国别等因素，并且更替频率不高。这就阻碍了其他新鲜血液的加入，无法广泛地吸纳全国各地的社会精英，尤其是体育专业人才，导致中华体协发展缺乏活力与后进。而且，由于中华体协领导群体成员多为兼职，始终未能实现专职化。因此，多数领导群体成员多为偶尔关心会务而非长期专事会务者，制约了中华体协会务的开展，这也许是中华体协始终无法在全国范围内建立起健全的分支会系统的重要原因之一。

其次，中华体协核心领导群体成员均与基督教青年会关系密切，并未完全实现国人自办体育。中华体协虽是因反对由基督教青年会控制的业联会主持中国体育事业而发起的，却又是在业联会和中华体育协会筹备处联合的基础上成立的。在张伯苓、王正廷等人的引荐下，大量与基督教青年会关系密切的体育教育家成为中华体协的核心领导群体成员。

以此观之，中华体协表面上虽然实现了由中国人自办自管，但事实上却是基督教青年会体育事业在中国本土化的成果，并且在成立之初的很长一段时间内，中国体育事业依然未能完全摆脱基督教青年会的影响。直到1948年，还有人认为“体育协进会是由外人葛雷博士所组织，我们应有自主的组织和自主的权力”①。从后殖民视角来看，这意味着以基督教青年会为代表的西方势力已经将一套“西方”的思维方式、价值理念、行为准则等渗入中国，并逐渐内化为中国的价值体系，即文化霸权或文化帝国主义的确立。

再次，领导群体的内部矛盾制约了中华体协发展社会体育事业。正如董守义所言，“从三十年代开始到解放为止，旧中国的体育界里一直存在着各种性质的矛盾和斗争”。② 中华体协也不例外。其内部矛盾最为突出地表现为长期担任董事（理事）兼任教育部体育督学的郝更生与长期担任总干事的董守义及其支持者王正廷等人之间的矛盾。1945年9月7日，中华体协在重庆召开常务理事会，王正廷在明知郝更生想当国际奥委会委员的情况下，坚持不推荐他，而是提议推荐时任总干事的董守义担任，并得到张伯苓等与会人员的赞同。落选的郝更生“一直怀恨在心，从此引起不少风波”③。1947年6月18—20日，董守义参加在瑞典首都斯德哥尔摩举行的第40届国际奥委会会议，并正式当选国际奥委会委员。不料，6月24日，《申报》刊登合众社斯德哥尔摩22日电讯称：“中国出席国际奥林匹克委员会代表董守义二十二日在瑞

① 《我国的体育组织》，《东南日报》体育版编：《伦敦世运前夕》，东南出版社1948年版，第40页。

② 董守义：《奥林匹克旧事》，中国人民政治协商会议全国委员会文史资料研究委员会编：《文史资料选辑》（第18卷　第53辑），中国文史出版社1964年版，第108页。

③ 董守义：《奥林匹克旧事》，中国人民政治协商会议全国委员会文史资料研究委员会编：《文史资料选辑》（第18卷　第53辑），中国文史出版社1964年版，第106页。

京称：‘中国将提出申请，拟将北平定为一九五六年奥林匹克运动会会址。’”①针对此事，常务理事郝更生和吴蕴瑞公开表示“惊骇”，并联合致函董守义：“此次足下赴欧出席世运会筹备会议，名为代表全国体协，实系代表中华民国，关系何等重大，乃此去之决定完全出诸个人间之私相授受，并无理事会议之根据，滑稽可笑，莫此为甚。”同时，要求召开理事会议，由董守义报告参加会议情形及结果。② 7月21日，董守义在南京招待体育界及新闻界人士，详细报告了出席斯德哥尔摩国际奥委会会议“前后经过情形”及到伦敦联系中国参加第十四届世运会有关事项的经过。针对郝、吴两人的质疑，董守义解释道，接到国际奥委会会议通知后，“迭与王孔（笔者注：王正廷、孔祥熙）两氏及协进会张理事长伯苓洽商”，“王孔均因事冗，不克前往，乃由本人单独出席”。董守义同时声明：“1. 此次出席奥林匹克会对郝吴（笔者注：郝更生、吴蕴瑞）两常务理事，虽曾通知，但未及面谈，引为遗憾。2. 要求一九五六年世运在北平举行，纯属误传。”③细察双方声明可见，董守义出国参会确实是未经理事会开会同意，但也确实是与张伯苓、王正廷、孔祥熙等人商议过的。郝更生攻击董守义出国开会是“私相授受”，实际上也是批评支持董守义的张伯苓、王正廷等人。事实上，由于各董事（理事）皆为兼职，散处各地，中华体协常常通过书信、电报来商议会务，再由董事会、理事会等追认。作为常务董事的郝更生明知事情的来龙去脉，却为了一己之私，公开散布谣言，中伤中华体协的主要领导人，造成了恶劣的社会影响。

① 《我国将提申请拟在北平举行一九五六年世运大会》，《申报》1947年6月24日，第5版。华晨栖在《旧中国申办奥运会的一场风波》（《体育文史》1992年第3期）一文中写道，“1947年7月18日，上海《申报》忽然登出一则惊人的消息，称1956年奥运会将‘在北京举行’”。该说法是错误的，报道这一消息的时间应该是1947年6月24日。

② 《董守义赴欧经过　郝更生、吴蕴瑞请提出报告》，《申报》1947年7月18日，第5版。

③ 《董守义报告出席世运委会经过》，《申报》1947年7月22日，第5版。

为掌握中华体协的实际领导权，郝更生开始觊觎中华体协总干事之职。1948年5月，在中华体协第四次代表大会上，郝更生“在国民党的指使和支持下，先运动各代表选江良规为总干事”，取代董守义的总干事之职。然后，又指使“江良规在常务理事会上辞职。推选他自己为总干事”。董守义在解除总干事之职后，心灰意冷，亦拟辞去中国参加第十四届世运会代表团总干事一职。后在王正廷的多次劝说下，方才作罢。郝更生见董守义并未辞职，继续“加紧进行对代表团（笔者注：第十四届世运会代表团）的破坏活动”。① 在郝更生的挑拨下，中国航空公司在《申报》大肆攻击奥运代表团“舍弃可以节省外汇之本国飞机，而转就美国飞机”，有伤“国家体面”。② 而事实是，“代表团曾经先向中航公司接过头，由于不得要领才和外商的西北航空公司订约的”。中华体协“为此又折磨了好久”，最后商定第三批代表团先乘坐中航公司飞机从上海到印度，再乘坐西北航空公司飞机从印度到伦敦。③ 几乎与此同时，郝更生又指使他的夫人高梓，怂恿体育界里对代表团有意见的约有四十人向教育部告了一状控诉世运代表团“巧立名目、安插私人”，“代办护照、蒙蔽政府、营私勾结”，“擅募经费、搭乘外机”等，请求教育部长彻查，并请“代表团总干事董守义公开答复”，④ 矛头直指董守义。教育部未经调查，即下令代表团解除9名自

① 董守义：《奥林匹克旧事》，中国人民政治协商会议全国委员会文史资料研究委员会编：《文史资料选辑》（第18卷 第53辑），中国文史出版社1964年版，第118页。

② 《世运代表团经美赴英乘坐美机出国 中航力争不获》，《申报》1948年6月11日，第6版；《拒乘中航飞机出国 辟世运代表团声明》，《申报》1948年6月17日，第6版。

③ 董守义：《奥林匹克旧事》，中国人民政治协商会议全国委员会文史资料研究委员会编：《文史资料选辑》（第18卷 第53辑），中国文史出版社1964年版，第120页；《末批世运代表团 昨晨离沪飞英伦》，《申报》1948年7月12日，第7版。

④ 《世运代表团措施失当 京体育界有控诉——上书朱教部长要求彻查》，《申报》1948年6月16日，第6版。

费出国人员（笔者注：奥运代表团的捐款人）的资格，并通知外交部收回他们的出国护照。如果这9人未能随团出国，中华体协就无法获得他们的捐款，代表团就无法出国参赛。在此危急时刻，王正廷一方面利用其在教育部、外交部的广泛人脉，上下活动，一方面答应郝更生的请求，同意高梓随团出国，并请他撤销“控诉”，问题才最终得以解决。

值得注意的是，郝更生与董守义、王正廷等人之间的矛盾，并非仅仅是个人矛盾。潜藏其中的深层原因，乃是以郝更生为代表的教育部与以董守义、王正廷等为代表的中华体协之间的矛盾。1932年，教育部成立体育委员会（1941年改称“国民体育委员会”）。翌年，又设立体育督学。郝更生长期担任体育督学、国民体育委员会主任委员等职，掌管全国体育事业。教育部试图借助这些体育机构及兼任中华体协董事（后改称“理事”）的郝更生将体育纳入政府行政管理体系，“企图通过这个委员会（笔者注：教育部体育委员会）控制全国体育事业”。① 中华体协作为民国时期规模最大、影响最广的民间体育组织，自然成为教育部的重点管控对象。董守义在回忆文章中以“教育部根本不愿体协开展工作，对体协的请求补助当然不会理睬”“想把体协吞过去”等语句来描述教育部与中华体协的关系。② 可见，教育部试图通过经费补助、人事安排等方式来阻挠中华体协的发展，并控制中华体协。1942年，中华体协颇费周折，获得政府的补助费，开始动工建设办公会所。郝更生却拿着教育部的通知，强制停止施工。中华体协不得不另觅他处。1944年，教育部委任时任总干事的董守义担任教育部国民体育委员会专任委员，试图将董守义“拉进教育部受他们的支配”，并将董守

① 董守义：《奥林匹克旧事》，中国人民政治协商会议全国委员会文史资料研究委员会编：《文史资料选辑》（第18卷　第53辑），中国文史出版社1964年版，第108页。

② 董守义：《奥林匹克旧事》，中国人民政治协商会议全国委员会文史资料研究委员会编：《文史资料选辑》（第18卷　第53辑），中国文史出版社1964年版，第108~109页。

义主持的中华体协纳入教育部的管理之下。据董守义回忆，郝更生曾对他明言："我和陈部长（笔者注：陈立夫）坚决要请你当专任委员的原因是，如果你以全国体协总干事的名义兼国民体委专任委员，我们就可以把全国体育统一了。"① 虽然董守义最终还是接受了教育部的任免，但在董守义、王正廷等人的抵制下，教育部的阴谋暂未得逞。然而，以郝更生为代表的教育部并未就此罢休，仍然通过各种方式阻挠中华体协的发展。中华体协虽然利用国民党内部派系之间的"裂缝"及其社会网络资源极力抵制教育部的控制，但最终未能摆脱。1948 年，长期掌管全国体育事业的郝更生担任中华体协总干事，掌握了中华体协的实际领导权，标志着中华体协落入教育部控制之中。

第二，制度建构方面存在欠缺。中华体协是在学习、模仿西方社团的基础上成立的，采用了现代的民主选举形式，也设置了不少民主的选举程序，但又不可避免地受到中国传统习惯和势力的侵袭以及政治环境等因素的影响，由此导致其制度建构在传统与现代之间趔趄而行，存在一些不足。

这首先体现在中华体协的组织机构不够健全。中华体协的会员单位在"区""省市（指行政院所辖各市）特别区及华侨团体"及"省市分会暨海外分会"之间几经变换，虽也陆续建立各地分支会，但始终未能遍及全国各地，无法建立起统一的全国性的组织系统。由会员所组成的会员代表大会也因此而难以定期召开。此外，中华体协运行机制不够完善。一方面，中华体协运行机制的设计不够完善。例如，会章规定董事、理事等职均可"连举得连任"，违背了民主精神，导致中华体协领导群体的固化。另一方面，制度规定与实际运行相悖。中华体协虽然设计了一些民主程序，但却未能得到切实的实施。在中华体协存在的 25 年时间里，作为最高权力机关的会员代表大会居然只召开了 4 次；

① 董守义：《奥林匹克旧事》，中国人民政治协商会议全国委员会文史资料研究委员会编：《文史资料选辑》（第 18 卷 第 53 辑），中国文史出版社 1964 年版，第 109 页。

董事会、理事会等会议也没有按时召开；即便召开，也有许多董事无法到会，难以在集思广益的基础上形成民主决议。

第三，经费有限，组织力量弱小，组织功能弱化。

对于社团而言，经费问题不仅关系到社团的组织设立，更关系到社团的正常运作以及在此过程中的立场表达和功能发挥。中华体协章程规定："本会经费以左列各项充之：（一）会员入会费及常年会费；（二）补助费；（三）自由捐；（四）基金之孳息。"① 除此之外，在实际运作过程中，门票、培训费及售书收入等经营性收入亦是中华体协的经费来源。根据柯火炎的研究，中华体协的会费、基金之孳息及经营性收入数量较少，其主要收入来源为政府补助和社会捐助。② 然而，由于政府和社会对体育重视不够，政府的补助费和社会的捐助费亦十分有限，中华体协长期处于经费困难的窘境。关于这方面的言论颇多：黄道明曾言"经济上之维持，痛苦实大"③；董守义在抗战时期曾总结道，"本会在抗战以前，经费至为拮据""就本会的现况而言……经费的缺乏，有时几乎使工作陷于停顿"④ 等。

经费拮据影响中华体协组织机构的设置。中华体协领导群体中之所以有许多工商界、军政界名流的主要原因就是基于筹划经费的考虑。蒋湘青在中华体协成立大会上就曾建议，"为谋本会之发展及筹划经费起见，董事之资格，不必限于体育家及每区人数，凡当代名流、著有声誉之教育家，与夫热心赞助体育事业之资本家，均得被选为董事，各省长

---

① 《中华全国体育协进会章程草案（1943）》，重庆市体育运动委员会、重庆市志总编室编：《抗战时期陪都体育史料》，重庆出版社1989年版，第88页。

② 柯火炎：《中华全国体育协进会研究（1924—1949）》，华中师范大学硕士学位论文，2009年，第26~39页。

③ 《八届远东运动会着手筹款》，《申报》1927年1月16日，第10版。

④ 董守义：《中华全国体育协进会与我国社会体育》，重庆市体育运动委员会、重庆市志总编室编：《抗战时期陪都体育史料》，重庆出版社1989年版，第34页。

官得酌量推为名誉董事”，此论得到与会者的一致赞成。① 这些社会名流董事皆为名誉职，不仅不受薪金，并且还可以利用自身的资源为中华体协筹募经费。为节省经费起见，中华体协决定“采委员制，就随时之需要，组织各项委员会分头办事。各委员均为名誉职，如是于经费困难一层可不发生问题”②。当然，由于会中名誉职员过多，专职人员过少，导致中华体协常常存在人手不足及办事效率较低等问题，制约了中华体协的发展。

经费问题不仅影响到中华体协的机构设置，而且制约了中华体协具体业务的开展和组织功能的发挥。张伯苓曾言：“本会组织已届十载，因限于经费，故会务工作上，不能尽量推及全国，迄犹引为憾事。”③长期担任名誉主任干事的沈嗣良亦感慨，“终以经济困难，种种计划，难于实现”。④ 中华体协的国际体育活动更是常常受到经费的影响。以中国参加世运会为例，第九届世运会时，中国只派 1 名观察员参加；第十届世运会时，只派 1 名运动员参加；第十四届世运会时，只派 33 人参加，这都是经费困难所致。

此外，经费问题更影响到中华体协与政府的关系。如前所述，拮据的经费状况迫使中华体协不得不经常向政府申请补助，使得中华体协对政府存在严重的“资源依赖”。这种资源依赖，一方面导致中华体协的独立性和自主性受到损害，自主活动空间被严重挤压。作为交换，中华体协不仅在全运会、国民体育会议等方面为政府建言献策，提供人力、智力等方面的帮助，而且积极配合政府的新生活运动、国民精神总动

---

① 《张伯苓组织中华全国体育协进会呈请立案的文书》（1925 年 10 月），北洋政府内务部档案一〇〇一（2）—1070，中国第二历史档案馆藏。

② 《张伯苓组织中华全国体育协进会呈请立案的文书》（1925 年 10 月），北洋政府内务部档案一〇〇一（2）—1070，中国第二历史档案馆藏。

③ 《本会临时董事会议记录》（1934 年 8 月 3 日），《体育季刊》（中华体协版）1934 年第 1 卷第 1 期，第 143 页。

④ 沈嗣良：《十年来的中国体育》，中国文化建设协会：《抗战十年前之中国》（1927—1936），台湾文海出版社 1974 年版，第 612 页。

员、知识青年从军、劳军及抗战建国等活动，并主动寻求与政府合作。更为严重的是，中华体协在董事选择以及需求和支持的表达方面受到国家的某些影响与控制，导致中华体协的自主性和活动空间被不断挤压，无法形成与国家相对平等的对话关系。另一方面，政府通过选择性的经费补助影响了中华体协的业务开展，并加强了对中华体协的管理与控制，在削弱中华体协独立性的同时，加强了对社会的统治力。

由于中华体协自身的局限，再加上内政不靖、外侮日亟、经济窘困、社会重视不够、传统观念束缚、体育专门人才较少等原因，中华体协领导的社会体育事业长期处于艰难的发展过程中。

# 附　　录

## 附录一　《中华全国体育协进会章程》（1924年中华全国体育协进会公布）[1]

**第一条**　定名

本会定名为中华全国体育协进会。

**第二条**　宗旨

本会宗旨分下列五项：

一、联合全国体育团体，以促进国民体育。

二、提倡全国之业余运动，并增进运动员之仁侠精神。

三、主持全国及国际间之运动比赛事项。

四、订定业余运动员之资格。

五、制订各项运动规则。

**第三条**　会员

本会会员，以区为单位。暂分华东、华南、华西、华北、华中五区。

**第四条**　董事会常驻委员会及其职员

① 王增明编：《近代中国体育法规》，中国体育史学会河北分会1988年版，第27~31页。

本会组织，设董事会、常驻委员会和职员三部。

一、董事会设董事九人，由大会推举之。并互推一人为主席。董事任期三年，每年改选三分之一。连举得连任。

二、常驻委员会，设委员五人，由董事会聘请之。并指定主席委员一人。求管理会务便利计，入选以会所在地为限。

三、本会职员，设会长一人，副会长二人，主任干事及会计各一人，干事若干人。会长及主任干事由董事会推举，会计由董事会互推一人兼任；干事由会长商同董事会聘任之。

**第五条** 董事会之职权

一、计划本会会务。

二、筹划本会经费并审查本会账目。

三、推举会长，聘请常驻委员。

四、团体或个人之有违反会章及细则之行动者，董事会有处罚之权，并有注销处罚之权。

五、主席董事，有召集董事会常会或临时会议之权。会议细则另订之。

**第六条** 常驻委员会之职权

一、秉承董事会之意旨，管理本会一切重要事项。

二、于必要时，代行董事会职权；但须于下届董事会常会时，提出追认之。

三、主席委员，有召集常会及临时会议之权，会议细则另订之。

**第七条** 职员之职权

一、会长之职权

子、会长于大会时为当然主席。

丑、对外代表本会。

寅、商同董事会聘任本会干事。

卯、会长得召集职员会议。

辰、委派委员会分理各项运动比赛及其他事宜。

巳、会同干事、会计编制会务报告。

午、副会长于会长缺会时代理之。

二、会计之职权

子、掌管本会经济出纳。

丑、商同会长编制本会预算书。

寅、每年将收支细账，编制决算书，交董事会审查。

三、干事之职权

子、秉承会长，常驻委员会，董事会之意旨，办理全国及国际间体育事宜。

丑、对于各区各省体育之发展，负辅导之责。

寅、保管一切运动记录。各区于区运动会后应将结果及成绩，寄交干事保存。

卯、编纂本会年刊。

**第八条**　各项委员会

本会暂设运动员资格审查委员会，田径赛记录审查委员会，运动规则委员会，运动裁判会。

一、运动员资格审查委员会，审查运动员有无业余资格，并解决一切因该项问题而发生之争议。其细则另订之。

二、田径赛记录审查委员会，审查全国田径赛记录，并规定各项最高纪录。其细则另订之。

三、运动规则委员会，编订或修改或解释各种运动规则。其细则另订之。

四、运动裁判会，主管各项运动比赛裁判事宜，及解决一切因该项问题而发生之争议。其细则另订之。

**第九条**　业余运动员之规则

一、凡具有下列行为之运动员，即属职业性质，于未经运动员资格审查委员会承认其已恢复业余资格前，不得参加本会主管之一切运动比赛。

子、以金钱为比赛之目的者。

丑、受现金之奖励者。

寅、售卖或典赁其所得之奖品者。

卯、假借他人姓名加入比赛以图蒙混者。

辰、藉以比赛之胜负，为金钱之赌博者。

巳、受金钱之雇佣或实利羁縻者。

午、任体育教员或指导员，及因教授运动技术而受薪金或类同之报酬者。

未、未经运动员资格审查委员会之特许，而与职业性质之团体或个人作比赛者。

(注一) 运动资格审查委员会，仅得准许业余运动团体或个人作表演或非夺标性质之比赛。

(注二) 职业运动团体，当为职业性质组合之一部，或专以夺标而作金钱之赌博为事业者，其团员之是否受得金钱之分润，在所不问。

二、运动员正当旅费或用品，如运动衣、运动鞋、运动器具等之供给，及金属奖品之刻有运动会名、运动项目、名次等类，藉资纪念者，不作受现金之鼓励论。

三、违反子、丑、寅、卯、辰、巳各项者，永久为职业运动员；违反午、未两项者，得于一年后恢复其业余资格，继续参加本会主管之各项比赛。

**第十条　集会**

一、大会每年举行一次。于开全国运动会时，由会长召集之，每区各派代表五人列席。开会时会长为主席。

二、董事会常会，每年举行一次。日期地点由主席、董事酌定之。临时会须由董事二人以上之请求召集之。

三、常驻委员会，每半年开会一次，遇必要时，得由主席委员召集临时会议。

四、各种集会，均以过半数之出席为足法定人数。议案之通过，须经出席人数过半数之同意。

**第十一条**　本章程之修改

一、本章程经董事会常会出席董事三分之二之同意，得修改之。

二、修改章程，须经董事二人以上之联署，用书面于常会一月前，提交主席董事，分寄各董事先行考核。

# 附录二 《中华全国体育协进会章程》（中华全国体育协进会 1934 年修正）[1]

**第一条　定名**

本会定名为中华全国体育协进会。

**第二条　宗旨**

本会宗旨分下列五项：

一、联合全国体育团体，以促进国民体育。

二、提倡全国之业余运动，并增进运动员之运动道德。

三、主持全国及国际间之比赛事项。

四、订定业余运动员之资格。

五、审定各项运动规则。

**第三条　会员**

本会会员以省市（指行政院所辖各市）特别区及华侨团体为单位。

**第四条　董事会常驻委员会及职员**

本会组织分董事会、常驻委员会及职员。

一、董事会设董事九人，由代表大会推举之，并互推一人任主席。董事任期二年，连举得连任。

二、常驻委员会设委员五人，由董事会聘请之，并指定主席委员一人。为求管理会务便利计，人选以会址所在地为限。

三、本会职员，设会长一人，副会长二人，主任干事及会计各一人，干事若干人。会长及主任干事由董事会推举，会计董事由董事互推

---

① 中华全国体育协进会编：《体育季刊》（中华体协版）1935 年第 1 卷第 1 期，第 132～134 页。

一人兼任，干事由会长商同董事会聘任之。

**第五条**　董事会之职权

一、计划本会会务。

二、筹划本会经费并审查本会账目。

三、推举会长聘请常驻委员。

四、团体或个人之有违本会会章或细则之行动者，董事会有处罚之权。

五、主席、董事有召集董事会，常驻委员会或临时董事会议之权，会议细则另订之。

**第六条**　常驻委员会之权

一、秉承董事会之意旨，管理本会一切重要事项。

二、于必要时得代行董事会职权，但须于下届董事会常会时提出追认之。

三、主席委员有召集常会及临时会议之权，会议细则另订之。

**第七条**　职员之职权

一、会长之职权。

子、举行大会时为当然主席。

丑、对外代表本会。

寅、商同董事会聘任本会干事。

卯、会长得召集职员会议。

辰、委派委员会分理各项运动比赛及其他事宜。

巳、会同会计及主任干事编制会务报告。

午、副会长协同会长处理本会一切事务，遇会长缺席时，代理其职务。

二、会计董事之职权。

子、掌理本会经济出纳。

丑、商同会长编制本会预算书。

寅、每年将收支细帐，编制决算书交董事会审核。

三、主任干事之职权。

子、秉任会长，常驻委员会及董事会之意旨，办理全国及国际间体育事宜。

丑、对各省市及特别区之体育事业负辅导之责。

寅、保管一切运动记录（各省市于省市运动会完毕后，应将结果及成绩寄交主任干事保存)。

卯、编辑本会一切刊物。

**第八条**　各项委员会

本会暂设运动员资格审查委员会，田径运动记录审查委员会，运动规则委员会及运动裁判会。

一、运动员资格审查委员会，审查运动员有无业余资格，并解决因该项问题而发生之一切争议，其细则另订之。

二、田径运动记录审查委员会，审查全国田径运动记录，并判定各项最高纪录，其细则另订之。

三、运动规则委员会编订或修改或解释各项运动规则，其细则另订之。

四、运动裁判会主管各项运动比赛裁判事宜，及解决一切因裁判而发生之争议，其细则另订之。

**第九条**　集会

一、大会每二年举行一次，在全国运动会开会时由会长召集之，每单位各派代表一人出席。

二、董事会常会每年举行一次，日期地点由主席董事酌定之，临时会须由董事二人以上请求召集之。

三、常驻委员会每半年开会一次。遇必要时得由主席委员召集临时会议。

四、各种集会均以过半数之出席为法定人数，议案之通过，须经出席人数过半数之同意。

**第十条**　本章程之修改

一、本章程经董事会常会出席董事三分之二之同意得修改之。

二、修改章程手续须经董事二人以上之联署，在常会一月前用书面提交主席董事，由主席董事分寄各董事审查后，再交常会讨论之。

# 附录三 《中华全国体育协进会章程》（1935年10月修正）[1]

## 第一章 定 名

**第一条** 本会定名为中华全国体育协进会。

## 第二章 宗 旨

**第二条** 联合全国体育团体，促进国民体育。

**第三条** 主持或参加国际体育运动比赛，发扬我华民族精神。

## 第三章 会 务

**第四条** 主持全国运动事业，参加国际运动比赛事项。

**第五条** 订定业余运动员之资格。

**第六条** 审定各项运动规则。

**第七条** 举行体育讨论会。

**第八条** 举办体育讲习会。

**第九条** 发行体育季刊。

**第十条** 设立体育学术讲座。

**第十一条** 公布全国田径游泳国术之最高纪录。

**第十二条** 指导与监督各分会之组织及其会务进行事项。

**第十三条** 关于其他体育推进事项。

---

① 《中华全国体育协进会章程》（1935年10月修正），《体育季刊》（中华体协版）1936年第2卷第1期，第109~110页。

## 第四章　会　　员

**第十四条**　本会会员以省、市、（指行政院所辖各市）特别区及华侨团体为单位。

## 第五章　组　　织

**第十五条**　本会组织分代表大会、董事会、常务董事会、干事部及各种委员会。

一、代表大会由每单位各派一人组织之。

二、董事会设董事十五人，由代表大会推举之，由董事互推一人为主席。董事任期二年，连举得连任。

三、常务董事会由董事互推四人及主席董事组织之。

四、干事部设总干事一人，干事若干人。总干事由董事会聘请。干事及议员由总干事商同常务董事聘任之。

## 第六章　董事会之职权

**第十六条**　计划本会会务。

**第十七条**　筹措本会经费并审查本会账目。

**第十八条**　聘请总干事。

**第十九条**　处罚违反本会会章或细则之运动团体或运动员。

## 第七章　常务董事会之职权

**第二十条**　常务董事会平时代行董事会之职权，遇有特别事件，须经董事会通过者，须于下届董事会提出追认之。

## 第八章　总干事之职权

**第二十一条**　执行一切议决案并处理本会一切事宜。

## 第九章 各项委员会

**第二十二条** 本会为谋会务进行便利起见，得设下列各委员会。

一、运动员资格审查委员会。

二、田径游泳国术及其他记录审查委员会。

三、运动规则审订委员会。

四、运动裁判会。

五、其他各种委员会。

以上各种委员会细则另订之。

## 第十章 集 会

**第二十三条** 代表大会每二年举行一次由主席董事召集之。

**第二十四条** 董事常会每年举行一次，日期及地点由主席董事酌定之，遇必要时由董事二人以上之请求得由主席召集临时会议。

**第二十五条** 常务董事会每三月举行一次，遇必要时得由主席召集临时会议。

**第二十六条** 各种集会均以过半数之出席为法定人数，议案之通过，须经出席人数过半数之同意，会议细则另订之。

## 第十一章 附 则

**第二十七条** 各省、市、区及华侨团体组成分会，其简则另订之。

**第二十八条** 本章经三分之二之同意得修改之，再由代表大会通过之。

# 附录四 《中华全国体育协进会章程草案》（1943）①

## 第一章 总 则

**第一条** 本会定名为中华全国体育协进会。

**第二条** 本会以联合全国体育团体、促进社会体育、发扬中华民族精神并主持或参加国际体育运动比赛为宗旨。

**第三条** 本会设于国民政府所在地。

**第四条** 本会得设立各省，市、县及海外分（支）会，其组织通则及章程另定之。

## 第二章 任 务

**第五条** 本会之任务列左：

（一）关于主持全国运动事业暨参加国际运动比赛事项；

（二）关于订定业余运动规则暨审查业余运动员资格事项；

（三）关于审定各项运动规则事项；

（四）关于体育讲习及讨论事项；

（五）关于审定暨公布全国各项运动之最高纪录事项；

（六）关于体育宣传事项；

（七）关于其他社会体育推进事项。

## 第三章 会 员

**第六条** 本会以省市分会暨海外分会为会员。

---

① 《中华全国体育协进会章程草案》（1943 年），重庆市体育运动委员会、重庆市志总编室编：《抗战时期陪都体育史料》，重庆出版社 1989 年版，第 84～88 页。

**第七条** 凡有违反本会会章行为者，得由理事会提请代表会予以警告或除名。

**第八条** 本会会员应享权利列左：

（一）发言权及表决权；

（二）选举权；

（三）本会所举办各种事业上之利益；

（四）其他公共应享之权利。

**第九条** 本会会员应有下列之义务：

（一）遵守本会会章及决议案；

（二）担任本会所指派之职务；

（三）缴纳会费。

## 第四章 组 织

**第十条** 本会以代表大会为最高权力机关，在代表大会闭期间，理事会代行其职权。

**第十一条** 本会设理事十五人，候补理事七人，监事二人，均由代表大会选举之，组织理事会、监事会。本会得聘请名誉理事长及名誉理事。

**第十二条** 本会理事会互推常务理事五人，组织常务理事会，并由常务理事互推理事长一人，负责主持对内对外一切事务。

**第十三条** 本会于常务理事会之下设总干事一人，并得视事务之繁简，分设总务、编审、宣传三组，每组各设主任干事一人，干事及雇员若干人。

**第十四条** 监事会互推常务监事一人。

**第十五条** 理事、监事均为义务职。

**第十六条** 本会理、监事任期均为二年，连选得连任。

**第十七条** 本会得设置下列各种委员会：

一、运动员资格审查委员会；

二、田径、游泳、国术及其他记录审查委员会；

三、运动规则审订委员会；

四、运动裁判会；

五、其他各种委员会。

以上各种委员会之办事细则另定之。

## 第五章　职　权

**第十八条**　本会代表大会之职权如左：

（一）审议理事会、监事会之会务报告；

（二）通过本会章程；

（三）选举理事、监事；

（四）决定经费预算；

（五）其他重要事项之决定。

**第十九条**　本会理事会之职权如左：

（一）对外代表本会；

（二）对内处理一切会务；

（三）召集会议；

（四）执行代表大会决议；

（五）核准会员入会；

（六）办理监事会移付案件。

**第二十条**　本会常务理事会之职权如左：

（一）执行理事会决议；

（二）召集理事会议。

**第二十一条**　本会总干事之职权如左

总干事秉承常务理事会处理日常事务。

第二十二条　本会监事会之职权如左：

（一）监察会员履行义务事项；

（二）审核本会经费收入；

(三) 办理其他有关监察事项。

**第二十三条**　本会常务监事之职权如左:

(一) 执行监事会决议;

(二) 召集监事会议;

(三) 办理日常事务。

## 第六章　会　　议

**第二十四条**　本会代表大会每两年举行一次,必要时得经呈准举行临时会。

**第二十五条**　本会理事会、监事会每半年开会一次,常务理事会每三个月开会一次,必要时均得举行临时会。

## 第七章　经　　费

**第二十六条**　本会经费以左列各项充之:

(一) 会员入会费及常年会费;

(二) 补助费;

(三) 自由捐;

(四) 基金之孳息。

## 第八章　附　　则

**第二十七条**　本会各项办事细则另订之。

**第二十八条**　本会章程如有未尽事宜,得提请代表大会决议修正后,呈请社会部备案。

**第二十九条**　本章程经代表大会通过,呈请社会部核准备案后施行。

# 附录五 《远东运动会议决之业余运动规则及秩序》（中华全国体育协进会 1930 年 7 月 5 日发布）[①]

一、业余运动定义

（甲）为娱乐、为体格上、道德上及智力上之训练而参加运动比赛，是谓业余运动；

（乙）业余运动员，须受后列各条限制：

1. 不受薪水教练运动或服务体育界

2. 不受薪水之比赛

3. 不加入有金钱奖品或具赌博性质之比赛

4. 不加入含有不正当作用之比赛

5. 不受超过运动员应有之用费

6. 不分受比赛门券收入

7. 不得变卖奖品为己用

8. 不准更变姓名加入比赛

9. 不得捏造关于运动资格或表演之事实

10. 不得以个人名义与非业余运动员举行非经主管业余体育机关允许之公开或表演比赛，如习惯上或事实上有此种性质之比赛，不在此列

11. 不可借名提倡业余运动而图一己之利益

12. 不得引诱或毁谤主管体育机关承认之业余运动员或团体

二、业余运动之真意

（甲）业余运动之真意，除在上款定义内陈述外，具有高尚荣誉、公允比赛，以礼相待之义，并有尊重比赛规则及不取对方不正当利益之

① 《远东运动会议决之业余运动规则及秩序》，《申报》1930 年 7 月 6 日，第 11 版。

优点。

（乙）业余运动足以表现对于发达机体、增益智力及锻炼道德之重要，并可提高各项运动之标准。

（丙）业余运动之真义足以阻止有害运动员或团体之业余运动名义上之情事，并由妥善体育机关之组织，以促进之。

# 附录六 《远东运动会业余运动规则》（中华全国体育协进会1930年8月公布）[①]

一、业余运动员之定义

凡从事于运动而其目的专为娱乐，及在身体上、精神上、交际上所得之利益，且只以运动为一种职业以外之消遣者，名为业余运动员。依此定义，凡业余运动员，不得有下列之行为：

（一）教授或教练运动员或担任其他普通之体育工作而受薪金；

（二）受薪水或报酬而比赛；

（三）为奖金或赌注而比赛；

（四）为曾经核准之奖章或纪念品以外之其他酬赠而比赛或受接此项酬赠；

（五）为超过比赛者实际应当支出之费用之偿金而比赛或受接此项偿金；

（六）为分得门票收入而比赛或接受其收入之任何一份；

（七）为个人利益而售去奖品；

（八）变更姓名而加入比赛；

（九）对于资格能力或表演方面有虚饰之事；

（十）以个人名义，而不仅以队员名义，参加任何公共比赛或表演，与不能以业余运动员资格出席之一个或多个比赛，在参加此项运动之前，并未取得主持此项比赛或表演之机关之特许，但如习惯上或事实上有此种性质之比赛者，不在此例。

（十一）提倡业余比赛，以谋个人之利益；

---

① 中华全国体育协进会编：《中国参加第九届远东运动会特刊》，中华全国体育协进会1930年版，第17~18页。

（十二）企图引诱业余运动员为不名誉之举，以破坏其业余地位。

二、业余运动之精神

（甲）此项精神表示比赛者、主、客、职员及观众之重视名誉、公道与礼貌，并不屑以卑劣之手段，曲解规则或趋避规则，或以不公道胜敌。

（乙）此项精神隐含承认运动员于发展精神、体格、智能、道德及社交习惯方面有显著之势力，其目的在提高各项运动之标准，以增加其价值。

（丙）此项精神反对有害于个人或业余运动员之一切事件，而承认对于运动员需有明智的组织及监督并互相合作，以促进其效能。

# 附录七 《中华全国体育协进会业余运动规则》(中华全国体育协进会 1931 年 6 月订定)[①]

中华全国体育协进会与本届全国运动会同订定中华全国体育协进会业余运动规则如下。

一、业余运动主旨

中华全国体育协进会对于中国运动员参加国际、全国、分区、省、县等各种运动比赛之业余资格订定，其主旨如左：

（一）某项运动之职业运动员或明知故犯而已成为职业运动员者，不得参加该项或任何一项运动。

（二）业余运动员不得因参加运动比赛损失其薪水，而收受金钱之贴补或酬报。

二、业余运动定义

**第一条** 业余运动员只为爱好运动而参加比赛。

**第二条** 运动员之为金钱或他种进益而参加任何一项运动比赛或在应得之服装及旅宿等费上，取得额外利益者，则该运动员在任何运动中均成为职业运动员。

**第三条** 运动员未经主管之高级机关许可，而明知故犯与职业运动员做同队或对抗比赛者，即为职业运动员。

**第四条** 凡教授、训练或指导运动员，或从事于任何体育工作而受薪金者均为职业运动员。

**第五条** 明知故犯而成为职业运动员，永远不得恢复其业余资格。

**第六条** 业余运动员对其所参加之运动比赛，不得与人做金钱之赌赛，或与赌赛事发生关系。

---

① 《业余运动规则订定》,《申报》1931 年 6 月 10 日，第 10 版。

**第七条** 业余运动员不得参加争取无法镌刻相当字样之奖品或纪念品之任何运动比赛。

**第八条** 业余运动所得之奖品，其价值不得超过当地通用银币百元，但经中华全国体育协进会之特许者，不在此列。

**第九条** 业余运动员不得将所获之奖品出售典押或赠送与人，此项奖品必须保存，以便随时受中华全国体育协进会之稽查。

**第十条** 业余运动员不得顶替或冒用他人姓名而加入任何比赛。

**第十一条** 业余运动员于赴会出席比赛或由运动会回来时，除实际支出之火车轮船及膳宿等费外，不得收受任何金钱或其他进益。无论如何，所给费用不得超过火车轮船上一个客位之普通价目，即每日十元或其相等数之膳宿等费，如会中供给膳宿者，则每人每日之零用费不得超过当地通用银币两元。

**第十二条** 业余运动员，不得为其训练员、按摩员或其亲友接受旅费或任何开支。

（附注：此条之意义，非谓训练员等之旅费不能支付，但此项费用，不能由运动员提出要求或付给于运动员）。

**第十三条** 业余运动员不得因加入体育会或其他体育机关为会员或继续其会员资格而收受直接或间接之报酬。

**第十四条** 业余运动员收受任何款项应分别出具收据，此项收据应妥善保存，以待随时交付中华全国体育协进会检查。

**第十五条** 凡运动员之经售运动器具者并不作为职业运动员。

**第十六条** 业余运动员不得因使用某公司、某厂家或某经售处之物品而受报酬，亦不准用其姓名做广告宣传，或因报酬而赞助某公司某厂家之物品。

**第十七条** 业余运动员不得以本人之照片做商店广告。

**第十八条** 运动员之并非明知故犯而成为职业运动员者，停止比赛一年后，仍可恢复其业余资格。

**第十九条** 运动员于其资格能力及成绩等，如作虚伪之报告，即失去业余之资格；

**第二十条**　不得为个人利益而提倡业余比赛。

**第二十一条**　业余运动员于本人所参加之任何运动竞赛会（或竞赛会中之一部分比赛）中，不得兼充报馆访员而受其金钱。

**第二十二条**　出国比赛之时，业余运动员经中华全国体育协进会之特许，得收受金钱为置办服装或其他个人用品之费。

# 附录八　《××省（市）（县）（华侨团体）体育协进会章程草案》①

## 第一章　定　　名

**第一条**　本会定名为××省（市）（县）（华侨团体）体育协进会。

抗战期间，依照中华全国体育协进会章程第十一章第二十七条之规定设立之。

## 第二章　宗　　旨

**第二条**　促进国民体育。

**第三条**　主持各种运动比赛，发扬民族精神。

## 第三章　会　　务

**第四条**　主持体育宣传、表演、竞赛事项。

**第五条**　征求会员，募集经费事项。

**第六条**　中华全国体育协进会交办事项。

**第七条**　关于其它体育推进事项。

---

①《××省（市）（县）（华侨团体）体育协进会章程草案》，该提案在教育部国民体育委员会1942年首次会议闭幕会议上获得通过（闭幕时间为1942年2月6日）。国家体委体育文史工作委员会、全国体育总会文史资料编审委员会编：《体育史料·中国近代体育议决案选编》（第16辑），人民体育出版社1991年版，第266~268页。

## 第四章　会　员

**第八条**　团体会员以地方党政军教育机关及社会团体为单位，年纳会费（五十至一百元，视地方机关团体情形而定）。

**第九条**　个人会员分下列三种：

一、赞助会员——年纳会费在百元以上者。

二、特别会员——年纳会费在五十元以上者。

三、普通会员——年纳会费五元者。

## 第五章　组　织

**第十条**　本会组织，分团体会员代表大会，董事会，常务董事会，干事部，各种委员会

一、团体会员代表大会，由每单位派代表一人组织之。

二、董事会，由团体会员代表大会推举会员十五人至二十七人组织董事会，任期一年，连选得连任。

三、常务董事会，由董事互推五人至九人组织之，由常务董事互推一人为主席董事。

四、干事部，设总干事、副总干事各一人，干事若干人。总干事、副总干事由董事会聘任，干事及职员由常务董事会聘任之。

## 第六章　董事会之职权

**第十一条**　计划本会会务。

**第十二条**　筹措本会经费，并审查本会帐目。

**第十三条**　聘任总干事、副总干事。

**第十四条**　处理违犯本会会章或细则之运动团体或运动员。

## 第七章　常务董事会职权

**第十五条**　董事会闭会期间代行其职权。

**第十六条**　聘任干事及职员

## 第八章　干事部之职权

**第十七条**　执行一切决议案，总管会务。

**第十八条**　按季将推动体育实况，报告全国体育协进会。

## 第九章　各项委员会

**第十九条**　本会为谋会务之推行便利起见，得设各种委员会，其章程另订之。

## 第十章　集　　会

**第二十条**　团体会员代表大会每年举行一次，由主席董事召集之。

**第二十一条**　董事会议每半年举行一次，由主席董事召集之；必要时由董事五人以上之请求，得召集临时会议。

**第二十二条**　常务董事会议每三个月举行一次，遇必要时得由主席董事召集临时会议。

**第二十三条**　干事部会议每两周举行一次，由总干事召集之。总干事缺席时由副总干事代理之。

## 第十一章　经　　费

**第二十四条**　本会经费来源如下：

一、政府补助费。

二、会员会费。

三、捐款。

## 第十二章　附　则

**第二十五条**　本会各种章则另订之。

**第二十六条**　本章程如有未尽事宜，得由董事会呈请中华全国体育协进会修正之。

**第二十七条**　本章程由中华全国体育协进会制定施行。

# 参 考 文 献

## 一、中华全国体育协进会报刊、档案等史料

（一）报刊

[1] 中华全国体育协进会编：《中华全国体育协进会年刊》1927 年第 1 期。

[2] 中华全国体育协进会编：《第九届远东运动会特刊》，中华全国体育协进会 1930 年版。

[3] 天津体育协进会编：《天津体育协进会年刊》，天津体育协进会 1933 年版。

[4] 天津体育协进会编：《天津体育协进会年刊》，天津体育协进会 1934 年版。

[5] 天津体育协进会编：《天津体育协进会年刊》，天津体育协进会 1935 年版。

[6] 赵庶常编：《中华全国体育协进会暑期训练、讲习、讨论会专号》，青岛体育协进会 1935 年版。

[7] 中华全国体育协进会编：《体育季刊》，中华全国体育协进会 1935—1936 年版。

[8] 青岛市体育协进会出版委员会编：《青岛市体育协进会两周年工作总报告》，青岛市体育协进会出版委员会 1935 年版。

[9] 中华全国体育协进会编：《出席第十一届世界运动会中华代表团报告》，中华全国体育协进会1937年版。
[10] 中华全国体育协进会编：《体育通讯》，中华全国体育协进会1944—1946年版。
[11] 中华全国体育协进会编：《中华全国体育协进会民国33年度工作报告》，中华全国体育协进会1945年版。
[12] 中华全国体育协进会干事部编：《第十四届世界运动会中华代表团手册》，中华全国体育协进会1948年版。

## （二）档案

[1]《张伯苓组织中华全国体育协进会呈请立案的文书》（1925年10月），北洋政府内务部档案一〇〇一（2）—1070，中国第二历史档案馆藏。
[2]《中华全国体育协进会暑期讲习会章程》（1935年），LS010-001-1149，湖北省档案馆藏。
[3]《中华全国体育界救亡协会缘起》（1937年11月），南京国民政府教育部档案五—15164，中国第二历史档案馆藏。
[4]《Letter from The China National Athletic Association to The National Athletic Federation, U. S. A》（1938年1月29日），南京国民政府教育部档案五—15164，中国第二历史档案馆藏。
[5]《中华全国体育界救亡协会理事长褚民谊为派员出席本届世运会议恳请拨助经费由》（1938年2月11日），南京国民政府教育部档案五—15164，中国第二历史档案馆藏。
[6]《褚民谊致信戴季陶并请转达教育部派遣国术代表团参加第十二届世运会派遣》（1938年2月27日），南京国民政府教育部档案五—15164，中国第二历史档案馆藏。
[7]《Letter from The China National Athletic Association to International Olympic Committee, Cairo, Egypt》（1938年3月1日），南京国民

政府教育部档案五—15164，中国第二历史档案馆藏。
[8]《中华全国体育界救亡协会致社会教育司函：为呈请转电埃京开罗国际奥林匹克委员会抗议一九四零年世运会在日本举行》（1938年3月2日），南京国民政府教育部档案五—15164，中国第二历史档案馆藏。
[9]《中华全国体育界救亡协会致社会教育司函：为呈请转电埃京开罗国际奥林匹克委员会抗议一九四零年世运会在日本举行》（1938年3月2日），南京国民政府教育部档案五—15164，中国第二历史档案馆藏。
[10]《教育部致电至比国大使馆转谢寿康及中华全国体育界救亡会：电请出席三月十日在埃京举行之第十二届世运执委会由 呈请拨助旅费以便参加本届世运会议》（1938年3月3日），南京国民政府教育部档案五—15164，中国第二历史档案馆藏。
[11]《教育部致电驻比大使馆：函送谢寿康赴开罗参加世运会执委会议旅费一百二十七磅六先令汇票一纸》（1938年5月9日），南京国民政府教育部档案五—15164，中国第二历史档案馆藏。
[12]《中华体育学会会务状况及有关文书·中华体育学会会务状况表》（1938年12月5日），南京国民政府社会部档案一一—7611，中国第二历史档案馆藏。
[13]《教育部为参加台维斯杯国际网球赛应行补助经费数及在中央国际文化宣传费项下开支情形致函行政院》（1939年1月），南京国民政府教育部档案五—15044（1），中国第二历史档案馆藏。
[14]《驻英大使馆呈请教育部正式授权此间组织之中国参加台维斯杯委员会主持台杯比赛事宜》（1939年4月4日），南京国民政府教育部档案五—15044（1），中国第二历史档案馆藏。
[15]《教育部函送驻英大使馆及沈嗣良关于补助台维斯杯国际网球赛经费汇票一纸由》（1939年7月），南京国民政府教育部档案五—15044（1），中国第二历史档案馆藏。

[16]《中华全国体育协进会呈请行政院资送中华代表团赴芬兰参加世运函》（1939年），南京国民政府教育部档案五—15164，中国第二历史档案馆藏。

[17]《行政院训令教育部 抄发王正廷为出席伦敦世运董会电文令仰知照由》（内含王正廷致孔祥熙的电文）（1939年6月2日），南京国民政府教育部档案五—15164，中国第二历史档案馆藏。

[18]《社会部中国体育协会一九四一年十月份支出计算书附属表》（1941），南京国民政府社会部档案一——11527，中国第二历史档案馆藏。

[19]《中华全国体育协进会最近工作概况》（1942），南京国民政府教育部档案五（2）—1311，中国第二历史档案馆藏。

[20]《中央训练团王原东致函教育部长陈立夫 恳请主持发动筹建陪都国民体育场事宜》（1943年3月7日），南京国民政府教育部档案五—15075（1），中国第二历史档案馆藏。

[21]《郝更生致函教育部长陈立夫 请示筹建陪都国民体育场事宜》（1943年4月10日），南京国民政府教育部档案五—15075（1），中国第二历史档案馆藏。

[22]《中华体育学会理事长张伯苓呈送“中华体育学会第一次座谈会志”及有关文书》，1944年4月，南京国民政府教育部档案五（2）—129，中国第二历史档案馆藏。

[23]《请确定各省市县社会体育事业应由中华全国体育协进会组织各省市县分会负责推动案》，1942年2月，南京国民政府教育部档案五（2）—1295（2），中国第二历史档案馆藏。

[24]《中华全国体育协进会工作日志》（1942年12月3日），南京国民政府教育部档案五—15043（3），中国第二历史档案馆藏。

[25]《中华全国体育协进会工作日志》（1942年12月10日），南京国民政府教育部档案五—15043（3），中国第二历史档案馆藏。

[26]《中华全国体育协进会工作日志》（1942年12月11日），南京国

民政府教育部档案五—15043（3），中国第二历史档案馆藏。
[27]《中华全国体育协进会工作日志》（1942 年 12 月 13 日），南京国民政府教育部档案五—15043（3），中国第二历史档案馆藏。
[28]《中华全国体育协进会工作日志》（1942 年 12 月 22 日），南京国民政府教育部档案五—15043（3），中国第二历史档案馆藏。
[29]《中华全国体育协进会工作日志》（1942 年 12 月 27 日），南京国民政府教育部档案五—15043（3），中国第二历史档案馆藏。
[30]《中华全国体育协进会工作日志》（1942 年 12 月 30 日），南京国民政府教育部档案五—15043（3），中国第二历史档案馆藏。
[31]《中华全国体育协进会运动规则审订委员会第一次会议》（1945 年 6 月 2 日），南京国民政府教育部档案五—15029，中国第二历史档案馆藏。
[32]《中华体协总干事董守义致函教育部次长田培林 汇报参加国际奥林匹克会议的经过》（1946 年 7 月 20 日），南京国民政府教育部档案五—15075（1），中国第二历史档案馆藏。
[33]《中华全国体育协进会常务理事会三十六年度第一次会议记录》（1947 年 1 月 7 日），南京国民政府教育部档案五（2）—1311，中国第二历史档案馆藏。
[34]《中华全国体育协进会运动规则审定委员会临时会议记录》（1947 年 5 月 3 日），南京国民政府教育部档案五（2）—1311，中国第二历史档案馆藏。
[35]《第七届全国运动大会筹备委员会各组组长副组长名单》（1947 年 5 月 28 日），南京国民政府教育部档案五——15075（2），中国第二历史档案馆藏。
[36]《第七届全国运动会专门委员会名单》（1945 年），南京国民政府教育部档案五—15075（2），中国第二历史档案馆藏。
[37]《中华全国体育协进会三十六年度建筑委员会第一次会议》（1947 年 2 月 3 日），南京国民政府教育部档案五（2）—1311，中国第

二历史档案馆藏。

[38]《一九四八年世运会公函稿本·中华代表团遴选委员会第一次会议》(1947 年 5 月 1 日),南京国民政府教育部档案五—15075(2),中国第二历史档案馆藏。

[39]《第七届全国运动大会筹备委员会各组组长副组长名单》(1947 年 5 月 28 日),南京国民政府教育部档案五—15075(2),中国第二历史档案馆藏。

[40]《中华全国体育协进会运动规则审订委员会第二次临时会议记录》(1947 年 7 月 25 日),南京国民政府教育部档案五(2)—1311,中国第二历史档案馆藏。

[41]《一九四八年世运会公函稿本·中华全国体育协进会全体理监事会议》(1947 年 11 月 2 日),南京国民政府教育部档案五—15075(2),中国第二历史档案馆藏。

[42]《中华全国体育协进会会员大会报告表、理监事名单章程修改草案》(1948 年 5 月),Q6-5-520-5,上海市档案馆藏。

## 二、其他报纸期刊

《申报》《大公报》《中央日报》《民国日报》《时报》《益世报》《新华日报》《民国日报》《东方杂志》《体育周报》《中国青年体育季刊》《国民体育季刊》《勤奋体育月报》《体育杂志》《时事月报》《教育杂志》《体育研究与通讯》《校风》《南开高中》《体育与健康教育》《教与学月刊》《中华教育界》《体育周报》(上海)《体育周报》(天津)《世界月刊》《南京教育丛刊》《体育》《馨石杂志》《江苏学生》《新中华杂志》《国闻周报》《上海体育》《体育周刊》《江西教育》《进步》《教育与人生》《青岛教育》。

## 三、其他档案史料、资料汇编、文集

[1] 教育杂志社编:《体育之进行与改造》,商务印书馆 1925 年版。

[2] 宋如海编：《世界运动会丛录》，商务印书馆 1930 年版。
[3] 民国十九年全国运动大会筹备委员会编：《第四届全国运动大会总报告》，中华书局 1930 年版。
[4] 沈嗣良编：《第十届世界运动会》，勤奋书局，1933 年版。
[5] 民国二十二年全国运动大会筹备委员会编：《第五届全国运动大会总报告》，中华书局 1934 年版。
[6] 第十八届华北运动会筹备委员会编：《第十八届华北运动大会各项运动规则》，第十八届华北运动会筹备委员会 1934 年版。
[7] 第十八届华北运动会筹备委员会编：《第十八届华北运动会秩序册》，第十八届华北运动会筹备委员会 1934 年版。
[8] 教育部教育年鉴编纂委员会编：《第一次中国教育年鉴》，开明书店 1934 年版。
[9] 上海中华基督教青年会编：《上海中华基督教青年会三十五周年纪念册》，青年协会书局 1935 年版。
[10] 申报年鉴社编：《申报年鉴》，申报年鉴社 1933—1935 年版。
[11] 浙江省教育厅编：《暑期体育讲习会学术讲演集》，浙江省教育厅 1936 年版。
[12] 李金藻编著：《欧洲体育考察报告》，河北省教育厅 1936 年版。
[13] 中国文化建设协会编：《十年来的中国》，商务印书馆 1937 年版。
[14] 中国国民党中央执行委员会社会部编：《特种社团法规方案》，中国国民党中央执行委员会社会部 1940 年版。
[15] 社会部统计处编：《全国人民团体统计》，社会部统计处 1944 年版。
[16] 中国日报丛书编纂委员会：《中国日报发表之体育论文选集》，《中国日报小丛书（五）》，中国日报出版部 1933 年版。
[17] 教育部国民体育委员会编：《体育法令汇编》，教育部国民体育委员会 1946 年版。
[18] 社会部组织训练司编：《自由职业普通团体及教育会法规》，社会

部组织训练司 1946 年版。
[19] 教育部教育年鉴编纂委员会编:《第二次中国教育年鉴》,商务印书馆 1948 年版。
[20] 国家体委运动技术委员会编:《中国体育史参考资料》,人民体育出版社 1956~1960 年版。
[21] 沈云龙编:《近代中国史料丛刊》,台北文海出版社 1973 年版。
[22] 体育文史资料编审委员会编:《体育史料》,人民体育出版社 1980~1991 年版。
[23] 成都体育学院体育史研究所编:《中国近代体育史资料》,四川教育出版社 1988 年版。
[24] 重庆市体育运动委员会、重庆市志总编室编:《抗战时期陪都体育史料》,重庆出版社 1989 年版。
[25]《民国丛书》编辑委员会编:《民国丛书(第二编)》,上海书店 1990 年版。

## 四、著作类

[1] 郭希汾:《中国体育史》,商务印书馆 1919 年版。
[2] 郝更生:《中国体育概论》,上海商业出版社 1926 年版。
[3] 舒新城:《收回教育权运动》,中华书局 1927 年版。
[4] 王庚:《民众体育实施法》,勤奋书局 1933 版。
[5] 阮蔚村:《远东运动会历史与成绩》,勤奋书局 1933 年版。
[6] 金兆均:《体育行政》,勤奋书局 1931 年版。
[7] 吴蕴瑞、袁敦礼:《体育原理》,勤奋书局 1933 年版。
[8] 章辑五:《世界体育史略》,勤奋书局 1936 年版。
[9] 章辑五:《非常时期之国民体育》,中华书局 1937 年版。
[10] 程登科:《世界体育史纲要》,商务印书馆 1945 年版。
[11] 刘昌合:《国民体育训练与实施》,商务印书馆 1947 年版。
[12] 第七届全国运动会筹备委员会编:《游泳及跳水比赛规则》,正中

书局 1948 年版。
[13] 第七届全国运动会筹备委员会编：《羽球规则》，正中书局 1948 年版。
[14] 吴文忠：《中国近百年体育史》，台湾“商务印书馆”1967 年版。
[15] 郝更生：《郝更生回忆录》，台湾传记文学出版社 1969 年版。
[16] 王文俊等编：《张伯苓教育言论选集》，南开大学出版社 1984 年版。
[17] 黄延复编：《马约翰体育言论集》，清华大学出版社 1986 年版。
[18] 南开大学校长办公室编：《张伯苓纪念文集》，南开大学出版社 1986 年版。
[19] 郑致光主编：《张伯苓传》，天津人民出版社 1989 年。
[20] 朱英：《辛亥革命时期新式商人社团研究》，中国人民大学出版社 1991 年。
[21] 虞和平：《商会与中国早期现代化》，上海人民出版社 1993 年版。
[22] 万仁元、方庆秋主编：《中华民国史史料长编》，南京大学出版社 1993 年版。
[23] 许义雄主编：《中国近代体育思想》，台湾启英文化事业公司 1996 年版。
[24] 卢元镇：《中国体育社会学》，北京体育大学出版社 2000 年版。
[25] 徐元民：《中国近代运动竞赛》，桃园“国立”体育学院 1996 年版。
[26] 崔国良编：《张伯苓教育论著选》，人民教育出版社 1997 年版。
[27] 朱英：《转型时期的社会与国家：以近代中国商会为主体的历史透视》，华中师范大学出版社 1997 年版。
[28] 傅浩坚：《中国近代体育史的传奇人物——马约翰》，北京体育大学出版社 1998 年版。
[29] 编写组编：《马约翰纪念文集》，中国文史出版社 1998 年版。
[30] 俞可平：《社群主义》，中国社会科学出版社 1998 年版。

[31] 唐士其：《国家与社会的关系》，北京大学出版 1998 年版。
[32] 崔乐泉：《中国近代体育史话》，中华书局 1998 年版。
[33] 顾渊彦：《体育社会学》，南京师范大学出版社 1999 年。
[34] 张玉法、李荣泰：《中华民国人民团体调查录（民国元年至八十四年）》，台湾“国史馆”1999 年版。
[35] 陆坚心、完颜绍元主编：《20 世纪上海文史资料文库》，上海书店出版社 1999 年版。
[36] ［英］埃里克·霍布斯鲍姆著，李金梅译：《民族与民族主义》，上海人民出版社 2000 年版。
[37] ［英］布莱思·特纳著，马海良、赵国新译：《身体与社会》，春风文艺出版社 2000 年版。
[38] ［美］罗兰·罗伯森著，梁光严译：《全球化：社会理论和全球文化》，上海人民出版社 2000 年版。
[39] 郑杭生：《社会学概论新修》，中国人民大学出版社 2000 年版。
[40] 何增科：《公民社会与第三部门》，社会科学文献出版社 2000 年版。
[41] 于显洋：《组织社会学》，中国人民大学出版社 2001 年版。
[42] 罗志田：《乱世潜流：民族主义与民国政治》，上海古籍出版社 2001 年版。
[43] 俞可平：《中国公民社会的兴起与治理的变迁》，社会科学文献出版社 2002 年版。
[44] ［法］米歇尔·福柯著，刘北成等译：《规训与惩罚》，三联书店 2003 年版。
[45] 高翠编：《从“东亚病夫”到体育强国》，四川人民出版社 2003 年版。
[46] 罗荣渠：《现代化新论》，商务印书馆 2004 年版。
[47] 邓正来、J. 亚历山大：《国家与市民社会》，上海人民出版社 2006 年版。

[48] 吴蕴瑞：《吴蕴瑞文集》，黑龙江科学技术出版社2006年版。
[49] 郎净：《近代体育在上海》，上海社会科学院出版社2006年版。
[50] 林娅主编：《全球化与社会发展理论研究》，北京大学出版社2006年版。
[51] 黄金鳞：《历史、身体、国家——近代身体的形成（1895—1937）》，新星出版社2006年版。
[52] 孙海麟编：《中国奥运先驱张伯苓》，人民出版社2007年版。
[53] 魏文享：《中间组织：近代工商同业公会研究（1918—1949）》，华中师范大学出版社2007年版。
[54] 郑成林：《从双向桥梁到多边网络——上海银行公会与银行业（1918—1936）》，华中师范大学出版社2007年版。
[55] 崔乐泉：《中国奥林匹克运动通史》，青岛出版社2008年版。
[56] [美] 徐国琦著，马建标译：《中国与大战：寻求新的国家认同与国际化》，三联书店2008年版。
[57] 游鉴明：《运动场内外：近代华东地区的女子体育（1893－1937）》，台湾“中央”研究院近代史研究所2009年版。
[58] 复旦大学历史系等编：《新文化史和中国近代史研究》，上海古籍出版社2009年版。
[59] 仇军：《西方体育社会学：理论、视点、方法》，清华大学出版社2010年版。
[60] 宋新伟：《民族主义在中国的嬗变》，社会科学文献出版社2010年版。
[61] 王润斌：《民族主义演进与奥林匹克发展》，北京体育大学出版社2010年版。
[62] 王希、姚平主编：《在美国发现历史——留美历史学人反思录》，北京大学出版社2010年版。
[63] [英] 约瑟夫·马奎尔、[加] 凯文·扬主编，陆小聪主译：《理论诠释：体育与社会》，重庆大学出版社2012年版。

[64] 鲁威人编著：《体育传播学》，清华大学出版社 2013 年版。

[65] 杨桦：《体育史》，北京体育大学出版社 2014 年版。

[66] 龚克主编：《张伯苓全集》，南开大学出版社 2015 年版。

[67] [美] 本尼迪克特·安德森著，吴叡人译：《想象的共同体：民族主义的起源与散布》，上海人民出版社 2016 年版。

[68] 张德安：《身体教育的历史——关于近世中国教育的身体社会史研究（1368—1919）》，中国社会科学出版社 2017 年版。

[69] Andrew Morris. Marrow of the Nation：A History of Sport and Physical Culture in Republican China [M]. California：University of California Press，2004.

[70] JinxiaDong. Women，Sport and Society in Modern China [M]. London：Routledge，2002.

[71] Susan Brownell. Training the Body for China：Sports in the Moral Order of the People's Republic [M]. Chicago：The University of Chicago Press，1995.

[72] Xu Guoqi. Olympic Dreams：China and Sport（1895—2008）[M]. Boston，MA：Harvard University Press，2008.

## 五、论文类

[1] 苏雄飞：《五四运动前后我国体育的发展》，《体育学报》1985 年第 7 辑。

[2] 熊晓正：《也论近代体育史上的麦克乐——兼谈体育史上的人物评价问题》，《成都体育学院报》1986 年第 3 期。

[3] 施礼康：《远东体育协会的解散经过》，《体育文化导刊》1987 年第 6 期。

[4] 施礼康：《远东运动会对近代中国体育事业发展的积极影响》，《史林》1989 年第 3 期。

[5] 张开森：《中国筹备参加第十一届奥运会的一组史料》，《民国档

案》1990年第3期。
[6] 谷世权：《中华业余运动联合会初探》，《武汉体育学院学报》1990年第4期。
[7] 张天白：《中华全国体育协进会筹备成立始末》，《体育文化导刊》1990年第6期。
[8] 蒋顺兴：《第十届远东运动会与中国》，《学海》1995年第2期。
[9] 卢元镇：《论中国体育社团》，《北京体育大学学报》1996年第1期。
[10] 易剑东：《社会学与中国近代体育史研究初探》，《山东体育学院学报》1996年第2期。
[11] 申泮文、王刚：《张伯苓与中国近代体育运动——纪念著名爱国主义教育家张伯答诞辰一百二十周年》，《体育文化导刊》1996年第6期。
[12] 徐元民：《董守义的体育思想》，《中华民国体育学会体育学报》1997年第25辑。
[13] 孙锦顺：《1936年中国足球队出征奥运会的经过》，《文史精华》1998年第2期。
[14] 朱英：《20世纪中国民间社团发展演变的历史轨迹》，《华中理工大学学报》（社会科学版）1999年第4期。
[15] 卢勇：《旧中国第三次全国运动会纪略》，《湖北文史资料》2001年第1期。
[16] 吕玉军，伯亮：《民国时期的中华全国体育协进会》，《历史档案》2001年第4期。
[17] 崔乐泉：《中国体育史学研究的历史与现状》，《体育文化导刊》2002年第1期。
[18] 黄亚玲：《中国体育社团的发展——历史进程、使命与改革》，《北京体育大学学报》2004年第2期。
[19] 唐永干、王正伦：《国民政府体育理念的社会化及启示》，《体育

文化导刊》2004 年第 4 期。
［20］吴兰芬、姚宏茂：《王正廷与近代中国体育的发展》，《体育文化导刊》2004 年第 8 期。
［21］唐永干、王正伦：《国民政府体育体制的社会化及其启示》，《天津体育学院学报》2004 年第 19 卷第 3 期。
［22］彭立刚、裴东光、张中民：《远东运动会与中国早期奥林匹克活动——一段被人淡忘的历史》，《山东体育学院报》2005 年第 6 期。
［23］暴丽霞、冯强：《近代上海球类单项体育组织考证研究》，《体育文化导刊》2005 年第 7 期。
［24］李佐惠：《影响中国近代体育和美国 20 世纪中期体育的麦克洛伊》，《体育文化导刊》2006 年第 5 期。
［25］裘争平：《1948 年伦敦奥运会上的中国足球队》，《档案春秋》2006 年第 10 期。
［26］刘昌德：《帝国摇旗，国族呐喊：棒球劳动国际分工与运动国族论述之转变》，《台湾社会研究季刊》2008 年总第 70 期。
［27］［美］徐国琦：《现代奥林匹克运动与中国的国际化》，《二十一世纪》2009 年总第 111 期。
［28］刘宗灵：《身体史与近代中国研究——兼评黄金麟的身体史论著》，《史学月刊》2009 年第 3 期。
［29］黄兴涛：《情感、思想与运动：近代中国民族主义研究检视》，《广东社会科学》2009 年第 3 期。
［30］汤志杰：《体育与运动之间：从迴异于西方“国家—市民社会”二分传统的发展轨迹谈运动在台湾的现状》，《思与言》2009 年第 47 卷第 1 期。
［31］马敏：《中国近代博览会史研究的回顾与思考》，《历史研究》2010 年第 2 期。
［32］刘剑：《20 世纪 20 年代我国体育话语权诉求的历史回顾》，《体

育学刊》2010 年第 7 期。
[33] 张学海、江宇：《王正廷体育思想研究》，《体育文化导刊》2016 年第 5 期。
[34] 王俊奇：《后现代主义视野下的中国体育史研究》，《体育与科学》2012 年第 1 期。
[35] 丁花阳、刘军：《张伯苓的体育观及其当代启迪》，《南通大学学报》（社会科学版）2015 年第 6 期。
[36] 尹晓亮：《我国体育外交演进的历史逻辑与观念变革》，《体育与科学》2016 年第 4 期。
[37] 李长莉：《中国近代社会史研究三十年发展趋势与瓶颈》，《南京社会科学》2017 年第 1 期。
[38] 潘华：《近年来中国的外国体育史研究前沿探析》，《成都体育学院学报》2016 年第 1 期。
[39] 杨风雷、李莹：《张伯苓体育思想研究》，《体育文化导刊》2017 年第 1 期。
[40] Xu Guoqi. Sports in China's Internationalization and National Representation: China's Participation in 1932, 1936, and 1948 Olympic Games [J]. The Chinese Historical Review 15, 2008 (1).

## 六、未刊学位论文

[1] 王荷英：《〈申报〉中的上海近代体育研究（1872—1919）》，苏州大学硕士学位论文，2005 年。
[2] 平杰：《现代化进程中的上海竞技体育研究》，上海体育学院博士学位论文，2004 年
[3] 李镇华：《基督教青年会在华传播竞技运动（Sport）的本土化历程（1885—1928）》，台湾师范大学硕士学位论文，2004 年。
[4] 开云：《中国全运会述评（1910—2001）》，南京师范大学硕士学位论文，2005 年。

［5］暴丽霞：《中国近代民间足球组织研究》，苏州大学硕士学位论文，2006 年。
［6］柏扣兰：《我国早期体育现代化进程研究》，苏州大学硕士学位论文，2007 年。
［7］任冉冉：《上海社会体育研究（1912—1937）》，上海师范大学硕士学位论文，2007 年。
［8］陈晴：《清末民初新式体育的传入与嬗变》，华中师范大学博士学位论文，2007 年。
［9］柯火炎：《中华全国体育协进会研究（1924—1949）》，华中师范大学硕士学位论文，2009 年。
［10］肖鸿波：《〈申报〉77 年体育报道研究（1872—1949）》，复旦大学博士学位论文，2011 年。
［11］张宝强：《体育专业留学生与中国体育发展研究（1903—1963）》，福建师范大学博士学位论文，2011 年。
［12］史慧佳：《交流与展示：中国参加 1936 年柏林奥运会研究》，华中师范大学硕士学位论文，2013 年。
［13］沈丽玲：《近代江苏省城市体育社团的发展演变(1895—1937)》，福建师范大学博士学位论文，2014 年。
［14］周贝贝：《王正廷的体育外交研究》，华中师范大学硕士学位论文，2014 年。
［15］王妍：《远东运动会与近代东亚社会的发展》，苏州大学博士学位论文，2014 年。